U0360964

幸福力教育

积极意义　积极目标　积极自我　积极投入　积极品质　积极体验　积极信念　积极改变　积极关系　积极目标　积极天赋　积极习惯　积极教养　积极教育　积极沟通　积极语言　积极力量　积极心态　积极情绪　积极性格

乐商　健商　财商　德商　智商　福商　福流　希望　勇气　爱商　修养　优势　自律　言教　素质　施语　语商　施容　心商　情商

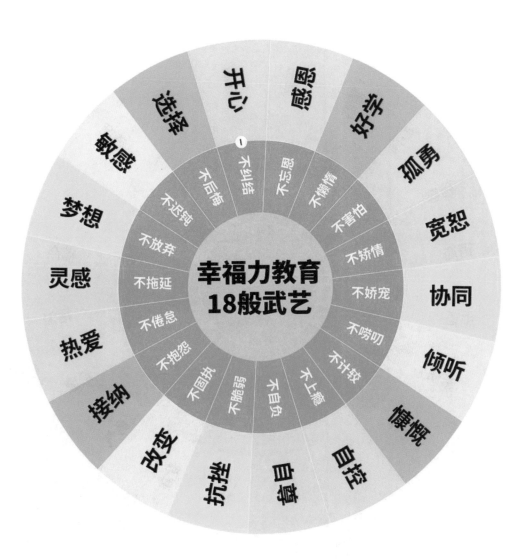

幸福力教育

积极心理学的20节课

王薇华 著

清华大学出版社
北京

本书封面贴有清华大学出版社防伪标签，无标签者不得销售。

版权所有，侵权必究。举报：010-62782989，beiqinquan@tup.tsinghua.edu.cn。

图书在版编目(CIP)数据

幸福力教育：积极心理学的 20 节课 / 王薇华著 . —北京：清华大学出版社，2023.1
（2024.11重印 ）

ISBN 978-7-302-62332-8

Ⅰ . ①幸… Ⅱ . ①王… Ⅲ . ①心理学－通俗读物 Ⅳ . ① B84-49

中国国家版本馆 CIP 数据核字 (2023) 第 003556 号

责任编辑：张立红
封面设计：彭 双 钟 达
版式设计：方加青 梁 洁 彭 双
责任校对：赵伟玉 卢 嫣
责任印制：刘海龙

出版发行：清华大学出版社
　　　　　网　　　址：https://www.tup.com.cn，https://www.wqxuetang.com
　　　　　地　　　址：北京清华大学学研大厦 A 座　　　　邮　　编：100084
　　　　　社 总 机：010-83470000　　　　　　　　　　　邮　　购：010-62786544
　　　　　投稿与读者服务：010-62776969，c-service@tup.tsinghua.edu.cn
　　　　　质 量 反 馈：010-62772015，zhiliang@tup.tsinghua.edu.cn
印 装 者：大厂回族自治县彩虹印刷有限公司
经　　销：全国新华书店
开　　本：170mm×240mm　**印　张：**27　**插　页：**1　**字　　数：**353 千字
版　　次：2023 年 3 月第 1 版　　　　　**印　　次：**2024 年 11 月第 9 次印刷
定　　价：108.00 元

产品编号：083745-01

热爱和努力是我们的标签

近十几年来，独树一帜、向阳而生的积极心理学在中国的大地上，遍地开花，心理学的研究也逐渐从聚焦心理缺陷和能力丧失转变为开始关注个体的优势、韧性和改变的力量。

积极心理学这股清流，用通俗实用的语境把端坐在象牙塔尖上的心理学带到人们面前，引导人们关注美好，学习乐观，拥有勇气，弘扬美德，激发内在的生命力、创造力、幸福力和免疫力。

这是方法论吗，还是灵丹妙药？积极心理学是一种健康的人生哲学，是一项可以学会的幸福力，是建设美好生活的工具。

心理学研究的目的是服务大众，但是一直以来，心理学艰深晦涩的概念、深奥难懂的理念妨碍了心理学走近大众。

听得懂、学得会、用得上的心理学著作或课程在哪里？

作家写作的好书、讲师磨砺的好课，都是在潜精研思中，把未知的理论融会贯通、梳理清晰，又把已知的概念学以致用、亲身体验，最后再将冰释理顺、行之有效的道理传递给学员或读者们，并告诉他们如何运用心理学。

笔者认为：心理学的终极目标是为人民服务，解决个体的困惑与问题，给生命注入长久和持续的幸福力，让学习者既能自助自救，又能助他救他。

2009年笔者出版了第一本关于积极心理学的通俗读物《幸福法则》。当时有关积极心理学的书籍只有很少的几本书，而且很难买到。笔者一直有个想法，要写出一本可供讲课时使用的积极心理学教材——不仅通俗易懂，又能深入浅出地介绍积极心理学。

随后是《幸福力：一生必读的七堂幸福课》和《她幸福》等书的出版，而《幸福力教育》这本书的写作持续了8年之久。2022年"家庭教育咨询服务"培训课程的开启，让这本教材能完整地与学员和读者们见面。

《幸福力教育》从目录设置到课程体系的搭建，不仅一一诠释了积极心理学的关键元素，还完整地解读了积极心理学的核心理念，笔者也努力地把深刻的道理简单化，把灵活的应用趣味化。

当您翻开《幸福力教育》的目录时，映入眼帘的是20个章节的"积极"：

积极性格、积极情绪、积极心态、积极力量、积极语言、积极沟通、积极教育、积极教养、积极习惯、积极天赋、积极自尊、积极关系、积极改变、积极信念、积极体验、积极品质、积极投入、积极自我、积极目标、积极意义。

跟在后面的20个关键词是每一个章节的核心：

乐商、情商、心商、施容、语商、施语、素质、管教、自律、优势、修养、爱商、勇气、希望、福流、福商、志商、德商、财商、健商。

《幸福力教育》这本书中还有一些"小福利"：每个章节都有一幅思维导图（我的助理张永红老师的课后作业）；文末推荐了40本其他心理学研究者的著作，供学员和读者们继续学习；还有"幸福力教育试卷"的试题及答案（人社部教培中心与北京幸福力教育咨询有限公司联合开展的"家庭教育咨询服务"培训项目初级课程的部分考题）。

写作时，笔者有个顾虑：学员和读者们是否会认为《幸福力教育》的20节视频课程比书中的文字更精彩？笔者没有使用视频课程中的讲话内容，而是沿用了一贯写作的文字风格。

《幸福力教育》是国内家庭教育板块中完整解读积极心理学的教材之一，既是家庭教育在心理咨询和社会服务领域的工具书，又是构建美好家庭必备的"幸福力小熨斗"。

幸福力教育的宗旨是实现"更好的教育，让家庭教育变得更简单、更科学"。倡导教师幸福地教育、孩子幸福地学习、家长幸福地养育，促进人终生成长，让教育更有温暖、更有力量。

期待此书能帮助学员和读者们用智慧提升幸福，激发内在的积极力量，感受成长的快乐感与幸福力。期待"向上、向善、向好、向美，正闻、正见、正学、正行"的幸福力教育能伴随每一个中国家庭与爱携手、微笑前行。

王薇华

2023年1月1日于北京

目录 | CONTENTS

Capacity For Happiness

Capacity For Happiness

第十七章　积极投入：志商

第十八章　积极自我：德商

第十九章　积极目标：财商

第二十章　积极意义：健商

Capacity For Happiness

第一章

思想决定行为,行为决定习惯,
习惯决定性格,性格决定命运。

①

积极性格

乐商

第一节　什么是性格

　　性格是什么？在对性格进行定义前，我们可以先从性格的类型说起。古希腊医生希波克拉底提出了著名的"体液学说"及气质分类法，即把气质分成胆汁质、多血质、黏液质、抑郁质。美国作家兼演讲家弗洛伦斯·妮蒂雅在希波克拉底的分类的基础上，发展出更通俗易懂的性格分类法，她认为人的性格包括四种基本类型：活泼型、完美型、力量型、和平型。这种性格的四类型划分法可以帮助我们了解自己、了解他人。有些人是活泼型的，有些人是完美型的，有些人是力量型的，有些人是和平型的，还有些人是几种类型的综合。

一、描写性格的词语

　　在日常生活中，我们很少会说自己是力量型的性格，或者评价自己为和平型的人，而是多采用一些词语对自己的性格做出描述，比如，我是懂事的，我是开朗的，我是勇敢的。

　　在描述小孩的性格时，我们常用的词语有纯洁、可爱、天真、活泼、机灵、懂事、大方、勇敢、聪明、开朗等。

　　在描述成年人的性格时，我们常用的词语有憨厚、纯朴、善良、和蔼、平易近人、慈祥、大方、勇敢、说一不二、慷慨等。

　　在描述反面性格时，常用的词语有孤僻、自私、懒惰、懦弱、吝啬、胸无大志、目光短浅、胆小怕事、脾气暴躁等。

对于特殊时期的个体性格，也有特定的描述性词语，比如描述青春期性格的词语有叛逆、易冲动、意气风发等。

我们会发现，评价个体所用到的形容词大都是对其性格的评价。

二、关于性格的自我介绍

对于性格的评价有两种：他人评价和自我评价。

他人评价通常是从他人的视角进行的，是别人对一个人的性格的评价，它反映的是一个人在别人眼里是什么样子。自我评价是指个体对自己的性格的评价。自我评价体现在一个人的生活中的很多方面，比如自我介绍时、求职时、相亲时。

在上学时，通常要进行自我介绍，老师也会给每位学生写评语，如，学习刻苦认真，成绩优秀，名列前茅，品学兼优，连续三年获得三好学生等。

在求职中，我们会这样介绍自己：本人热情开朗，待人友好，为人诚实谦虚；工作勤奋，认真负责，能吃苦耐劳，尽职尽责，有耐心；具有亲和力，平易近人，善于与人沟通……

在相亲中，需要进行自我介绍：我是一个直率、开朗的女孩，业余时间喜欢旅行、看书，性格温和，真诚坦率。我希望他是个幽默、有责任感、成熟稳重的男士……

他人对我们性格的评定及我们对自己的性格的介绍可以帮助我们建立起关于自我性格的认知。

三、不同的人具有不同的性格

世界上没有完全相同的两片树叶，也没有性格完全相同的两个人。每个人的性格都是在遗传基础上和成长过程中慢慢形成的，所以不同的人具有不同的性格。性格有好坏之分，有些人的性格好，有些人的性格不好。我们在具体描述时也会使用一些词来褒奖或贬评一个人的性格。

比如，我们常用的性格贬义词有小气、爱耍小脾气、小心眼、嫉妒心强、唯唯诺诺、自卑等，我们常用的性格褒义词有开朗、乐观、顽强、坚持不懈、活泼开朗、自信、独立、成熟稳重、吃苦耐劳等。

当然，对性格的评价也有不偏不倚的中性词，比如小鸟依人、内向、外向、老成持重等。

需要注意的是，不同的人对同一个体也会给出完全不同的性格评价，比如有人会觉得你乐观向上，但是也有人会觉得你过度顾及他人感受。你在别人眼中有怎样的性格，反映的是你在他眼中的整体印象、个性、影响力、价值、气质、人格魅力、潜力等。

四、性格决定命运

有位美国记者采访晚年的投资银行一代宗师摩根。记者问："您觉得决定您成功的条件是什么？"老摩根毫不犹豫地回答："性格。"记者又问："那您觉得，资本和资金，哪个更为重要？"老摩根答道："资本比资金重要，但最重要的还是性格。"

从摩根一生的奋斗史中我们可以发现，无论是他在欧洲成功地发行美国公债，果断听从无名之辈的建议启动钢铁托拉斯计划，还是他冒着生命危险号召进行全国铁路联合，都跟他倔强和勇于创新的性格有着密切关系。尽管他有支持这些举动的充足资金，但是如果没有好的性格，恐怕有再多的资本也无济于事。

1998年5月，华盛顿大学邀请到巴菲特和比尔·盖茨给360名学生做现场演讲。同学们问："你们是怎么变得比上帝还富有的？"面对这个有趣的问题，巴菲特回答道："答案非常简单，原因并不在于智商。为什么聪明人会做一些阻碍自己发挥全部能力的事情呢？原因在于习惯、性格和脾气。"对此，比尔·盖茨表示赞同。

所以，无论是在工作、学习还是在生活中，都是性格决定命运。一个人的知识和学识固然很重要，但是如果没有敢于拼搏、勇于冒险的性格，拥有再多的资本都无济于事。

正如杰克·霍奇（Jack D.Hodge）在《习惯的力量》（*The Power of Habit*）中所说，思想决定行为，行为决定习惯，习惯决定性格，性格决定命运。一个人的性格与其能否成事、成就多大的事有着直接的关系。好的性格能够让人获得幸福和成功，而不好的性格则容易让人陷入人生的阴霾。如果说一个人犹如一棵树，那么性格就是树根。如果根都长不好，树也很难成为参天大树。

第二节 性格的定义

一、性格的定义

性格是一个人的性情、品格，是一个人在社会活动中形成的对人、对事、对自己的态度及行为方式中所表现出来的心理特征。性格不同于气质，性格更能体现人格的社会属性。我们常说的人与人之间的人格差异，其本质就是性格的差异。

性格是一个人的社会属性的最重要的表现方式，也是一个人的心理活动的最重要的体现，它一旦形成，就会保持相对稳定。但是性格并非一成不变，而是具有很强的可塑性。

总的来说，性格是由先天遗传因素与后天环境因素交互作用而形成的。其中，后天环境的影响更大。也就是说，良好的后天环境不一定能够让个体形成良好的性格，但是能够在很大程度上影响个体形成良好的性格。如果一个孩子生活在不良的家庭环境中，经常遭受父母的打骂、责备，那么孩子几乎不可能形成良好的性格。

人格是个体在适应或改变环境的过程中所形成和表现出来的稳定而独特的心理特征的综合表现。人格有广义和狭义之分。从广义上说，人格等同于个性，指的是个体的意识倾向与稳定且独特的心理特征的综合表现，反映了一个人整体的心理状况，所以广义的人格包括性格，性格只是人格的一部分；从狭义上说，人格指的是与意识倾向相关的个体气质、性格、爱好等的综合表现，更具体地说，就是人的性格表现，所以狭义的人格就是指性格。

一方面，性格影响心理素质。一个人的心理素质是其先天遗传素质、后天教育与环境交互作用的结果，是其性格品质和心理能力的表现。另一方面，从心理学角度来看，心理素质包括个体的认知能力、情绪情感素质、意识素质以及气质与性格等。其中，性格是心理素质的重要组成部分。

性格乐观、顽强的个体在面对挫折和挑战时会表现出过硬的心理素质，敢于直面挑战；而性格懦弱、自卑的个体在面对挫折和挑战时心理素质会很弱，承受压力的能力很差，适应性弱，缺乏勇气。

二、性格与本性的区别

1. 性格主要是后天形成的

性格与本性不同。性格是一个人的先天遗传素质与后天环境交互作用的结果，其中后天的影响更大。我们可以说，性格主要是在后天社会生活中形成的，但也会受个体先天生物学因素的影响，比如腼腆的性格、暴躁的性格、果断的性格、优柔寡断的性格等。一个人之所以呈现出或腼腆，或暴躁，或果断，或优柔寡断的性格，主要由其后天所经历的社会生活决定。比如腼腆、内敛的父母养育的孩子多半具有腼腆的性格，而脾气暴躁、易怒的父母容易养育出有着暴躁性格的孩子。因此，性格反映出的是一个人后天所形成的品行、道德和人格，是有个体差异的。

2. 本性是天生具有的

本性是人与生俱来的、不可改变的稳定的思维方式，比如人与生俱来的自卑感、虚荣心、荣誉感等。举个例子，每个人都具有求生的本性，但是在面对有人落水时，胆小的人可能就会袖手旁观，哪怕他会游泳；而乐于助人的人可能就会不顾自己的安危，勇于跳水救人。其实，有勇气跳水救人的人并非没有求生的本性，只是在后天环境中养成了利他、勇敢的性格，才敢于做出这样的大爱举动。因此，本性反映的是每个人与生俱来的固有特质，是全人类所共有的。

3. 影响性格形成的因素

性格的形成因素有两个：一是先天的遗传因素；二是后天的环境与教育因素。其中后天的环境与教育因素影响更大。我们大致上可以做如下比例的划分：先天的遗传因素占45%；后天的环境与教育因素占55%。

对一个人的性格来说，先天的遗传因素是不可改变的、与生俱来的，是稳定的；而后天的环境与教育因素是不稳定的。对于同一父母的两个孩子而言，先天的遗传因素是相同的，但是如果后天的教育方式不同，其性格也会完全不同。

有部纪录片《孪生陌生人》，讲述的是一位母亲生了三胞胎，因为无力抚养，就把孩子送到了领养机构，机构将三胞胎分别送入富裕的、中产的、贫困的三个家庭中抚养长大。结果发现，长大之后的三胞胎的性格和命运都各不相同。被富裕家庭领养的孩子受到了良好的教育，性格温和，为人友善；被中产家庭领养的孩子，性格比较情绪化、敏感、自卑；被贫困的蓝领家庭领养的孩子，虽然养父母的受教育程度不高，但是生活态度乐观向上，因而这个孩子的性格也乐观向上。

因此，对一个人的命运来说，先天的遗传因素是起点，但决定其一生轨迹的还是后天的环境教育因素。

对一个孩子来说，父母的教育方式很重要，而且与父亲相比，母亲的影响更大。母亲的不同教育方式会导致孩子形成不同的性格特征。比如：母亲爱支配，孩子容易消极、依赖、顺从；母亲爱干涉，孩子容易胆小、被动；母亲爱娇宠，孩子容易任性、神经质；母亲习惯于拒绝孩子，孩子容易变得反抗、冷漠、自高自大；母亲对孩子不关心，孩子容易表现出攻击、情绪不稳定的性格特点；母亲很专制，孩子会表现出反抗或服从；母亲很民主，孩子容易养成合作、独立、随和的性格。

你喜欢与什么性格的人交朋友

从心理学角度来说，性格有好坏、善恶之分。我们生活在社会关系中，人人都需要跟其他人发生交集。每个人都希望与性格好的人交往，尤其是在恋爱关系方面，每个人都希望自己的另一半拥有好的性格。

比如，女生在选择男生时，会倾向于选择阳光型的，而不是阴郁型的。阳光型的男生往往比较开朗、乐观、活泼、自信、大方，这样的性格也会带给对方积极、乐观的生活观。而男生倾向于喜欢小鸟依人的女生，这样的女生往往温柔、依赖、顺从、乖巧、娇羞。

来自完全不同的生活环境的两个人能够生活在一起，主要是因为性格匹配，要么性格互补，要么性格相似。当相爱的两个人不爱了，想离婚了，也常常会把"性格不合"作为离婚理由。所以，性格好与不好，不仅决定一个人未来的发展，而且决定一个人的幸福感。人的一生中最大的课题就是修炼自己的性格，培养好的、友善的性格，意味着为一生的幸福打下了坚实的基础。

第三节 培养积极的性格

一、性格的分类

要想改变自己的性格，首先要了解自己拥有怎样的性格，也就是性格的自我认知。性格分类指的是一类人身上所表现出的共有的性格特征。关于性格，目前还没有一个完全统一的分类标准。古往今来，主要有以下七种相对流行的性格的分类。

1. 机能说

英国心理学家培因等人按照性格机能提出了性格机能说。他们认为根据理智、情绪、意志三种心理机能在性格中的占比优势，可以把人的性格分为理智型、情绪型和意志型。理智型的人，往往非常理性，能够客观地评价所处的外在环境，并用理智支配和控制自己的言行；情绪型的人，往往比较情绪化，其言谈举止容易受到情绪的影响，情绪体验比较丰富，也容易做出情绪化举动；意志型的人，自控力高，目标明确，行动力强。还有一些人的性格类型介于两种类型中间，比如理智-意志型、情绪-意志型。

2. 向性说

瑞士心理学家荣格认为人的心理活动分为内倾与外倾，并以此为依据把人的性格分为内倾型和外倾型，也就是我们常说的内向型性格和外向型性格。内倾型的人比较关注自己的内心世界，不爱社交，关注细节，环境适应能力差；外倾型的人比较关注外在世界，喜爱社交，情感比较外露，适应性强。大多数人都不是典型的外倾型或内倾型，性格常常表现为兼具内倾型和外倾型的中间型。

3. 社会文化学说

德国教育家斯普朗格根据人的社会生活方式及其由此产生的价值观，把人的性格分为六种类型，分别是理论型、经济型、审美型、社会型、权力型、宗教型。也就是说，一个人在社会生活中更看重什么，其性格就表现出什么类型。理论型的人最看重对事物本质的探求，比如哲学家；经济型的人最看重对利益的追求，比如商人；审美型的人把探寻事物的美作为最大价值，比如画家；社会型的人以帮助他人、为他人谋求福利作为最大价值，比如慈善家；权力型的人最重视对权力的利用和掌控，比如领袖人物；宗教型的人则把追求宗教信仰看作人生的最高价值，比如宗教信徒。

4. 独立-顺从说

美国心理学家威特金按照个体的独立性程度将性格划分为独立型和顺从型。独立型的人擅长独立发现问题、解决问题，自信心强，在遇到困难时不慌乱，不易受外界因素的影响，能够专注于眼前事物，但在某些方面容易表现出控制、强迫他人的行为。顺从型的人独立性差，缺乏主见，容易屈从于他人或权威，在遇到困难时表现得惊慌失措。

5. 人格特质说

英国心理学家艾森克根据因素分析法创立了人格的三因素模型，这个模型也被称为人格特质说。这三个因素分别是外倾性、神经质、精神质。他认为人体内的特质之间存在一定的联系，因此应该用特质群而不是独立分散的特质来描述人格。

美国心理学家雷蒙德·卡特尔同样用因素分析法对人格特质进行了分析，并基于分析发布了16种人格因素问卷，就是广为流传的16PF。16PF人格因素问卷在国际上具有很高的影响力，被广泛用于心理咨询、职业测评、人才选拔等工作领域。这16种人格因素分别是乐群性、聪慧性、稳定性、恃强性、兴奋性、有恒性、敢为性、敏感性、怀疑性、幻想性、世故性、忧虑性、实验性、独立性、自律性、紧张性。这16种人格因素相互独立，每一种人格因素的测量都有助于我们对个体的某一个具体人格特征产生清晰的认知，因此通过16种人格因素的测量，我们就可以系统地评价一个人的人格。

6. 特性说

美国心理学家吉尔福特认为人格是各类特质的独特模式，他指出人格有12种特质，分别为是否忧郁，是否情绪化，自卑感的强弱，是否容易烦躁，是否容易空想而不能入睡，是否信任他人，是否独断专行，是否开朗、动作敏捷，是急性还是慢性，是否喜欢反省，是否愿意当领袖，是否善于交际。

7. 血型说

1927年，日本学者古川竹二提出"人因血型不同而具有各自不同的气质，同一血型具有共同的气质"的论断。他认为血型决定着一个人的性格，并能够影响人对各种人际关系的处理方式。古川竹二根据血型把人的气质分为A型、B型、AB型和O型四种。一些日本学者在此研究基础上发现血型与人的性格也存在内在关系。

A型血的人好争斗，领导欲强，自信心强，能够独立完成挑战，但是容易情绪化而不能自制；B型血的人往往认真，有耐心，多愁善感，为人善良，遇事冷静，但是容易精神极度紧张，固执己见；O型血的人比较稳重，有分寸，富有正义感，但是容易急躁，优柔寡断；AB型血的人则因为人数太少，而没有得到相对统一的结论。但是，每个国家的文化、历史、自然环境、风俗习惯各有不同，不同国家的人的体质也不同，因此日本学者的这一结论并没有得到中国学者的认可，其科学性也有待进一步考究。

二、什么是积极性格

有这么一个故事，一个小女孩趴在窗户前，看着窗外的人正在埋葬死去的小狗，于是难掩悲恸之心，伤心不已。她的外祖父看到后把她引到另一扇窗户前，小女孩看到美丽的花园后心情变好。老人对小女孩说："孩子，你开错了窗户。"

在现实生活中，很多人在遭遇失败后仍然能够乐观面对，重整待发，有些人则承受不了失败的打击而一蹶不振。前者往往具有积极的性格，后者往往具有消极的性格。

所谓积极性格，指的是一个人在生活中对人、事、物所表现的态度和行为上稳定的积极心理特征，它体现的是个体乐观、积极的个性品质。反之，消极的性格体现出的是个体悲观、消极的个性品质。

积极的性格常常表现为能够用正向的思维来看待自己与世界，精神愉快，积极向上，对事物的发展充满信心，对未来充满希望，在面对学习和工作的困难时能够积极应对。

三、积极性格的八个特征

积极心理学是研究生命从开始到结束的内在潜能和积极品质的科学，它着重于研究和培养个体积极的性格，帮助个体提升幸福感指数。因此，积极性格也是积极心理学的研究目标。

整体来说，积极性格大致包括八个基本特征。

- 善良：对他人充满善意。
- 自信自尊：自我感觉良好，相信自己有能力应对外部挑战。
- 挫折承受力强：在遭遇挫折时，能够经得住打击和压力，敢于突破困境。
- 乐观：总是从正面来看待事物，并坚信未来一定会更好。

- 自我控制：能够对自己进行行为约束，理性行事。
- 独立：能够独自完成需要面对的事情，独自承担需要承担的责任。
- 宽容：能够接受他人的不同意见或做法，对于别人的错误能够给予原谅。
- 有责任感：对自己、他人和社会有承担责任的认知，愿意为了他人和社会的利益约束自己的言行。

四、孩子的六种消极性格

积极性格很重要。一个人的家庭成长环境对其性格的形成起着至关重要的作用，想要塑造一个人的积极性格，应该从其生命早期的家庭教育入手。积极的、民主的家庭环境才可以培养孩子的积极性格。遗憾的是，现实生活中我们常能看到家庭教育的不良影响导致孩子形成了糟糕的消极性格。我结合实践经验，总结出六种常见的消极性格。

1. 情绪冲动型

情绪冲动型的孩子非常易怒，当自己的需求得不到满足时，就容易表现出过激的行为，比如撕扯东西、咬人、打人、大哭大叫等。这样的孩子常常无法控制自己的情绪，攻击性强。需要注意的是，很多情绪冲动型的孩子还会出现自我攻击的行为，比如用头撞墙、用刀具割伤自己等。

2. 被动思考型

这类孩子缺乏主动性，没有主见，自信心比较弱，面对权威时容易畏惧、服从，在与人交往时常压抑自己的想法，倾向于听从别人的意见，久而久之，他们变得懒于思考，只想等候别人的差遣或命令。

3. 青春叛逆型

家长常有这样的感受：别人的孩子仿佛从没有过叛逆期，但是自己的孩子从小叛逆，仿佛一直成长在青春期里。这类孩子的性格就是青春叛逆型。事实上，叛逆的本质是无助，因为通过正常的方式无法满足自己的需求，才会表现出种种叛逆行为。这样的孩子从小缺乏温暖和呵护，父母没有满足其内心对爱和关注的需求，因而孩子会通过"作"的方式来引起外部的注意。

4. 情绪抑郁型

中国精神卫生领域领头人陆林院士在接受采访时说，中国17岁以下的儿童与青少年中约3 000万人受到各种情绪障碍和行为问题的困扰。事实上，青少年时期是抑郁症的高发期。很多孩子的性格就是典型的情绪抑郁型，容易陷入低迷的情绪状态，行为懒散，没有朝气，缺乏上进心，遇到挫折容易灰心丧气、崩溃哭泣。

5. 孤独孤僻型

这类孩子不爱社交，在集体中不爱表现自己，喜欢独处，沉默寡言，不爱交流和表达，对人和事都比较冷漠。父母面对这样的孩子常常不知如何相处。长大后，这类孩子会表现出非常明显的人际关系问题。

6. 嫉妒自大型

2015年的热播剧《虎妈猫爸》中有这样一个场景：孩子茜茜躺在家中的帐篷中，爷爷跪在帐篷外请孙女"上马"，奶奶在旁边低头哈腰地说道："亲爱的公主殿下，请上马吧。"仅是为了让孩子出来吃饭。当父母过来后，茜茜说："妈妈你跪下来求我，爸爸你也跪下来求我，我才出来。"而爷爷奶奶则催促茜茜的父母快跪下。

事实上，很多父母为了表达对孩子的爱，会尽量去满足孩子的一切要求。在这种教育方式下长大的孩子有强烈的特权感，觉得自己是最厉害的、最重要的。他们对于自己没有正确的认知，常常会过分夸大自己的能力，而一旦在现实中碰壁，又会产生强烈的抱怨和嫉妒心理。物质条件优越，加上隔代亲，在五六个成人围绕下长大的孩子容易养成嫉妒自大型的性格。

五、如何正确培养孩子的性格

1.6岁前是性格塑造的关键期

0～6岁是孩子性格养成的关键期。在这个阶段，孩子的自我意识开始萌芽，但是还没有完全定型。在探索世界的过程中，孩子会根据外界的反馈来不断调整自己的认知。因此，这个阶段是对孩子进行积极性格塑造的最佳时期。如果家长想要孩子养成好的性格，那就需要在这个时期加以引导。

2. 父母要控制孩子任性的行为

父母要拿捏好教育的界限和分寸。很多父母害怕自己过犹不及或太过专制，于是完全以孩子为中心，自己成了保姆或者佣人。这是对民主养育的误读。

而在真正的民主养育中，父母是孩子的监督者和引导者，能够对孩子的言行给予指导和教导。如果孩子任性，明智的家长应该及时给予管教和批评，不能任由孩子无原则、无约束地发展。

3. 在生活中父母要懂得倾听孩子

情绪抑郁型、被动思考型、沉默孤僻型、青春叛逆型等消极性格的形成，其根本在于父母没有建立起跟孩子的和谐亲子关系，孩子不再信赖父母，也不愿向父母袒露心扉。

如果孩子的需求没有被倾听，没有被关注，那么孩子渐渐就不再表达需求。因此，想要引导孩子养成好的性格，父母首先要建立起孩子对自己的信任，其关键点就在于懂得倾听孩子，成为孩子的朋友。当孩子能够在父母这里获得归属感，那么父母对孩子的管教才会有效。

第四节　乐商及其三个维度

一、什么是乐商

乐商（Optimistic Intelligence Quotient，简称OQ），是指一个人保持乐观心态的能力，又被称为乐观智力。乐商既包括一个人乐观水平的高低，又包括一个人从经历的消极事件中汲取积极力量的能力，以及用乐观心态影响、感染其他人的能力。

"乐商"一词是中国积极心理学界的领军者之一任俊博士最先提出的。

乐商是一种创造令人愉悦、有趣的沟通内容和氛围的能力，是重要的职场生产力，所以我们说，乐商是个体人格特质的一部分，能够体现出个体的人格魅力。

正如著名作家贾平凹所说："人可以无知，但不可以无趣。"乐商高的人可以在苦闷的日子里笑出声来，能够用积极的心态过好自己的人生。所以，做一个有趣的人比做个有用的人更有价值。

乐商有高低。乐商高的人在事业和人际关系上更容易获得成功。宾夕法尼亚州大学心理学家马丁·塞利格曼教授通过对1948年至1984年的总统大选进行分析，得出以下结论：乐观的候选人经常在大选中获胜，悲观的候选人落选的概率则高达90%。心理学家们对美国总统巴拉克·奥巴马在2009年美国大选胜出的原因进行了分析，都认为奥巴马的获胜与他积极乐观的性格特质有极大的关系。在奥巴马积极乐观的情绪及其坚信美国和美国人民的前途会更加美好的信念的激励下，选民们纷纷将手中选票投给了他。

科学研究已表明，人类天生就偏爱这种积极的人生观。乐观既可以给予自己勇气，也可以给别人以良好的印象，让别人认为你是一个有发展前途的人、值得信任的人、充满信心的人。而悲观者不相信自己具有价值，别人也无法相信他。

成功的人往往都是乐观的人。乐观，就是无论在任何情况下，都让自己坚持去做事，并坚信未来的结果肯定是美好的。乐观者因为不计较失败，因而比悲观者做了更多事情，同时也比悲观者得到了更多成功的机会。

乐商高的人会更健康。美国护士健康研究队列对近7万名平均年龄为70岁的女性进行了长达10年的追踪研究，美国退伍军人事务所对62岁以上的1 429名男性在30年间的寿命情况进行了研究。两个研究结果发现，无论男女，乐观程度更高的人更有可能活到85岁。

二、乐商的三个维度

衡量乐商的维度有三个：乐观程度，摆脱消极事件或影响的能力，影响他人变得乐观的能力。

1. 乐观程度

衡量一个人乐商高低的第一个维度是乐观程度。乐观程度越高的人，其心态、身体状态都越好，寿命也越长。《美国国家科学院院刊》（*Proceedings of the National Academy of Sciences*）在2012年11月19日发表研究报告，指出乐观水平越高的个体越会挣钱，社会地位越高，婚姻生活越幸福，甚至连寿命都比整个群体高5岁左右。

乐观程度高低对个体身心层面的影响差异主要有两方面表现。

一方面，乐观程度越高的个体，越倾向于参与促进健康的行为，比如不抽烟、不喝酒、跑步、游泳等，这些行为对于个体的身体健康有很大的决定性作用。

另一方面，乐观程度越高的个体，心理复原力越强。他们面对困难时更灵活，能更快地从压力源中恢复过来，这也就是我们所说的心理复原力。

乐观程度低的人，即悲观主义者，往往愁容满面，具有相对固定的灾难化思维，遇到事情时总是先考虑坏的一面。他们坚信自己的生活不会是一帆风顺的，遇事逃避、退却，怨言满腹。

乐观程度高的人，即乐观主义者，通常是向上看的，他们的大脑会转得更快。当看到由痛苦所引起的畏怯表情时，人们会产生悲观的想法，但是如果让人们抬头向上看的话，就会降低悲观的程度。而悲观主义者的眼睛通常是往下看的。

有一个胖子和一个瘦子一同在铁轨上行走，瘦子总是盯着脚下的铁轨，害怕被绊倒，走得歪歪倒倒、跌跌撞撞的；而胖子因为肚子大，根本就看不见脚下的铁轨，没有顾虑，只是望着远方的铁轨，一路快乐地大步往前走。

2. 摆脱消极事件或影响的能力

这个维度指的是个体从所经历的消极事件中获取积极力量的能力。乐商高的人并不是人生中遇到的消极事件少，而是在消极事件面前能够迅速摆脱消极心理，看到问题的积极面，直面事件，借此成长。

3. 影响他人变得乐观的能力

乐观具有感染性。生活中我们常会有这样的感触，跟喜欢笑的人在一起会更加快乐，跟消极阴郁的人在一起会更加烦恼。乐商高的人，有能力影响身边的人变得像自己一样乐观。也就是说，乐商高的人，更有能力带给别人快乐和力量。此外，乐商高的人对他人的积极影响还与其包容度有关。乐商高的人在遇到困难时愿意相信自己、鼓励自己，在他人遇到困难时能够有同理心，为对方着想，因此会表现出相当高程度的宽容和仁慈，让人感受到温暖和善良。

三、如何提高乐商水平

既然乐商如此重要，我们应该怎样提高自己的乐商水平呢？

1. 多微笑

多微笑可以提升乐观水平。首先，表情是身体的一部分，多微笑能够促进身体内的多巴胺分泌，让人的情绪变得高涨。其次，喜欢微笑的人运气都不会差。因为爱笑的人会让身边的人更愿意靠近他们，朋友自然更多，这使得他们更容易获得外部的帮助，因而更利于问题的解决。因此，提升乐商的第一点就是要多微笑。

2. 多听积极效价的音乐，陶冶情操

从心理能量的角度来说，当我们感受的积极效价足够多时，心理中的消极情绪就会被抵消。因此，生活中多听积极效价的音乐，去品味音乐中的美好和快乐，可以帮助我们提升乐商。

3. 日行三善，做善事和感恩

研究者发现，人们在做了善事后会变得更加快乐。通过做善事所获得的快乐要比由某些直接刺激所获得的快乐更深刻。而人们在有意识地去对帮助过自己的人表达感恩之情后，心情也会显著变好。这些善意的行为能够激发一个人人性里深层次的快乐，让人感受到一种生而为人的美好和属于人类集体的归属感。所以，乐商高的人往往更加满面春风，心怀善意。多做善事，多表达感恩之心，可以提升自己的乐商。

4. 宽恕他人

别人对自己做的善事，我们要表达感恩之心；对于他人做得不好的事，我们也要学会用包容的心态来宽恕。当我们学会了宽恕，我们才可以转移或者消除生活中的磨难所带来的痛苦，才会更加不

易动怒，心态才更平稳，也更有心力去关注更美好、更有希望感的事情。

5. 多与自己所爱之人相处

研究发现，多与自己所爱之人相处会提高乐商。在心理咨询实践中，对于像患有抑郁症的心理求助者，咨询师往往会嘱咐其家人给予更多的关怀和照料，因为社会支持对于一个人的情绪纾解有非常大的帮助，好的社会支持能够带给人安全感，让人有更多的勇气和力量去面对生活中的各种问题。即便是乐观程度低的个体，在充满爱的社会支持下，也会变得快乐起来。因此，想要提高自己的乐商，我们可以先从多与自己所爱之人相处做起。

6. 冥想训练

有一本畅销书叫《冥想五分钟等于熟睡一小时》，讲的是冥想对于身心放松的裨益。冥想可以帮助我们放下执念，减少身体和心理上的压力，更关注当下的感受，因而做出的判断和行动也会更有效。生活中，我们可以学着去做简单的冥想练习，让自己从不良情绪中迅速抽离。

四、REACH五步骤学会宽恕

在以上提到的提升乐商水平的方法中，学会宽恕并不是一件容易的事，因此，我给大家分享一种关于宽恕能力的刻意练习——REACH五步骤。

1. R：Recall，回忆

在回忆让自己感到不愉快的事情时做几次深呼吸，用更客观的方式来评价这个事件，不带情绪地分析事件的来龙去脉，不要让愤怒情绪冲昏了头脑，更不要让自己沉浸在委屈的情绪中。

2. E：Empathize，共情

共情是站在对方角度，用对方的视角来理解对方的心理与行为的能力。在回忆往事时，自己能从思维怪圈中跳出来，站在对方的角度思考对方为什么要这么做。

当我们能够用共情来分析事件时，我们会发现自己会对对方的行为动机给出一些意想不到的解释，对方做这件事或许是出于自我保护，或许是因为迫不得已，又或许是以为这样是为自己好。通过共情，我们可以合理化对方的行为，也有助于摆脱怨恨的情绪。

3. A：Altruistic，利他性的真心宽恕

共情之后，下一步需要做的是进行宽恕。最好的方法是回想自己作为加害者的一个事件，去回忆自己是如何被对方原谅和宽恕的，并将这种宽恕的行为回馈给对自己造成伤害的加害者。这是一种善意的传递，让自己成为善意的传递者。如果能做到这一点，我们会发现自己不会觉得委屈，反而会充满快乐和喜悦。

4. C：Commit，公开承诺宽恕

当做到真心宽恕后，学着去表达宽恕，可以通过日记写出来，也可以告知一位双方的好友，或者直接写信、发邮件给加害者，让其收到自己的宽恕。但是，一定不要面对面地表达宽恕，这样会给对方造成压力。

5. H：Hold，保持宽恕

尽管我们原谅了对方，可是记忆还会反复出现，自己的委屈或愤怒情绪还是会时不时地涌上心头，这很正常，因为我们即便是宽恕了对方的行为，依旧不能抹掉已经发生的事件。所以每当记忆涌现时，我们都学着用前面的步骤宽恕对方，久而久之，这件事情对自己的意义就会发生改变。

第五节　两种不同的乐观

一、关于乐观的两种不同的理论

1. 气质性乐观

美国第40任总统罗纳德·里根生前很喜欢讲述一则《一匹小马》的故事。

一位父亲有一对六岁大的双胞胎儿子。两个孩子个性相反，一个超级乐观，一个超级悲观，父亲很无奈，于是将两个孩子带去看心理医生，希望能医好他们的毛病。

心理医生将过分悲观的男孩带到一个装满了各式各样玩具的房间，让他尽情玩玩具，希望能使他乐观一点。不久之后，父亲和心理医生打开了房间的门，却看到悲观的男孩虽然满手是玩具，仍然哭红了眼睛。他们问他为什么难过，男孩回答："我怕有人偷走这些玩具。"

心理医生接着把过分乐观的男孩送进一个堆有马粪的房间，希望能帮他调整一下过于乐观的个性。不久之后，医生和父亲打开房门，以为会看到一个愁容满面的男孩，却看到小男孩坐在马粪堆上，拼命往下挖掘，表现得很兴奋。他们问男孩为什么这么高兴，男孩说："有马粪就表示一定有一匹小马，我要找到这匹小马。"这个男孩就是具有乐观性气质的人。

气质性乐观理论认为，乐观是一种人格特质，能够反映出一个人对未来的美好期望。所以，拥有乐观特质的人对未来事件总是抱着积极、美好的期待，倾向于相信事件朝着好的方向发展。因此，这种乐观特质能够促使个体积极地去面对困难、挫折，而不是逃避、畏缩，个体坚信未来是美好的、有希望的，会朝着目标不断地调整自己，改变行为方式，努力实现目标。

2. 乐观型解释风格

积极心理学之父马丁·塞利格曼教授则认为乐观不是一种普遍的人格特质，而是一种解释风格。解释风格反映出一个人看待事物的角度。

拥有不同解释风格的人，看待事物的角度也不同。塞利格曼将个体分为乐观型解释风格和悲观型解释风格。乐观型解释风格的人往往能够看到问题的积极面，而悲观型解释风格的人则习惯于消极地看待问题。

一位老太太有两个女儿，大女儿卖雨伞，小女儿卖冰棍。晴天时，雨伞卖不出去，老太太就埋怨老天为什么不下雨；雨天时，冰棍卖不动，老太太就抱怨为什么不赶快出太阳。后来有人开导她说："晴天时，你小女儿冰棍卖得火，雨天时，你大女儿雨伞卖得快，你天天都有高兴事，还有什么可埋怨的呢？"老太太一想，脸上便由阴转晴，心情一下子就好起来了。所以说，解释风格不同，同一个问题的性质就截然不同。

气质性乐观理论认为乐观是个体与生俱来的一种特质，而解释风格理论则认为一个人是乐观还是悲观，受多种因素的影响，比如先天生理因素、自身的生活经历、父母的心理健康水平、父母的养育态度、教师的教育风格、父母的乐观特质等。父母越乐观，心理越健康，给孩子的鼓励和奖励越多，孩子越容易成长为具有乐观型解释风格的人。

鉴于一个人的解释风格受内外多种因素的影响，因此，一个人的解释风格一旦形成，将很难改变，除非有强有力的外在干预。

二、两种不同解释风格的人

1. 概述

人在遭遇失败或困难时，会习惯性地进行内归因或外归因。拥有乐观型解释风格的人会习惯于把原因归咎为外部环境，而拥有悲观型解释风格的人则习惯于把原因归咎于自我，认为遭遇失败或者遇到危险都是自己造成的，因而会更加悲观。同样是看到半杯水，乐观型解释风格的人会看到"还有半杯水呢"，而悲观型解释风格的人则会看到"只剩下半杯水了"。

乐观型解释风格的人能够关注事件好的一面，也能够看到自己的优点，他们能够客观看待自己遇到的挫折，认为失败和挫折都是暂时的、短期的，是由外在的环境因素所导致的，即便存在个人过失，也不会因此否定自己的能力。而悲观型解释风格的人则常把失败和挫折归咎于自己，认为困难是长期的、永久的，自己是无法克服或战胜的。因而，悲观型解释风格的人面对问题时更消极、绝望，更容易压抑。在遇到困难时，悲观型解释风格的人常有这样的内在对话："这是我的错""我就是一个很糟糕的人""我很笨，我做什么都不行"。

2. 悲观者的四大表现

乐观型解释风格的人常被称为乐观者，悲观型解释风格的人常被称为悲观者。

（1）悲观者容易抑郁、焦虑。有一个成语叫"杞人忧天"，指的是古代杞国有个人担心天会塌、地会陷，因此整日寝食难安，郁郁寡欢。悲观者常会对一些完全不切实际的事物感到忧虑，并因事物的不可改变而影响心境，导致抑郁、焦虑情绪产生。

（2）悲观者容易被困难打倒。《愚公移山》是一则家喻户晓的寓言故事，故事中有两个鲜明的人物形象，一个是愚公，另一个是智叟。愚公不愚，面对挡住去路的两座大山，他立志要移山开路，当自以为是的智叟嘲笑他的"愚蠢"想法时，愚公因为心怀抱负，依然坚持自己的目标。智叟认为愚公一辈子都不可能移走大山，而愚公则乐观地认为，自己死后有儿子，儿子死后有孙子，子子孙孙无穷无尽，总有一天会把大山移走。正是因为乐观和坚毅，愚公实现了自己的梦想。而像智叟这样的悲观者在面对困难时，习惯于为自己找一些逃避问题的借口，表面上不乏智慧，但事实上胆小懦弱，很容易被困难打倒。

（3）悲观者容易自我否定。悲观者在成长过程中体会过无助感，而这种无助感又因为自己的悲观型解释风格而被强化。当遇到困难时，他们习惯于自我否定，认为无论自己怎么做都不会改变局面。他们会坚信是自己的问题导致坏事发生在自己身上，而凭借自己的能力是无法改变现状、扭转局面的。具有自我否定的倾向也是很多悲观者无法坚持做好一件事的原因。

（4）悲观者容易对生活失去希望。在悲观者眼中，困难是永久存在的，痛苦是不可避免的，自己是没有能力改变现状的，自己的人生和未来注定是黑暗的。因此悲观者常常在学业上、事业上、关系上都表现出杞人忧天的特点，他们坚信自己是不幸的，因此对未来不抱希望，也失去了奋斗和努力的动力。

癌 症 性 格

癌症性格是指不会宣泄和表达内心痛苦，习惯性压抑自己情绪的性格特征。拥有癌症性格的人，很容易患上癌症。癌症性格的人多是悲观主义者，具有悲观型解释风格，他们容易压抑自己的情绪，对所经历的事件常表现出悲观、绝望，没有勇气面对现实，这种长期内隐的负面情绪对身体免疫系统造成了破坏性冲击，因而导致患癌概率显著增高。

癌症性格主要指如下四种性格。

（1）刻意忍受型。这种性格的人在遇到问题时能忍就忍，习惯于忍受自己的遭遇，并压抑情绪，不表露在外。事实上，很多老好人看似性格好，没有脾气，其实是把愤怒情绪压抑在自己内心，长此以往，对身体的伤害是非常大的。

（2）紧张焦虑型。过度焦虑的人也容易患上癌症。这种性格的人遇事时特别容易紧张，心烦意乱，只要面临自己在意的事情就会表现出提心吊胆、惶恐不安的状态，每每遇到困难，身体的免疫系统就超负荷运转。他们之所以容易紧张、焦虑，是因为对未来持有悲观、消极的态度。

（3）喜欢孤独型。我们每个人都会遇到挫折，但是习惯于孤独的人往往没有良好的社交关系，缺乏充足的社会支持，他们不善于社交、交流，也不善于寻求帮助，这导致独来独往的他们在遇到挫折时常常孤立无援。芬兰的一项研究证实，孤独与癌症存在明显的正相关关系。

（4）较真懊恼型。较真的人不能灵活地对待人、事、物，爱钻牛角尖，他们往往固执己见，缺乏应变能力，一旦事情的发展不符合计划，就会懊恼，自怨自艾。这种人不容易听取别人的意见，他人的引导和建议也往往不起作用，因而一旦陷入情绪旋涡，就难以自拔。

事实上，这四种性格的人患癌症的概率大，其根源在于消极的悲观型解释风格让个体的身心承担了太大的负面压力，导致情绪超负荷，身体系统崩溃。

三、如何改变悲观主义

悲观是乐观的大敌，对于个体的关系、发展及身体健康都有毁灭性影响。虽然悲观受多种因素的影响，往往难以改变，但如果去刻意改变，悲观型解释风格也可以获得修正，悲观者的悲观主义会慢慢淡化，他也会成为乐观者。如果你是一个悲观者，可以尝试以下两种改变悲观主义的方法。

1. 调整情绪三步法

第一步，喊停。当自己陷入悲观思维时，首先用手拍桌子并大声喊"停"，或者在纸上写个"停"字，然后一直看着它，通过这样的方式来告停自己的悲观思维。这时，可以把注意力转移到其他事情上，使自己从困境中暂时抽离。

第二步，放松。虽然行为上通过"喊停"做了暂停和抽离，但情绪上往往还会处在困境中，有压抑和窒息感。这时，可以尝试做深呼吸来调整情绪，或者通过听音乐、看电影等娱乐方式让情绪得到纾解和放松。

第三步，提醒自己。悲观解释只是事实的一方面，而不是事实的全部。事实有悲观的一面，也有乐观的一面，我们要提醒自己学着去看见困境背后的资源面，让自己从困境中得到成长。

2. 换种方式解读现实

任何事物都有正反两面。《塞翁失马》的故事相信大家都听过。塞翁家的马跑了，大家都来慰问他。塞翁说："为什么不是福运呢？"几个月后，塞翁家的马带领着胡人的骏马回来了，大家都祝贺他。他说："为什么不是祸端呢？"

家里有许多骏马，他的儿子喜欢骑马，有一次从马上摔下来，摔断了大腿骨。大家都慰问他，这位父亲说："为什么就知道不是福运呢？"

过了一年，胡人大举侵入边塞，健壮的男子都拿起弓箭参战，塞上参战的人，十个人中死九个，不死的都是重伤。唯独他的儿子因为腿摔断了，得以保全性命。

塞翁能够在遇到任何事情时都辩证地从正反两面来看待，不大喜，也不大悲，坦然面对，接纳现实，才能一次次跨过磨难。这启发我们要学会把危机视作人生的挑战或机遇，把所遇到的问题当作人生路上的一个成长机会，转换自己的内部言语，不再说"我不行""我不会"这样的声音，学会启动"试一试""加油""我可以"这样的内部言语来鼓励自己直面挑战。现实因视角而发生改变，当我们能够积极、乐观地解读现实处境时，我们会发现未来一片光明。

小结

乐观是一种良好的心理特征，能挫败一切痛苦与烦恼，给人们勇气、信心和力量。

自我分析

你属于气质性乐观，还是属于乐观型解释风格？

自我检测

癌症性格距离你多远？

推荐阅读

《性格解析》（美）弗洛伦斯·妮蒂雅

《习惯的力量》（美）杰克·霍奇

《乐商：一个比智商和情商更能决定命运的因素》任俊，应小萍

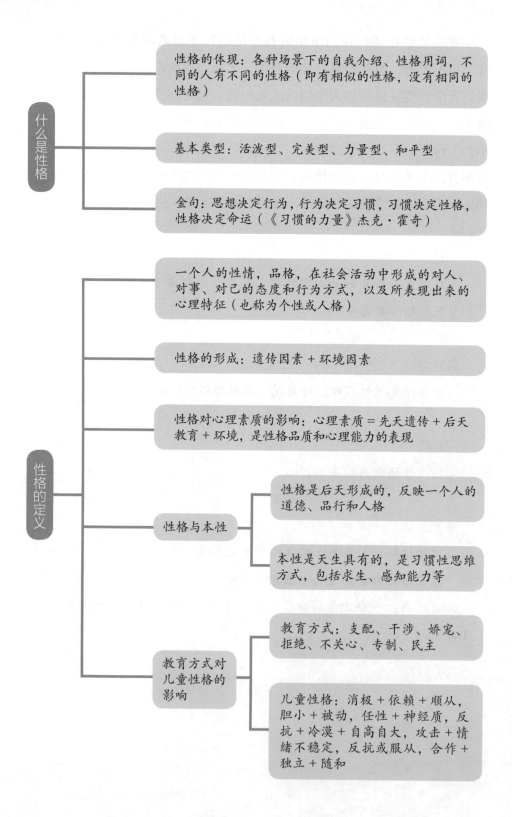

什么是性格

性格的体现：各种场景下的自我介绍、性格用词，不同的人有不同的性格（即有相似的性格，没有相同的性格）

基本类型：活泼型、完美型、力量型、和平型

金句：思想决定行为，行为决定习惯，习惯决定性格，性格决定命运（《习惯的力量》杰克·霍奇）

性格的定义

一个人的性情，品格，在社会活动中形成的对人、对事、对己的态度和行为方式，以及所表现出来的心理特征（也称为个性或人格）

性格的形成：遗传因素 + 环境因素

性格对心理素质的影响：心理素质 = 先天遗传 + 后天教育 + 环境，是性格品质和心理能力的表现

性格与本性

性格是后天形成的，反映一个人的道德、品行和人格

本性是天生具有的，是习惯性思维方式，包括求生、感知能力等

教育方式对儿童性格的影响

教育方式：支配、干涉、娇宠、拒绝、不关心、专制、民主

儿童性格：消极 + 依赖 + 顺从、胆小 + 被动，任性 + 神经质，反抗 + 冷漠 + 自高自大，攻击 + 情绪不稳定，反抗或服从，合作 + 独立 + 随和

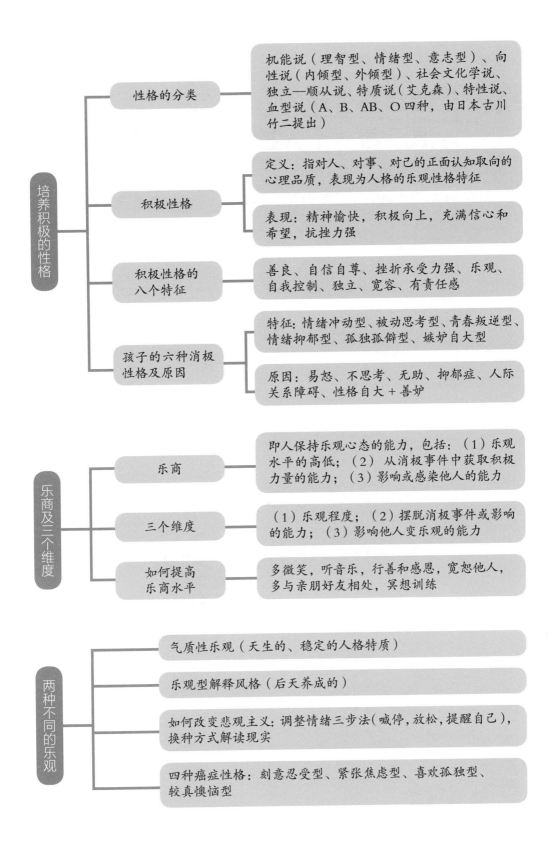

培养积极的性格

性格的分类 —— 机能说（理智型、情绪型、意志型）、向性说（内倾型、外倾型）、社会文化学说、独立—顺从说、特质说（艾克森）、特性说、血型说（A、B、AB、O四种，由日本古川竹二提出）

积极性格
- 定义：指对人、对事、对己的正面认知取向的心理品质，表现为人格的乐观性格特征
- 表现：精神愉快，积极向上，充满信心和希望，抗挫力强

积极性格的八个特征 —— 善良、自信自尊、挫折承受力强、乐观、自我控制、独立、宽容、有责任感

孩子的六种消极性格及原因
- 特征：情绪冲动型、被动思考型、青春叛逆型、情绪抑郁型、孤独孤僻型、嫉妒自大型
- 原因：易怒、不思考、无助、抑郁症、人际关系障碍、性格自大＋善妒

乐商及三个维度

乐商 —— 即人保持乐观心态的能力，包括：（1）乐观水平的高低；（2）从消极事件中获取积极力量的能力；（3）影响或感染他人的能力

三个维度 —— （1）乐观程度；（2）摆脱消极事件或影响的能力；（3）影响他人变乐观的能力

如何提高乐商水平 —— 多微笑，听音乐，行善和感恩，宽恕他人，多与亲朋好友相处，冥想训练

两种不同的乐观

气质性乐观（天生的、稳定的人格特质）

乐观型解释风格（后天养成的）

如何改变悲观主义：调整情绪三步法（喊停，放松，提醒自己），换种方式解读现实

四种癌症性格：刻意忍受型、紧张焦虑型、喜欢孤独型、较真懊恼型

第二章

情绪是生命的一部分，
展示着一个人控制生命的能力。

2

积极情绪
情 商

第一节 情　绪

一、情绪的分类

情绪是对一系列主观认识经验的统称，而且往往伴随着某种外部行为表现，包括面部表情、肢体语言、语调和身体动作等。

从生物进化的角度来说，情绪可以分为基本情绪和复合情绪。其中，基本情绪是人类和动物所共有的先天情绪。在20世纪70年代初，伊扎德提出人类有11种基本情绪，分别是兴趣、惊奇、痛苦、厌恶、愉快、愤怒、恐惧、悲伤、害羞、轻蔑和自罪感。复合情绪则是由基本情绪的不同组合派生出来的，比如敌意是愤怒和厌恶两种情绪的组合。

从情绪的意义角度来说，情绪可以分为积极情绪和消极情绪。其中，积极情绪是我们的需要被满足时所产生的情绪，而消极情绪则是我们被伤害和限制时所产生的情绪。你脑海中每天出现的想法是正面、积极的多一些，还是负面、消极的多一些？我们的大脑中，平均每天会有四五万个想法浮现又消失。在清醒的时候，大多数人是在内心与自己默默地对话。大脑中仿佛有那么一个"喋喋不休的人"，一会儿说东，一会儿说西，说的东西总是消极的比积极的多。美国密歇根大学的心理学家南迪·内森发现，一般人的一生平均有30%的时间处于情绪不佳的状态。

二、七情六欲

1. 概述

俗话说，人都有七情六欲，每个人这一生都躲不过情感与欲望的纠缠。

有关七情最早的记载是在《礼记·礼运》中："喜、怒、哀、惧、爱、恶、欲，七者，弗学而能。"这七种情感是我们人类与生俱来的，也是我们最基本的情感。而有关六欲最早的记载则是在《吕氏春秋·贵生》中："所谓全生者，六欲皆得其宜也。"后人对此做了注释，六欲是指眼、耳、鼻、舌、身、意，代表着人的生理需求或欲望。

如果按照积极情绪和消极情绪的分类标准，七情中的积极情绪只有喜和爱，而其他五个都是消极情绪。

人的一生就如同登山，或许我们只有在登上山顶那一刻才能短暂地体会到积极情绪，其余大部分时间都在感受消极情绪。

正如追求喜和爱等积极情绪是一种本能一样，我们也会本能地想要逃避恐惧等消极情绪，但消极情绪其实对我们的生存有着重要的意义，它能在一定程度上保护我们，使我们免受伤害。人类祖先要想在危机四伏的环境中生存下来，就需要通过情绪来觉察周围是否有危险，以便及时做出反应。因此，消极情绪能让我们顺利地活下来，而积极情绪能让我们活得更好。

2. 举例

以恐惧为例，恐惧是一种有机体企图摆脱或逃避某种情境而又无能为力的情绪体验。心理学家认为，恐惧远比害怕深刻。害怕针对现在发生的事，恐惧则可以针对未知的事。害怕大多是针对一个现象而产生的，当你的肉体遭受攻击，比如一只野兽向你扑来时，你会感到害怕；而恐惧则是你不知道什么时候会碰到野兽，还是不会碰到野兽。

在生命的旅程中，我们每个人都会遇到各种各样的失败，其中大多数人的失败并不是因为其智力不够或能力不强，而更多的是因为这些人背负着太多的顾虑和担忧，恐惧的心理影响了他们面对事物时的情绪和心态。如果我们能勇敢一些，忽略险恶的状况，只专注于当下做的事情，生活也许会更美好。其实克服恐惧就是要放下怀疑，正视现实，找到正确的方法。

人类会产生六种恐惧心理。

（1）对贫穷的恐惧。当一个人的基本生存需求得不到满足，尊严、平等和自由丧失的时候，他会感觉到贫穷比死亡更可怕。贫穷不仅会限制我们的想象力，还会影响我们对人生的判断力。金钱的匮乏感会让我们的大脑时刻处于警觉状态，生活中任意微小的变故都会触发警报信号，久而久之，大脑就会疲于应对眼前的短期利益，很难专注于未来的长期利益。也就是说，当我们的注意力都集中在获取金钱上，就会失去理性决策所需要的认知资源。

（2）对批评的恐惧。在生活中，我们常常受到红灯思维的影响，也就是说当别人和我们有不同意见或者批评、否定我们的时候，我们本能的反应不是尝试去理解和接纳别人的观点，而是首先反驳对方。每个人都喜欢听到赞美和肯定的语言，害怕被批评和指责，因为批评意味着我们被否定，意味着自己不够好。

（3）对疾病的恐惧。一谈起疾病，人们脑海中浮现的往往是癌症、无药可救、倾家荡产，生病不仅意味着身体遭受痛苦，往往也意味着经济遭遇重大挑战。

（4）对失去爱的恐惧。世界上没有人是不害怕失去的。有些人害怕失去财富，有些人害怕失去地位，有些人害怕失去健康，有些人则害怕失去爱。爱与被爱是我们每个人的基本需要。我们希望能在群体中得到他人的爱，享受被接纳的喜悦。爱构建了我们和他人的关系，因为爱，我们不再是独立的个体，而是与他人充满感情连接。

（5）对年老的恐惧。衰老是每个人都无法逃避的问题，从出生的那一刻，对衰老的恐惧就时隐时现地在我们体内鼓动，我们的人生有一半的时间注定要面对衰老和死亡。衰老的路上最常见的风景就是孤独，能陪伴自己的人越来越少，关注自己的人也越来越少，不可预知的病痛却接踵而至。

（6）对死亡的恐惧。人这一生有太多的不确定性，但有一件事是确定的，那就是每个人都会死，或早或晚而已。在死亡来临的那一刻，我们毕生的追求、毕生的奋斗、毕生的荣耀全部清零。我们不知道自己即将面临的是什么，人死后是否真的如灯灭，有什么证据能证明这一点？太多的不确定性令我们倍感恐惧。对死亡的恐惧不仅困扰着我们普通人，就连圣贤孔子也曾感慨："未知生，焉知死。"

三、情绪稳定是最重要的

情绪是生命的一部分，展示着一个人控制生命的能力。每个人都需要了解自己的情绪变化，也要学会观察和理解周围其他人的情绪。既不要给自己制造坏情绪，也不要被他人的坏情绪所传染。当不良情绪出现时，要学会在回避中去宽慰自己。

稳定情绪是指个体在任何情况下都能保持内心的平和、从容；而不稳定情绪则是指当遇到意外事件或听到不好的消息时，个体会做出非常激烈的反应。

不稳定的情绪会直接导致我们在生活和工作中失控，会因为眼前的一点得失而大动肝火，焦躁不安。当我们愤怒时，我们就沦为情绪的奴隶；当我们生气时，我们的智商瞬间降为零；当我们冲动时，情绪就操纵了我们的一切。要杜绝坏情绪，需要具备抵抗坏情绪的免疫能力。提高免疫能力的首要条件是尽量了解和认识自己的情绪。我们要凭借经验和知识控制好自己的情绪，让情绪成为一种力量，成为我们的生命助力。

人都有七情六欲，当我们在生活中、感情中、工作中遭遇难题的时候，难免会有情绪波动，并被情绪影响。有情绪是本能，而稳定情绪是本事。与其逞一时之快，任意发泄自己的情绪，不如尝试控制情绪。

真正厉害的人都能不被情绪吞没，保持稳定的情绪是检验一个成年人是否成熟的重要标准。能掌控情绪的人，即使身处险境，也能化险为夷；不能掌控情绪的人，即使天降横财，也会一败涂地。当我们有情绪时，不妨试着转移一下自己的注意力，比如调整呼吸、看部电影、找朋友聊天等，这些都可以帮助我们舒缓情绪。

人类具有许多种力量，例如，身体中有肌肉的力量，头脑中有智慧的力量，而人类的情绪中蕴藏着更大的力量。只要我们愿意去做，就能够获得情绪的力量。

第二节　情绪的缓解和锻炼

一、情绪的缓解

RAIN旁观负面情绪法是美国著名心理学家塔拉·布莱克提出的一种通过正念来疏导负面情绪的方法。这一方法能帮助我们分离情绪和自我，接纳自己的负面情绪。

RAIN旁观负面情绪法包含四个步骤。

- 识别（Recognize）：识别发生了什么。
- 接纳（Allow）：接受情绪本来的样子，如其所是。
- 探究（Investigate）：带着善意去探究、觉察感受。
- 非认同（Natural Awareness）：不要去认同正在发生的情绪。

第一，识别就是注意此时出现的任何念头、思绪和感受。我们可以静下心来问问自己现在的情绪是什么，也就是简单地认识到，我们被困住了，受制于当下痛苦的负面情绪，比如生气、悲伤、郁闷、烦躁、嫉妒等。我们要试图倾听和信任自己的内在，告诉自己："此刻，我有情绪了。"在这个过程中，最重要的是把注意力放在内在，而不是放在引起自己负面情绪的人或者事物上。

第二，我们要允许并接纳第一步识别到的念头、思绪和感受。通常当我们陷入一种不愉快的情绪时，我们会评判自己，或者选择逃避。对于大脑中喋喋不休的声音，我们可以试着去觉察，让感受顺其自然地存在，允许内在痛苦的存在。这些负面的声音只是我们听到的一种声音，是我们产生的一个念头或想法，并不代表我们就是这样的。我们不要去认同它或批判它，只是感受它。也就是说，我们要接纳正在出现的情绪，感受情绪真实的样子，但不进行评判。我们越是自责、抵触和排斥这些情绪，就越会出现更多的负面情绪。

第三，把注意力放在自己的身体上，去探究身体的哪些部位有紧绷感，胃部是否有不舒服的感觉，心脏是否感觉紧绷或抽痛，以及身体是否颤抖。这些都是情绪在我们身上作用的结果。我们要去觉察它，关照它，允许它的存在，全然地去经历它，不要抗拒。我们会发现，全然地接纳和经历会让不好的情绪更快地消失，甚至转化为喜悦。

第四，当我们的情绪不好时，当下的感受不好时，要认识到这些都只是暂时的，是我们的一部分，而不是我们的全部，不要将这些感受和我们自己画等号。虽然我们的情绪是愤怒，是生气，但是并不代表我们就是一个爱生气的人。我们要尝试调整呼吸，深度放松下来，不再自我纠结，要意识到我们需要改善的只是当下的情绪和行为，而不是全面否定我们自己，这时心情会很快恢复平静。

2018年10月28日，重庆万州公交车坠江事件真相曝光

一乘客因为错过某一公交站点而情绪激动，找司机理论，她用暴力的语言、粗鲁的动作激怒了司机。公交车上载着一车乘客，司机手握方向盘，牵系一车人的安危，在情绪激动的女乘客面前，司机的情绪也被激起，未能保持冷静，反而与女乘客据理力争，冲动之下，他猛转左侧的方向盘，公交车冲上路沿，撞断护栏，乘客随公交车一起坠入江中，15条鲜活的生命消失了。

谁也不曾想到，两个控制不住情绪的人、一场无谓的争吵和冲突最后竟演变为一场无法挽回的悲剧。这看似是一场交通安全事故，实则是情绪和冲突管理问题所致。一旦我们沦为情绪的奴

隶，就会像一颗随时可能引爆的炸弹，后果是不仅会毁了自己，还会毁灭他人。

人在生气时，智商瞬间降为零，成了冲动的魔鬼。女乘客是公交车坠江的导火线，谁能料生死只在一念之间？若时间可以倒流，谁都愿三思而后行。

二、情绪的锻炼

情绪使我们的生活变得多姿多彩，也在随时随地影响着我们的生活。情绪管理不是消灭情绪，而是疏导情绪，使情绪尽可能不给自己的生活带来负面的影响。

在《象与骑象人》一书中，作者乔纳森·海特将情绪比作大象，代表着人类最原始的冲动，力量非常强大，将理智比作骑在大象背上的人，力量非常弱小，骑象人想要靠蛮力控制住大象几乎是不可能的。深陷情绪中的人无法用理智驾驭情绪，而疏导情绪的高手可以驯服大象，让它朝着骑象人指定的方向前进。那么如何驯服大象呢？最有效的办法有三种：注意力转移法、换位思考法、慢慢说话法。

1. 注意力转移法：冷却情绪，不要立即回应

注意力转移法是指将注意力从引发负面情绪的刺激情境中转移至其他事物上的自我调节方法。当我们遇见不能忍耐、难以接受的事，首先让自己跳脱出当前的情境，让自己有冷静的独立空间，接下来尝试喘气，不说话，然后再大口地喘气，让气息进入腹部丹田，再缓缓地呼出去。这样反复做三次深呼吸之后，基本上想发火的情绪就会稳定很多，随后扯开嘴角，露出微笑的样子。

2. 换位思考法：看到事情好的一面

换位思考法是指与对方互换位置，设身处地为对方着想，看到

事情好的一面。人生不如意十有八九，失业、失恋、失意、失去最在意的事和人，往往都会导致情绪波动或失控。人各有各的苦难，所处立场不同，往往很难真正做到感同身受。但就像《了不起的盖茨比》中所说的："在你想要批判别人之前，要知道很多人的处境并不如你。"因此，凡事都要看到事情好的一面，都从不同的角度去理解，尝试换种思路，换种活法，人生就会走向不同的轨道。

3. 慢慢说话法：说话时语速慢一点，再慢一点

当我们情绪激动时，语调会变得很高，语速往往也会不自觉地加快，说话不经过大脑，口不择言。如果对方反驳，我们的声调会提得更高，以在气势上压倒对方。而这个时候，要有意识地提醒自己语速慢下来，语调平和下来，时刻警醒自己要保持理性，开口之前充分思考什么该说，什么不该说。如果我们能做到这一点，对方也不会以情绪来回击我们，双方才能进行有效的沟通。

第三节　积极情绪的意义

人类情绪的起源是什么呢？让我们随时光倒流，回到远古时代，去想象这样一个场景：当我们的祖先遇见凶猛的食肉动物，生命受到严重威胁时，本能的反应是逃跑或躲避，自然产生的情绪是害怕和惊恐，这种情绪会促使我们的祖先迅速逃跑，从而保全生命。当我们的祖先遇见没有攻击性的食草动物时，就会产生一种惊喜的情绪，这种情绪会促使他们主动地去接近动物并猎取它们。在漫长的人类进化过程中，消极情绪使人类得以生存下来，但是在人类获得生存能力以后，为了活得更好，进而发展出积极情绪。

心理学家在研究人类情绪的起源时发现，消极情绪优先于积极情绪产生。积极情绪的功能与消极情绪正好相反，当我们的祖先通过狩猎获得一只肥硕的鹿时，他会产生高兴的情绪，这时他会手舞足蹈；当第二天他又获得一只肥硕的大山羊时，他会高兴得用大喊大叫来庆贺。至今全世界的许多民族在表示欢乐的情绪时都是采用千姿百态的舞蹈或载歌载舞的行为来表示欢庆。

可以说，积极情绪的进程是一个螺旋上升的、不间断的过程，而消极行为则会缩小个体的行为和思想。同样都是跑步，当一个人面临生命危险时，逃生是最重要的，他只能选择全力以赴去跑得更快，绝不会讲究跑步的姿态和美观程度。但是当一个人处在兴奋和满足的快乐情绪时，他既会选择跑步的姿态，还会讲究跑步的美观程度。所以说，人类舞蹈的起源就是人类在最初享受愉悦的感觉时创造出来的艺术。

当人们处在悲痛的情绪时，大多哭泣、沉默，或者收敛自己的行动，甚至变得不愿意多参与活动。但是当人们处在愉快的情绪状态下，却可以找到很多不同的表现方式，比如喝酒、唱歌、跳舞、大笑、游玩等。在人类的发展历史中，消极情绪起到了保护人类的作用，而积极情绪才能让人类发展。要让生命能够更好地发展和创新，请更多地体验积极情绪。

一、积极情绪的三个部分

积极情绪横贯过去、现在与未来三个时间段，强调对过去感到满意，对现在感到快乐，对未来充满希望。

1. 对过去感到满意：感恩的心

很多人总是纠结于过去的失败、遗憾和错误，反复琢磨已经发生过的事情，并因结局的一点点美中不足就抹杀自己所付出的努力和成功，从而陷入对过去的反刍性思考中，陷入一种习得性无助的状态。其实，每个人都有各自的优势和潜力，如果我们已经拼尽全力，结局依然不尽如人意，要学会允许自己失望，允许自己无助，因为再完美的人都有不够好的时候，没有人能永远成功。我们要怀着一颗感恩的心，即使身处最糟糕的境地，也要感谢已经拥有的一切，虽然自己不是最好的，但是已经尽了最大努力，这种思维会让我们获得积极力量。

2. 对现在感到快乐：当下的心

在《马男波杰克》中，戴安问了波杰克一个问题："你上次真正开心是什么时候？"如果这是你第一次听到这个问题，并且感觉很"扎心"，建议你好好思考这个问题。心理学研究发现，如果一个人能够专注于眼前的事情，活在当下的时刻，不计较过去的得失，不担忧尚未发生的事情，就能感受到一种宁静而清醒的快乐。如果我们能掌控当下，那么这种快乐就能延伸至未来，也能追溯至过去，我们人生的每一分每一秒都是快乐的。

3. 对未来充满希望：希望的心

莎士比亚说："希望在任何时候都是一种支撑生命的安全力量。"我们的一生会经历很多苦难，遭遇很多困境，希望就像黑暗中的明灯，照亮未来前行的路，赐予我们前行的力量。人生没有白走的路，每一步都算数。每一次成功的背后都有一连串失败的足迹，而每一次失败都意味着离成功越来越近。

二、十种积极情绪

积极情绪除了让我们活得更开心一些，还有其他作用吗？提到积极情绪，我们首先想到的可能是快乐，积极情绪研究领军人物芭芭拉·弗雷德里克森认为，快乐是一个过于笼统的词，不能精准地表述我们的感受。芭芭拉·弗雷德里克森在《积极情绪的力量》一书中将积极情绪根据人们感受的频率分成十种：喜悦、感激、宁静、兴趣、希望、自豪、逗趣、激励、敬佩、爱。

芭芭拉·弗雷德里克森经过研究发现，积极情绪有两大极容易被忽略的功能：扩展和建构功能、复原功能。消极情绪会把我们的心理能量集中到关键的求生方向，并把思路和行为集中到熟悉的选项。也就是说，消极情绪会导致我们的关注点越来越少，选择的机会也越来越少。而积极情绪能开阔我们的思路，增加可选择的行为选项，让我们更灵活地、富有创新地与世界互动，创造更多的可能性，也更容易从挫折中复原。

三、积极与消极情绪的比例

积极情绪能带给我们巨大的幸福感，我们需要多少积极情绪才会觉得足够？是不是彻底消灭消极情绪才会最快乐？

适度的消极情绪对我们的生活也是有积极意义的，它能提醒我们密切关注周围存在的一切威胁与挑战，并时刻准备好应对的办法。如果我们只有积极情绪，就容易忽略外界释放的危险信号。当然，即使消极情绪有很多积极意义，我们也不要让自己在消极情绪中停留太久。

我们的生活是欣欣向荣，还是枯萎凋零，取决于内心的积极情绪。积极情绪不是越多越好，消极情绪也不是越少越好。每承受一次撕心裂肺的消极情绪，需要体验至少三次让你振奋的积极情绪。也就是说，积极情绪与消极情绪的最佳配比是3∶1。积极情绪与消极情绪的上限配比是11∶1，也就是说，如果一个人经历十一件快乐无比的事情，而只经历一件不开心的事情，那这个人就是一个超级快乐的人。

我们在看待自己的生命时，可以把消极情绪当作支出，把积极情绪当作收入。当积极情绪多于消极情绪时，幸福这一"至高财富"就赢利了；反之，我们的幸福就是透支和亏损的。想拥有幸福，就要与积极情绪常相伴、常相随！

第四节　如何建立积极情绪

一、创造积极情绪的环境

外在美好的事物能激发我们的积极情绪，积极情绪又会促使事情朝好的方向发展。当我们感觉负能量爆棚，即将陷入绝境时，我们的视野自然会变得狭隘，只会拘泥在让自己烦心的事情上，对其他事物失去兴趣和关注。这个时候，最好的办法就是跳脱出来，暂时抛开眼前的一切，不去想这件事，去做一些自己平时最喜欢的事情。

在这里分享一种能提醒我们回到积极情绪状态的办法——幸福力能量箱。幸福力能量箱可以用来收集生活中的美好时刻，比如照片；收集对我们有意义的书籍、电影、音乐、舞蹈；收集最喜欢的励志座右铭或歌词；收集童年的纪念品、令人喜爱的装饰品等。我们可以把一切能让我们回忆起积极时刻的东西收集到这个箱子里，每当我们感到心情低落的时候，就可以把这个箱子拿出来，激发自己的积极情绪。

二、巩固和关注90%的快乐

"一分钟不开心，就失去了一分钟的快乐。"遇到烦心事，要学会扭转原有的消极思维，尽量把事情往好的方面想，试着用正向的思考方式，这样就容易摆脱当前的困惑和痛苦。

有一个心理学家就做了一个很有意思的实验。他在一个周日的晚上召集一群实验者，要求他们把未来七天中所有能想到的烦恼都写下来，然后投入一个大型的烦恼箱。到了第三周的星期天，他在这些实验者面前打开了那个箱子，与在场的每个实验者逐一核对每项烦恼，结果发现其中有九成的烦恼根本就没有发生过。心理学家又要求大家把剩下的那一成烦恼写在一张字条上，重新丢入烦恼箱中，等过了三周，再来寻找解决之道。结果到了三周后的星期天，他发现实验者的那些烦恼已经不再是烦恼了。

据研究者统计，一般人的忧虑情绪中有40%属于过去，有50%属于未来，只有10%属于现在。而90%的忧虑从未发生过，剩下的10%则是一般人能够轻易应对的。

心理学家的实验证实了那句"烦恼是自找的"。甚至可以说90%的烦恼都是人为产生的。那么如何增加快乐的体验呢？答案就是巩固和关注90%的快乐。我们要有意识地去关注积极的事物。我们往往会本能地关注负面事件，并且由此得出"生活本就是痛苦的"结论，但生活并不是缺少美好，而是缺少记录美好的习惯。我们可以每天坚持记录能带给自己积极体验的事件，并且有意识地去创造这类事件发生的机会，以增加积极情绪在生活中的比重。

另外，我们还可以畅想梦想实现后的样子，想象的过程需要尽可能详细化、场景化。研究发现，仅仅通过想象，我们也能得到切实的积极情绪体验。另外，当我们正在体验积极情绪时，也不要试图抓住它，这样反而会让我们感到焦虑。我们不仅要接纳负面情绪，还要接纳积极情绪，让其来去自如，不去评判。

三、乐观情绪的训练法

美国神经生物学家经过长达10年的研究发现：好心情是先天的，负责好心情的脑区在大脑左半球。伴随着婴儿的第一声啼哭，他的大脑皮层便开始急剧而复杂地形成，降生后的72小时能决定其未来是否成为快乐的人，快乐婴儿的大脑愉悦区极度活跃。研究还发现，我们的大脑左半球储存的是享受生活、充满希望、朝气蓬勃等乐观品质，而右半球储存的则是抑郁、绝望、后悔等悲观品质。也就是说，两个大脑半球控制的是两类完全相反的情感。

对于先天就是悲观主义的人，我们能否扭转天性，将其培养成一个乐观主义者呢？

威斯康星大学的心理学家对大脑愉悦区极不活跃的"倒霉蛋"进行实验，要求他们在一个月内进行各种能激发幸福感的活动：

- 每天与周围的人交换一些愉快的信息；
- 每天做20分钟的体操；
- 每天对着镜子笑2分钟，锻炼"快活肌肉"；
- 每天做10分钟的自我调整，以达到身心完全松弛；
- 从第三个星期开始，每天用30分钟来做自己喜欢的事情；
- 从第四个星期开始，每天晚上都去跳舞。

一个月后发现，这些人的大脑活动有了显著的变化，"快活机能"的曲线明显上浮。也就是说，即使是天生的悲观主义者，也可以通过心理训练成为一个快乐的人，乐观是可以通过后天教育而培养的。

第五节　情商的三种能力

一、情商概述

根据维基百科的定义，情商是指观察他人情感、控制自己情感的能力。情商能衡量一个人人际交往、为人处世的能力。高情商的人是那些在人际交往和为人处世方面能力强、令人佩服、让人舒服的人，他们能在与人相处的过程中感知别人的情绪，遇到困境时能巧妙化解问题，并可以从不同的角度去考虑人和事。

二、高情商的人具有的三种能力

1. 个人的情绪控制能力

心理学家在研究中发现，高情商的人善于控制自己的情绪，任何时候都能做到头脑冷静，行为理智，抑制感情的冲动，克制急切的欲望；能及时排解不良情绪，使自己始终保持良好的心境，心情开朗，胸怀豁达，心理健康，凡事往好处想。不知道大家读到这里，有没有对号入座呢？如果你基本具备以上几点特征，那么，恭喜你，你是一个高情商的人。

如果我们做不了情绪的主人，就会沦为情绪的奴隶。情绪失控具有严重的危害性，它就像脱缰的野马，会置主人于危险的境地。

（1）不利于身心健康。我们每一次生气，都会对身体造成伤害，会使心脏缺氧，影响肝功能，免疫系统功能下降，呼吸急促，肠胃功能紊乱，甲状腺功能亢进，大脑加速衰老等。

（2）容易破坏人际关系。我们在盛怒之下，头脑很容易失去理智，如说出一些过激或冲动的话，或做出一些具有攻击性的行为，进而有意无意地得罪人，影响人际关系。

（3）影响自己的寿命。《黄帝内经》中有言："怒伤肝。"如果我们常常控制不住自己的情绪，遇到一点小事就大发雷霆，则很容易积压内火，使肝脏无法正常运转和排毒。一旦肝脏代谢不正常，人所需要的养分得不到及时供应，其他器官也无法正常工作，寿命就会受到影响。

（4）坏情绪会传染，而且传染十分迅速，让人难以觉察。德国某大学曾做过这样一个心理研究，同时招募两批志愿者，然后分别给他们听不同的录音，录音内容完全相同，只是语调不同。一种录音的语调较为轻快，另一种录音的语调比较忧愁。结果发现轻快组的志愿者听完录音之后的心情变得愉快，而忧愁组的志愿者听完之后心情变得阴郁。所以，环境中一些不易察觉的情绪信号，比如一首忧伤的歌、一段偏激的文字、一个让人愤怒的故事，都在无形中影响着我们。

著名的踢猫效应

一位父亲在公司受到了老板的批评，回到家就把沙发上跳来跳去的孩子臭骂了一顿。孩子心里窝火，狠狠地去踹身边打滚的猫。猫受惊后逃到街上，正好一辆卡车开过来，司机赶紧避让，却把路边的孩子撞伤了。这就是心理学上著名的"踢猫效应"，描绘的是一种典型的坏情绪的传染所导致的恶性循环。

当一个人情绪不好时，潜意识会驱使他朝着比自己更弱小的群体发泄，就这样，坏情绪会沿着强弱关系依次传递，进而形成一条情绪传递链。因此，我们每一个人都应该管理好自己的情绪，这样才能实现真正的情绪自由。

2. 情绪感知能力

人际关系大师约翰·戈特曼曾经提出，对情绪的感知能力和掌控能力甚至比智商更重要。

你是否有过这样的经历：感觉自己的状态特别差，却不清楚自己到底怎么了，只能模糊地表达"我感觉特别糟糕"。这种区分并识别自己感受的能力就是情绪感知能力。

情绪感知能力高的人既能敏锐地感知自己和他人的情绪，又能有效地管理自己和他人的情绪，并用恰当的方式表达出来。

良好的情绪感知能力让我们在任何时候都能迅速读懂自己的每一种情绪，觉察自己的内在需求，并及时地调整和满足自己的需要。同时，它还能帮助我们准确地理解他人，共情他人，快速地融入社交环境，拥有将心比心的习惯，设身处地从别人的角度看待和思考问题。当人际关系出现冲突时，我们也能及时排解不良情绪，使自己始终保持良好的心境和豁达的胸怀。丰富的情绪感知能力能让我们对这个世界多一份理解力。

《活着就很伟大》一书中说过："凡事往好处想，好处必从凡事来。"凡事往好处想，给不好的事情一个好的解释，保持头脑冷静，缓解激动的情绪。如果事情还没有演化到最坏的地步，我们就开始焦虑，那就是自寻烦恼，本来挺简单的事情会变得复杂。

3. 与他人相处的能力

我们在人际交往中有一些共同的需求：渴望被人关注、被人尊重、被人喜欢、被人赞美、被人接纳。高情商的人会让你在与他谈话和相处时感觉很舒服，没有压力感，不会让你产生自卑、渺小和难受的感觉。

（1）人际交往的最高境界是感觉很舒服。情商能衡量一个人的人际交往、为人处世的能力。情商是一种思考方式、一种行为方式。情商高的表现是在与人相处中，能主动地感知别人的情绪，遇到困境时能巧妙化解问题，从不同的角度去考虑人和事。高情商的人有一个共性，他们是人群中那种乐于付出、助人为乐、大气的人，属于服务型人格。

（2）高情商的人会为他人着想，在意别人的感受。高情商的人具备同理心，能站在对方的角度上思考问题、发表言论，人缘好，比较讨人喜欢。

（3）高情商的人通常是一个圈子里的领导者。高情商的人在聚会时会在乎每一个人是不是玩得开心，并照顾到每一个参与者，使场面不尴尬。任何一个活动或聚会的核心人物都能让所有的人玩得愉快，氛围又始终保持热烈，是聚会活动的主导，也是服务员（乐于奉献）。

（4）高情商的人谈话时让别人感到很惬意。在谈话中，高情商的人的眼神会始终关注着你，不断地点头示意，偶尔还会嘴角上扬，露出会心一笑，示意肯定你的观点，你能随时感觉到他对你的谈话的内容很在意，与你的节奏很合拍，让你有一种找到知音的感觉。

（5）高情商的人说话时不以自我为中心。有些人是一打开话匣子，就滔滔不绝，根本不考虑别人听不听，喜欢与否，听懂与否，只在意自己一吐为快。高情商的人谈话时是有问有答，表达时精练概括，话题有趣，故事风趣，能考虑到在场其他人的感受和观点，给人的感觉是体贴、有人情味。

（6）高情商的人能带给别人极佳的用户体验。"用户体验"这个词是指用户体验产品时的感受，即"这个东西好不好用，用起来方不方便"。与人相处时产生的极佳用户体验，是指与高情商的人在一起，无论是其外在的肢体语言、面部表情，还是语言的表达方式及谈话内容，都让你觉得很舒服，感觉很好。

小结

学习积极心理学，不是为了避免负面情绪，而是有能力处理
负面情绪，能拥有积极情绪带来的力量。

自我分析

你是积极乐观的情绪比较多，还是消极悲观的情绪比较多？

推荐阅读

《象与骑象人》（美）乔纳森·海特

《积极情绪的力量》（美）芭芭拉·弗雷德里克森

《情商：为什么情商比智商更重要》（美）丹尼尔·戈尔曼

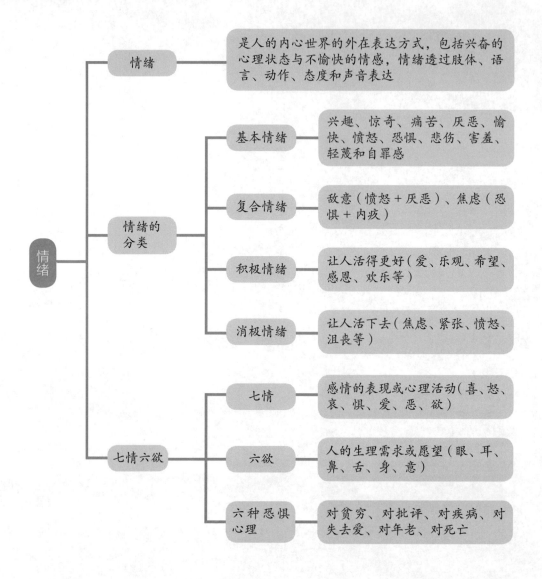

情绪 —— 情绪 —— 是人的内心世界的外在表达方式，包括兴奋的心理状态与不愉快的情感，情绪透过肢体、语言、动作、态度和声音表达

情绪的分类 —— 基本情绪 —— 兴趣、惊奇、痛苦、厌恶、愉快、愤怒、恐惧、悲伤、害羞、轻蔑和自罪感

复合情绪 —— 敌意（愤怒＋厌恶）、焦虑（恐惧＋内疚）

积极情绪 —— 让人活得更好（爱、乐观、希望、感恩、欢乐等）

消极情绪 —— 让人活下去（焦虑、紧张、愤怒、沮丧等）

七情六欲 —— 七情 —— 感情的表现或心理活动（喜、怒、哀、惧、爱、恶、欲）

六欲 —— 人的生理需求或愿望（眼、耳、鼻、舌、身、意）

六种恐惧心理 —— 对贫穷、对批评、对疾病、对失去爱、对年老、对死亡

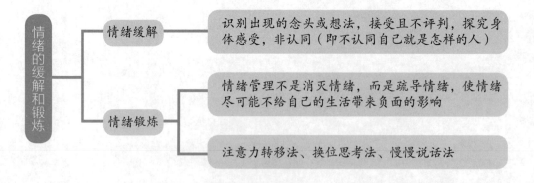

情绪的缓解和锻炼 —— 情绪缓解 —— 识别出现的念头或想法，接受且不评判，探究身体感受，非认同（即不认同自己就是怎样的人）

情绪锻炼 —— 情绪管理不是消灭情绪，而是疏导情绪，使情绪尽可能不给自己的生活带来负面的影响

注意力转移法、换位思考法、慢慢说话法

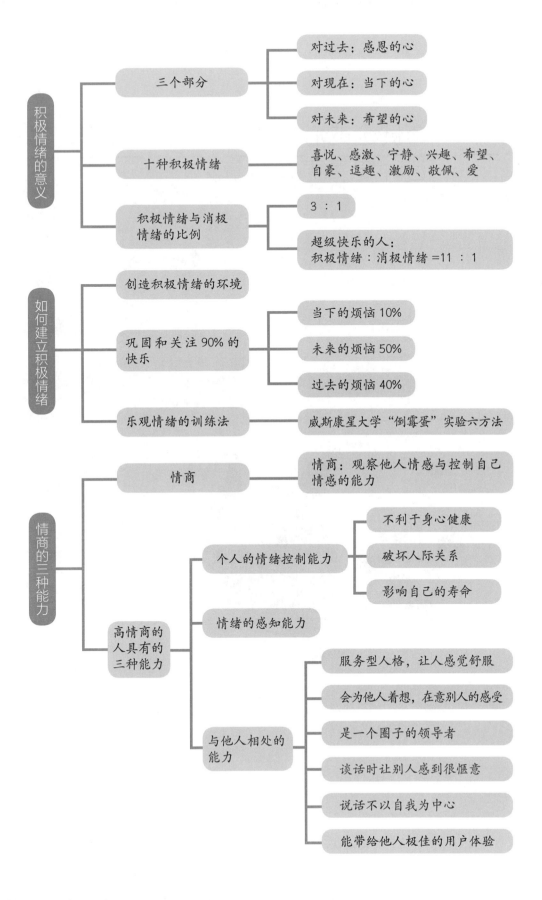

积极情绪的意义
- 三个部分
  - 对过去：感恩的心
  - 对现在：当下的心
  - 对未来：希望的心
- 十种积极情绪
  - 喜悦、感激、宁静、兴趣、希望、自豪、逗趣、激励、敬佩、爱
- 积极情绪与消极情绪的比例
  - 3：1
  - 超级快乐的人：积极情绪：消极情绪 =11：1

如何建立积极情绪
- 创造积极情绪的环境
- 巩固和关注 90% 的快乐
  - 当下的烦恼 10%
  - 未来的烦恼 50%
  - 过去的烦恼 40%
- 乐观情绪的训练法
  - 威斯康星大学"倒霉蛋"实验六方法

情商的三种能力
- 情商
  - 情商：观察他人情感与控制自己情感的能力
- 高情商的人具有的三种能力
  - 个人的情绪控制能力
    - 不利于身心健康
    - 破坏人际关系
    - 影响自己的寿命
  - 情绪的感知能力
  - 与他人相处的能力
    - 服务型人格，让人感觉舒服
    - 会为他人着想，在意别人的感受
    - 是一个圈子的领导者
    - 谈话时让别人感到很惬意
    - 说话不以自我为中心
    - 能带给他人极佳的用户体验

第三章

一个健全的心态比
一百种智慧更有力量。

③

积极心态
心商

第一节　心商：心理软实力

一、什么是心商

除了情商，心商也是衡量一个人能否在竞争激烈的社会中脱颖而出的标准之一。高情商能让我们在参加社交活动时游刃有余，而高心商能让我们在应对这些场景时更富有能量。心商是维持心理健康、缓解心理压力、保持良好心理状况和活力的能力，它反映的是一个人的心理软实力。心商不是看得见、摸得着的物质力量，而是无形且强大的精神力量，对我们的心理健康、心理压力调适起到至关重要的作用。

心理学指出，人的智力素质可采用智商这一参量来描述，其大小取决于人的智力年龄与其实际年龄的比值。人的综合心理素质可采用心商这一参量来描述，其大小取决于人的综合心理年龄与其实际年龄的比值。

影响心商的因素有很多，比如思维、心态、性格等。

思维就是我们看问题的角度、高度和深度，有高维思维的人能用独特的视角看待问题，跳出原有的思维框架，从更深刻的层面进行自我提升，能调动一切心理资源来应对生活中的烦恼，这类人的心商水平通常很高。

在生活中，不如意的事情时有发生，对我们所造成的影响并非由其破坏力决定，而是由我们的心态决定。任何人都无法时时刻刻感到快乐，只有用积极的心态看待问题，我们才会发现很多事情可以迎刃而解，甚至会有意想不到的收获。

性格稳重的人无论在生活中遇到多大的挫折，都不会有抑郁、愤怒、悲伤、绝望等影响心理健康的负面情绪。他们往往遇事不慌乱，所言所行都经过一番深思熟虑，能从容应对一切危机，理性分析当前局面，能用最合理的方式让彼此都达成双赢的结果，不会茫然地陷入被动僵局。

二、心商是一种心理能量

研究表明，一个人的成功20%靠智力因素，80%靠非智力因素。

非智力因素有广义和狭义之分，广义的非智力因素是指除智力因素以外的生理因素、心理因素、环境因素、道德因素等；而狭义的非智力因素是指不直接参与认知过程的心理因素，主要包括需要、兴趣、动机、情感、意志、性格等方面，而这些因素其实就是心商。

心商是一种心理能量，是一种有限的心理资源。一个人在人生道路上能走多远、能否成功，则取决于其心商的高低。

21世纪被一些人称为"抑郁时代"。人类面临更大的心理压力，很多都市青年的工作常态是：上班如上坟，下班葛优躺；一边崇尚佛系文化，一边面临着无休止的焦虑。因此，提高心商，保持心理健康已成为整个时代的迫切需要。

现代人渴望成功，而取得成功的一个重要因素是一个人的心理状态和心理健康程度。研究者发现，成功者都具有强大的心商能力，如观念、情感、意志、态度、习惯，而失败者则表现出心商不高。有很多人即使取得了短暂的成功，因承受着生活的各种压力，郁郁寡欢，因不堪重压或经不起生命的一次挫折而患上心理障碍，甚至走上不归路。从某种意义上讲，心商的高低直接决定了人生过程的终极苦乐，主宰人生命运的成败。

三、高心商的四大特点

1. 和谐的人际关系

周国平曾说："对于人际关系，我逐渐总结出一个最合乎我性情的原则，就是互相尊重，亲疏随缘。我相信，一切好的友谊都是自然而然形成的，不是刻意求得的。我还以为，再好的朋友也应该有距离，太热闹的友谊往往是空洞无物的。"高心商的人懂得发展能让自己成长和享受的人际关系。他们能够在关系中和对方一起实现共赢，最大限度地汲取关系中的养分。

2. 正确的自我评价和情绪体验

有的人在社交圈里看到别人分享自己的美好生活——旅游、聚会、鲜花等时，就觉得别人都在过着舒心的生活，只有自己过得一塌糊涂。这种消极的自我评价和情绪体验让我们徒增很多烦恼。高心商的人确信：这个世界上没有人是完美的，适当的焦虑能帮助自己变得更优秀，太多的焦虑则会起反作用。他们能对自己有客观而积极的评价，不会将心理资源消耗在无意义的事情上。

3. 热爱生活，正视现实

我们的一生会有无数的烦恼，但真相是有些烦恼从来没有发生过。高心商的人都能正视现实，降低对未知事物的过高期待，接纳生活中的起起伏伏，认真活在当下，热爱多姿多彩的生活，能跳出心理内耗的旋涡。

4. 人格完整

高心商的人对自己的优点和缺点有明确的认知，能识别真实自我和理想自我的差距，也能知道自己如何看待自己和别人如何看待自己的差别。一个人格独立且完整的人可以让任何关系都变得融洽。

低心商的人在遇到问题和困难时，往往认为是自己能力不足导致的，从而产生恐慌心理，把有限的精力浪费在漫无目的、有害无益的生活旋涡中，对生活失去控制力。另外，如果他们任由这种惊恐状态发展，结果就是整个人变得迟钝，放弃抵抗，丧失方向感，自怨自艾，消极等待命运对自己的宣判。

四、怎样提高心商

第一，明确目标，全力以赴。

第二，用行动使每天的生活成为你实现目标的铺路石，积小胜为大胜。

第三，经常与心灵对话，沉思默想，及时清除心理污垢，学会自我暗示技巧。

第四，养成精益求精的好习惯，若选择好了，就集中精力做好一件事，克服懒散、逃避、观望、犹豫等坏习惯。

第五，心胸开阔，提升视野，以相同或更多的价值回报给予你帮助的人。

第六，善于学习，向自己学，向他人学，向社会学，向历史学，向书本学，从而滋养和提升你的心商。

第七，树立正确的观念，学习技能，调整欲望水平。

第八，培养自信自尊，强身健体，适时娱乐，与新老朋友常沟通。

第二节 积极心态：乐观向上

一、乐观向上的生命力

生命力是一个人维持生命活动的能力，也是生存发展的能力。

路遥曾在《平凡的世界》中这样写道："人的生命力是在痛苦的煎熬中强大起来的。"苦难是生命的主题，我们只有认清这一点并且拥有直面苦难的勇气，才能凭借乐观向上的生命力，造就更强大的自己。

蒋勋先生在讲述《红楼梦》中刘姥姥为王熙凤的女儿取名字这一段情节时，曾提到生命力。所谓生命力，就是灾难不再是灾难，危机也不再是危机。生命力弱小的人遇到一点挫折就觉得坚持不下去了，要放弃，坐在地上痛哭，抱怨自己的命为什么这样不好。其实天生命不好的人并不多，更多的是由于缺乏强大的生命力而导致自己陷入"这一生都不太顺"的泥潭中。

生命力强大的人无论身处何种境地，都能热爱自己的生活，能对所面对的苦难和痛楚报以微笑。他们偶尔也会沮丧、灰心，但生命力支撑他们积极向上地去抗争、去拼搏、去面对、去承担。他们不可能被打倒，而是"热气腾腾"地活着。

二、正能量：积极的动力

理查德·怀斯曼在《正能量》一书中将人体比作一个能量场，他认为，通过激发一个人内在的潜能，可以使人表现出一个新的自我，这个人也会变得更加自信，充满活力。这种从内在潜能中被激发出来的健康乐观、积极向上的动力和情感，就是正能量。

正能量是一种状态，更是对积极人生的主动选择。正能量的人就像阳光一样，热情温暖，积极向上；负能量的人就像阴霾一样，消极颓废，悲观固执。我们和正能量的人在一起，就会不知不觉地被感染，心情变得轻松、愉快。

不同的能量会造就不同的世界观、人生观和价值观。我们对别人的好意和善良，最终成全的都是自己。

三、心态与心态效应

心态是指一个人通过言谈举止所表现的对事、对人的观点和态度。心态决定一个人的生命状态，从而决定一个人的命运。

有一个书生进京赶考，在一客栈落脚，这天夜里他做了两个梦，第一个梦是在墙上种高粱，第二个梦是下雨天戴着斗笠打伞。由于考期将近，他觉得这两个梦或许有预示性，所以赶忙找算命先生解梦。算命先生说："你这个梦不太好，墙上种高粱不是白费劲吗？戴着斗笠还打伞不是多此一举吗？"

书生一听，觉得甚有道理，瞬间垂头丧气，回到客栈就要收拾行李回家。店老板觉得很奇怪，问书生怎么还没到考试时间就要走，书生便将自己的梦境和算命先生的话说了。店老板说："依我看，你这次一定能高中。你想啊，墙上种高粱不是高种（中）吗？戴斗笠打伞不是稳上加稳吗？"书生觉得店老板的解读更有道理，于是重整心态准备考试，最终果然高中。

其实，事情没有好坏之分，拥有积极心态的人总能看到希望，而拥有消极心态的人看到的是危机。一个人的心态很可能决定未来的命运。

四、成就人生的八种好心态

- 积极进取，驾驭命运；
- 圆润平和，内外兼修；
- 心态放平，眼光放远；
- 人情练达，乐于付出；
- 身心相融，自然和谐；
- 理解职业，爱上工作；
- 积极心态，懂得知足；
- 放开自我，驾驭人生。

作家狄更斯有一句名言："一个健全的心态比一百种智慧更有力量。"人与人之间最大的区别，并不在于愚笨还是聪慧，也不在于富有还是贫穷，而在于心态不同。

第三节 积极心态与消极心态

一、积极心态与消极心态

当生活中遇到挫折和困难时，拥有积极心态的人不会只看到消极的一面，而是会将自己的思维方向转向乐观的一面，并能找到解决问题的办法。积极心态会指引我们从危险的山谷中走向坦途，使我们得到新的生命、新的希望，支持着我们的理想永不泯灭。

法国作家大仲马说："人生是由一串串无数的小烦恼组成的念珠，乐观的人是笑着数完这串念珠的。"如果我们将心态为比喻为一架天平，平和的心态就是归零的那个原点。消极在天平的左侧，乐观在天平的右侧。只要向天平的右侧增加一点积极的砝码，你就会进入积极心态。

如何培养积极心态呢？心理学家认为，建立积极乐观的语言习惯很重要。有些人当事情不顺利时就会说"烦死了""完蛋了""没希望了"之类的话，这也许是一种口头禅，说话者自己也并没有意识到这些话会对他们产生不好的影响，但是消极的语言暗示会复制到人们的大脑中，让人觉得："这件事是不可能的。"

那些拥有积极心态的人在生活中习惯对自己说积极的话，善于自我鼓励，如"没关系""我能行""我真棒""我觉得这样做真好""没问题"等。渐渐地，他们就会发现自己真的变成那样了。

二、你关注了什么心态

太多的人都有这样的经历：每当陷入困惑、无助时，常常束手无策，找不到解决问题的方法，严重时还会陷入迷茫、困惑和绝望的状态，但是无论事情怎样，最终还是走出了困境。

事后，当人们回忆当时的经历，往往会发现，事情本身其实并不可怕，关键是采用怎样的思考方式，是以怎样的心态面对和解决问题的。可以说，不同的心态和思考方式会决定事情最后的结局。

有这样一个故事。有个弟子很爱抱怨。一天，师傅将一把盐放入一杯水中，让弟子喝，弟子喝完说："咸得发苦。"师傅又把更多的盐撒进湖里，让弟子再尝湖水，弟子喝后说："纯净、甜美。"师傅说："生命中的痛苦是盐，它的咸淡取决于盛它的容器。你是愿意做一杯水，还是做一片湖水呢？如果是一杯水，即使很小的苦难也可能使你消极或者沉沦；如果是一片湖水，再大的苦难也会被你宽大的心胸化解，它也就算不了什么。"

生命中的痛苦和快乐取决于你的心态。其实，任何事情本身并没有什么好坏之分，问题在于你怎样去看待。你心里想什么、关注什么，你的眼睛就会看见什么，你的世界就是什么。

三、用积极心态看人生

在心情低落的时候，我们可能会说"我太抑郁了""好郁闷啊""整个人都自闭了"。其实，我们常常挂在嘴边的"抑郁"只是一种抑郁情绪。真正的抑郁症患者不仅精神萎靡，情绪持续低落，而且身体的行动力下降，经常感到疲倦，对周围的一切都没有兴趣，整个人都没有活力，就像一朵枯萎的花朵，任凭人怎样用心浇灌，它都没有办法汲取养分，重新绽放。因此，抑郁症被称作幸福的杀手。

抑郁症的最佳治疗方法就是相信抑郁症是可以战胜的，在这种强大的心理能量的支持下，再去接受适合自己的治疗方法，抑郁症就有被治愈的可能。当我们将心理能量聚焦在快乐的感受上，幸福感就会逐渐扩散。我们可以因为爱得到全世界，也可以因为恨失去全世界。

有这样一个故事。两个欧洲推销员到非洲推销皮鞋，当地人一向都是打赤脚的。一个推销员看到这样的情景后，顿时心灰意冷："这里的人都打赤脚，怎么会买我的鞋呢？"于是，他放弃了努力，沮丧地回去了。而另一个推销员看到非洲人都打赤脚时，却惊喜万分："这些人都没有皮鞋穿，皮鞋在这里的市场潜力一定很大。"于是他留了下来，想方设法推销皮鞋，最终成功了。

有人抱怨生活中烦恼的事情太多，其实，不如意的事情就像白衬衣上的油渍，是很烦人，但是我们只要用漂白水、洗涤剂等加以清洗，污渍就会荡然无存，我们的心态也是一样。我们应该多去关注生命给我们的恩典，在生活中有90%以上的事情是值得感恩的好事情，只有10%的事情不够好，但足以帮助我们成长。当一个人拥有了积极心态，他将会是快乐和幸福的。

第四节　三脑理论学说

一、三脑理论

人类大脑的进化经历了千百万年的历史，1952年，美国脑神经学家保罗·麦克莱恩提出"三脑理论"，即人类的大脑由爬虫类脑（脑干）、哺乳类脑（边缘系统）和人类大脑（新皮质）三部分组成。

人类大脑进化过程的第一个阶段形成了爬虫类脑，也叫本能脑，即脑干。脑干的主要功能是维持整个生命，包括呼吸、消化等重要的生理功能。爬虫类动物是典型的冷血动物，如龟、蛇、鳄鱼等。冷血动物产卵之后会让它自生自灭，幼龟、蛇、鳄鱼破壳出生之后，要想生存，就必须自己学会飞快地爬行。冷血动物是"本我"的典型表现。它们表现为进攻性强，没有感情。

第二个阶段形成了哺乳类脑，也叫情感脑。这是控制情绪的大脑边缘系统，人类情绪中的快乐、厌恶、愤怒、恐惧和欲望等都出自这个系统。人脑的边缘系统使人类与哺乳动物具有一些共同的本性，如关心、喂养后代等。哺乳动物的攻击性相对于冷血动物来说较弱，是典型的"自我"表现。哺乳动物的特点是喂养和照顾后代，但不会照顾自己的父母，年老的动物都很悲惨。

第三个阶段形成了人类大脑，也叫理性脑。这是人类大脑形成和发育最晚的部分，即最外层的大脑皮层，也就是新皮质。新皮质是以理性、良心、道德和人格为主要功能和特征的新近进化的产物，它的形成是大脑进化的最高阶段。人类脑更注重大脑的思考和推理能力。

二、大脑的发育过程

孩子在爬虫类脑发育的过程中经历了生存脑和运动脑形成的两个过程,其中0~1岁形成生存脑,是孩子大脑发育最重要的过程,1~1.5岁是运动脑的发育时期。2岁前后,孩子的情感脑开始发育,这个脑区的主要作用是处理情绪和存储记忆。人拥有复杂的情绪,比如爱、恨、恐惧、失落、伤心、开心、愤怒。孩子到了2岁时,动不动就爱耍赖,发脾气,打人,唱反调,过去爸爸妈妈眼里天使般的宝宝忽然变成无理取闹的小霸王。

进入学龄期后,直至成年,这漫长的时间里都是理性脑在发育。理性脑的发育主要表现在语言表达能力、文字书写和处理能力、逻辑思维能力、推理判断及预测能力、共情和同感能力、将心比心的能力、分析比较及抽象思维等能力的发展上。

三、三脑理论的应用

学龄前儿童处在情感脑的发育时期中,智慧脑尚未发育成熟,家长如果用"讲道理"的方式跟孩子沟通,是没多大效果的,因为"讲道理"需要用理性脑来理解和处理,而7岁之前的孩子的大脑还没发育好,根本就听不懂爸爸妈妈的要求。但是,孩子在发育和成长中,对世界充满着好奇,从运动脑发育到情感脑形成的过程中,需要不停地去接触、触摸、破坏和探索,用一些"捣乱"的行为去认识这个世界。

在孩子生气、摔东西时,父母应尽量不要批评和指责孩子,可以用转移注意力法或者"拟人化"的表述来劝导孩子。"拟人化"表述就是告诉孩子，玩具也是有生命的，不能随便摔，玩具也会疼等。

当孩子的情绪平复之后，父母再进行疏导。父母可能要重复上百次，不断引导，耐心说教，在一次次耐心的陪伴教育后，孩子才能学会处理负面情绪，孩子的同理心也开始发展，他们会从父母安慰自己的过程中学会如何去安慰别人，这也是情商发展和培养的过程。

要明白孩子的心思和需求，就一定要了解孩子的发育过程，情感脑的发育过程很重要，这是大脑发育的黄金期。父母既要了解和理解孩子发育中的一些情绪反应，还要采取一些措施来促进孩子的情感脑的发育，让孩子成为一个有情趣、有兴趣、有好奇心、有创造力、人际关系好、身体发育好的人。

第五节　心理疏导的技能

一、什么是心理疏导

随着社会竞争的加剧，人们的生活压力与日俱增，很多人出现了不同程度的身心症状，比如失眠、肥胖、焦虑、抑郁、狂躁等。因此，每个人都需要具备一定程度的心理疏导能力。广义的心理疏导泛指所有心理咨询和治疗；而狭义的心理疏导则是指通过言语的沟通技巧对心理进行梳理、泄压、引导，改变个体的自我认知，从而提高其行为能力和改善自我发展的心理疏泄和引导方法。

心理疏导是我们本身就具有的心理自愈能力。也就是说，对于大多数人，一般的不良情绪和心理不需要特殊的干预，它们都会随着时间的推移而自愈。当人们面临不快乐的情境时，心理免疫系统也会产生作用，自行调适心理感受。心理免疫系统就如同人身体的免疫系统一样，既能产生抗体，又能抵抗细菌或病毒的侵入。

西方医学奠基人希波克拉底在公元前5世纪曾说："并不是医生治愈了疾病，而是人体自身战胜了疾病。"美国威斯里教授通过对100位志愿者在各种情绪状态下心脏的激素分泌情况进行跟踪与采集，发现人的情绪越高昂，心情越愉悦，心脏分泌的激素就越充沛。反之，人处在痛苦、担忧、抑郁等消极状态时，心脏几乎完全停止分泌这种激素。在身患重病时只有保持心情愉悦，积极求生，心脏才有可能分泌救命的激素，当这种激素达到一定量时，才能杀灭体内的癌细胞，从而创造不治自愈的生命奇迹。而那些因绝症整日忧心忡忡、活在痛苦和绝望中的患者，则没有自愈的机会。

二、六种自我心理疏导法

1. 自我放松

我们要学会接受已发生和体验过的应激情绪反应，学会淡忘刺激性的场景和画面。无论自己过去做得怎样，都要从内心肯定自我，主动纠正看待问题的偏差，多从事件的积极面去看待问题，这样就可以减弱或转化消极情绪。

2. 倾诉宣泄

如果我们将不愉快的经历压抑在心里，日积月累，这些未被消化的情绪就有可能导致身体疾病。我们可以找家庭教育咨询服务人员、心理咨询师，或者亲密友人倾诉烦恼，有人帮我们分担，我们的心情就会顿感舒畅。

3. 哭泣减压

心理学家发现，在悲痛欲绝的时候，适时地哭一场能帮助我们将应激反应过程中产生的毒素排出去，从而使情绪恢复稳定。

4. 做喜欢的事

我们可以将注意力从引发消极情绪的事情上转移至别处，做一些自己喜欢的事情，比如看书、看电影、下棋、逛街等，这样可以使我们迅速从负面感受中解脱出来。

5. 运动减压

当我们情绪低落的时候，行动力往往也会变得迟缓，更愿意睡懒觉或者坐着发呆，这会加剧我们的低落情绪。运动可以转移我们的注意力，调节情绪。

6. 放弃完美

生活不是非黑即白，非此即彼，我们要放弃对完美的追求，接受有遗憾的人生。没有人能做到让所有人都满意，我们要把有限的精力用于追逐可以实现的目标。

三、面对不确定性，怎么办

不论是全球性的突发事件，比如疫情、金融风暴，还是每个人遭遇的意外，比如失业、生病，都是人世间的无常和不确定性。人类的本性是追求确定感、安全感。面对这么多的不确定性，我们应该怎么调节自己呢？

1. 情绪稳定

当我们遇到负面事件时，通常会有激烈的情绪反应，进而导致一系列的失控行为。然而，情绪稳定是一个人成熟的重要标志，若能理性地分析原因，并积极地解决问题，情绪自然能悄无声息地消退。

2. 乐观心态

情绪稳定的本质是乐观，心态变得乐观了，情绪自然就稳定了。乐观的心态能让我们在面对外界的波动与不确定时，既不否认事件消极的一面，也能更多地看向积极的一面，从而获得更多的能量与希望。

3. 从不同角度去看待问题

单一的固化思维会限制自我认知，将我们局限在某一特定的思维模式中，而从不同的角度思考问题，能让我们更灵活地应对多变的世界，即使面对突如其来的挑战，也能迅速转变思路，转危为机。

小结

　　幸福力教育可以帮助我们正确面对困难，最好的方法是培养积极心态，调整内在思维方式和看待人生的角度，建立外在平衡、科学的生活方式。

自我分析

　　你更多地关注积极心态，还是消极心态？

推荐阅读

　　《正能量》（英）理查德·怀斯曼

　　《反脆弱》（美）纳西姆·尼古拉斯·塔勒布

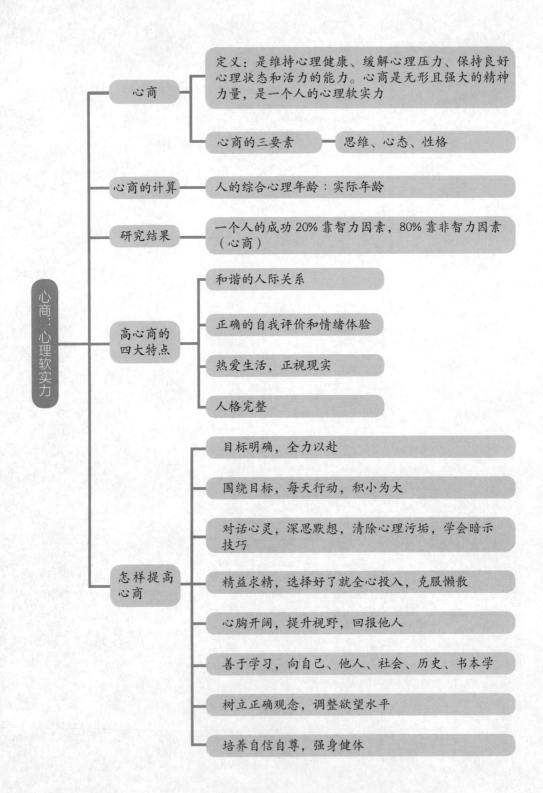

心商：心理软实力

心商
- 定义：是维持心理健康、缓解心理压力、保持良好心理状态和活力的能力。心商是无形且强大的精神力量，是一个人的心理软实力
- 心商的三要素 —— 思维、心态、性格

心商的计算 —— 人的综合心理年龄：实际年龄

研究结果 —— 一个人的成功20%靠智力因素，80%靠非智力因素（心商）

高心商的四大特点
- 和谐的人际关系
- 正确的自我评价和情绪体验
- 热爱生活，正视现实
- 人格完整

怎样提高心商
- 目标明确，全力以赴
- 围绕目标，每天行动，积小为大
- 对话心灵，深思默想，清除心理污垢，学会暗示技巧
- 精益求精，选择好了就全心投入，克服懒散
- 心胸开阔，提升视野，回报他人
- 善于学习，向自己、他人、社会、历史、书本学
- 树立正确观念，调整欲望水平
- 培养自信自尊，强身健体

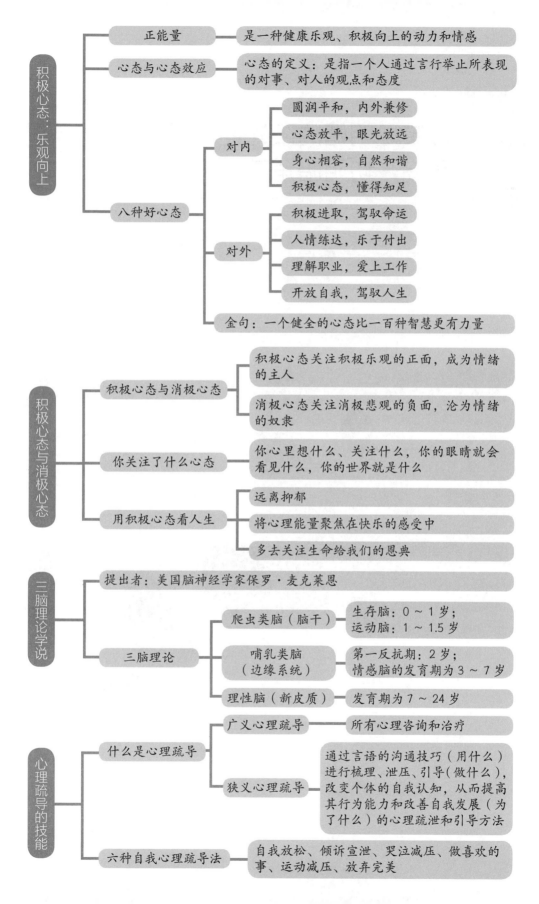

积极心态：乐观向上
- 正能量 —— 是一种健康乐观、积极向上的动力和情感
- 心态与心态效应 —— 心态的定义：是指一个人通过言行举止所表现的对事、对人的观点和态度
- 八种好心态
  - 对内
    - 圆润平和，内外兼修
    - 心态放平，眼光放远
    - 身心相容，自然和谐
    - 积极心态，懂得知足
  - 对外
    - 积极进取，驾驭命运
    - 人情练达，乐于付出
    - 理解职业，爱上工作
    - 开放自我，驾驭人生
- 金句：一个健全的心态比一百种智慧更有力量

积极心态与消极心态
- 积极心态与消极心态
  - 积极心态关注积极乐观的正面，成为情绪的主人
  - 消极心态关注消极悲观的负面，沦为情绪的奴隶
- 你关注了什么心态 —— 你心里想什么、关注什么，你的眼睛就会看见什么，你的世界就是什么
- 用积极心态看人生
  - 远离抑郁
  - 将心理能量聚焦在快乐的感受中
  - 多去关注生命给我们的恩典

三脑理论学说
- 提出者：美国脑神经学家保罗·麦克莱恩
- 三脑理论
  - 爬虫类脑（脑干）—— 生存脑：0～1岁；运动脑：1～1.5岁
  - 哺乳类脑（边缘系统）—— 第一反抗期：2岁；情感脑的发育期为3～7岁
  - 理性脑（新皮质）—— 发育期为7～24岁

心理疏导的技能
- 什么是心理疏导
  - 广义心理疏导 —— 所有心理咨询和治疗
  - 狭义心理疏导 —— 通过言语的沟通技巧（用什么）进行梳理、泄压、引导（做什么），改变个体的自我认知，从而提高其行为能力和改善自我发展（为了什么）的心理疏泄和引导方法
- 六种自我心理疏导法 —— 自我放松、倾诉宣泄、哭泣减压、做喜欢的事、运动减压、放弃完美

第四章

微笑是明媚的阳光，
照亮一切阴暗角落。

④

积 极 力 量

施 容

第一节 内心力量：积极与消极

一、积极与消极两股力量

《道德经》中有这样一句话："祸兮，福之所倚，福兮，祸之所伏。"意思是好的事情和坏的事情往往相互依存、转化，训诫人们在逆境中要坚韧不屈，保持积极的信念，在顺境中切勿得意忘形，否则容易滋生灾祸。生活中的"祸"与"福"看似对立，其实此消彼长，当祸事发展到一定程度就会带来新的转机，带来福事，而当福事进展到一定阶段，也会导致祸事。中国古代先贤将此形象地用太极图呈现出来，并从中总结了所有事物的特点：一阴一阳，正面与反面，积极与消极。而积极心理学中对内心力量的解读也是如此。

积极心理学认为每个人的内心深处其实有两股力量：积极的力量和消极的力量。积极的力量包括勇气、幽默、好奇、善良等，消极的力量包括自卑、害怕、怨恨、愤怒等。这些力量不仅对应每种情绪和感受，更重要的是会对我们的行为产生影响。这两股力量在每个人的身体里相互交融，相互抗争，纠缠在一起。人如果发挥出更多积极的力量，就可以获得内心的幸福和平静；人如果发挥出更多消极的力量，就会陷入无限苦恼之中。

美国著名的投资人、华尔街金融巨鳄哈里·埃德尔森在分享自己的人生经验时，认为积极的力量可以使我们变得更幸福、健康、聪明和富有。他在《积极的力量》一书中写道："我们要有一种信念，就是相信自己能够获得幸福，用安慰剂效应给自己积极的心理暗示，有了积极的力量，我们就更容易奔向幸福。"

二、选择和培植积极的力量

积极的力量和消极的力量在我们的内心中共同存在，同时亦是此消彼长的关系，如果选择给积极的力量注入能量，为其提供适宜生存的心理环境，那么，积极的力量增加，消极的力量减少；反之，消极的力量增加，积极的力量减少。其实，我们的人生就是这两种力量相互拉扯的过程，只是在某个阶段，由于种种原因导致其中一种力量更强，在应对当下的问题时发挥了主导力量，也使得我们或主动或被动地陷入某种力量，甚至陷入某种负性结果中无法自拔。尽管积极力量和消极力量有各自的发展规律，但是并不意味着我们只能被动等待内心力量的自然转变。当我们了解积极心理学对内心力量的解读后，就可以做出选择，通过恰当的方法去培植积极的力量，有效地减少或抑制消极的力量。

三、积极心理学的三大支柱

积极心理学涵盖三个重要的内容，同时也被称为积极心理学的三大支柱：积极的主观幸福感研究、积极的个人特质的培养和积极的社会组织建设的科学依据。

主观幸福感是心理学在研究"幸福感"主题时提出的一个专业概念，是指人们对自己的生活和经历做出的评价和情感反应，简言之，即人们主观感知到的幸福程度。幸福感是一种主观体验，积极心理学并不会定义幸福是什么，而是从每个人的体验出发，着眼于生活满意度、幸福感和乐观精神等积极体验，以期帮助每个人获得身心体验上的舒适。

个人特质是一种相对稳定的行为倾向，不会受到时间和情境变化的影响。积极的个人特质能够令我们更好地适应环境。积极心理学认为，每个人的身上都具有某些现实能力和潜在能力，通过激发和强化它们，就能够在应对问题时自动去使用这些能力，这时积极的个人特质就形成了。积极心理学总结出了24项优势品格，分别是好奇心、热爱学习、开放性思维、创造力、社会智慧、洞察力、勇敢、毅力、正直、仁慈、爱、团队精神、领导力、公平、自我控制、谨慎、谦虚、美感、感恩、希望、宽恕、幽默、热忱、人生目的感。每个人的身上都具有3~5个优势品格，我们要做的是发现并保持自己已经具备的优势品格。

　　稳定、自由、民主的文化环境和组织系统能够显现和发挥积极的个人特质，促进积极的个人体验。我们能够成为什么样的人和体验怎样的幸福感都受到所处社会文化环境的影响。现代心理学研究认为，营造尊重、包容、热情的氛围对人的身心健康最有利，最有可能帮助人完成自我实现。因此，积极心理学推崇美德，让人获得内心的丰盈，朝气蓬勃。人如果处在非黑即白的绝对化评判体系中，会误以为只有达到某个标准才会被接纳和被爱，一味地追求单一的目标而失去对事物的多角度的评判，从而失去更多的自我成长的可能性。

第二节　积极心理学的力量

积极心理学，本书亦称为"幸福心理学"，其核心即正面思考。

一、正面思考的力量

几乎所有人都有过摔倒的经历，可能是因为冬天路滑，可能是由于上台阶时踏空，可能是人多时被推搡，当你摔倒的时候（普通摔倒，未产生事故），大脑中出现的念头是什么？

A. 哎呀，怎么这么不小心！

B. 这么倒霉，一出门就摔跤。

C. 太尴尬了，千万不要让人看见。

D. 还好，哪里都没有摔坏，运气真不错。

不同的人有不同的看待事情的角度。当一个问题发生，我们的分析和考虑决定了这个问题最后的走向和呈现的结果。有着想法A的人带有自我谴责的意味，可能接下来一整天都自怨自艾；有着想法B的人可能充满抱怨和焦虑，认为这一天都不会顺利；有着想法C的人可能会试探和猜测他人是不是看到自己摔倒了，惶惶不安；有着想法D的人可能会开心地拍拍身上的尘土，甚至露出笑容。人如果纠结于事情的负面角度，焦虑、抱怨、咒骂甚至报复性地也推倒其他人，事情不仅会更糟糕，人的情绪也会螺旋式地下降，最终掉入无尽苦痛之中，也就是俗称的"钻到牛角尖中"。

世间的事物都存在着正面与反面、积极的部分和消极的部分。站在不同的角度，感受和收获会天差地别。

积极心理学认为幸福就是遇事便站在正面的、积极的角度，进行正面思考。凡事往好处想，如果这一面不好看，翻过来看另一面。换个角度看事情，你会发现幸福生活并不远。

二、正面思考的四大益处

正面思考的四大益处是危机化为转机、冲突化为沟通、磨难化为成长、压力化为动力。

四五年前的冬天，我在某地乘坐出租车，上车后对司机说："前面第一个路口左转，然后走两个路口右转，别上桥。"司机师傅应承说可以。之后我打了一个电话，结果司机径直上桥，走了错误的路线。我发现后告诉司机："师傅，您走错路了，说好不上桥的。"我原本以为司机会道歉，然后回到原来的路线。结果司机突然转过头，不客气地吼道："嚷什么嚷，嚷什么嚷啊！我调头不就完了！"我正坐在副驾驶，真切地感受到司机的负性情绪，也被激惹，瞬间怒气值上升，当时就想争辩。

此时就是一个危急时刻，我如果受到怒气值的影响，爆发自己的消极力量，很可能会出现冲突，甚至更糟糕的结果。于是我根据多年的积极心理学知识的积累，当即控制住怒气，并观察到这个司机有一些典型的甲亢患者的外在特征。接下来，我采取正面思考，尝试转化冲突，建立起有效的沟通。我捂着胸口，努力喘气，像是受到了刺激的样子。

这时司机突然紧张起来，开始关注我，摇下窗户，不断确认情况。我等了一会儿告诉司机，自己有心脏病，受不住这样的吼叫。司机开始和我道歉，并控制情绪。于是我和司机进一步沟通，询问司机是不是患有甲亢。司机说："是啊，我老婆早上还说我最近脾气怎么那么大，如何如何……"我继续回应司机要注意休息，注意饮食，遵从医生的建议，还引导他作为司机要注意和乘客之间的关系。至此，我不仅化解了冲突，成功达成了沟通，同时将司机的压力转变为动力。正面思考提醒我们别把对方想太坏，别把事情想太坏，别把结局想太坏，别把你预知的那些东西想太坏。

有这样一句台词：过日子就是问题叠着问题。没有谁的人生是事事顺心、时时如意的，所谓"人生不如意十有八九"。

失业、失恋、失意、失去你最在意的事和人，会导致你情绪波动或失控；但看到事情好的一面，会让你步入正常的生活轨道。失业了，虽然会暂时失去经济来源，但这是重新审视自己、强迫自己进步的一次契机，否则依旧在原本已经成为"鸡肋"的岗位上犹豫迟疑，只会浪费时间和生命。失意了，虽然会感到委屈、愤怒，但这也是互相坦诚和深入了解彼此的重要信号，是了解对方、关爱对方的最佳时机。不论经历怎样的不如意，不要忘记正面思考，请对着镜子将嘴角上扬，给自己一个真诚的微笑。

三、嘴角上扬的心理素质

保持嘴角上扬并不容易，有时候我们可能正在经历负面情绪，但是有的人由于工作要求，如销售员、各类服务人员、心理咨询师等，必须面带笑容。在生活中的各种情境下都能够露出笑容，是一种强大的心理素质。

被误解时依旧能够保持笑容，代表了一个人的素养。不论是领导误解你，还是你的工作业绩被其他人冒领，抑或是你的言行被陌生人甚至亲人曲解，你还是你，你的价值、能力、品行等并不会因此改变。此时的笑容是对他人评价的不在意，是自我的强大。

受委屈的时候保持微笑，代表了大度。我们的很多社会角色都难免承受委屈，不得不忍受父母的强势、伴侣的脾气、孩子的顽皮、工作的强压等，面对这一切的时候，笑能够凝聚各种关系，是一种包容，是一种情操。

吃亏时笑一笑，代表了豁达。在人与人的交往中，与其纠结别人比自己多得了什么，自己亏了什么，不如换一个角度，凡事都给别人比自己多一点，往往给出的一点就是成功的原点。

无奈时微笑，代表了境界。晏殊词云："无可奈何花落去，似曾相识燕归来。"遇到无奈的人与事，微笑展现了一种气魄和胸怀，我们喜欢和有境界的人相处，当我们展现出某种境界，也会获得更多的赞赏。

危难时保持笑容，代表了大气。恐惧和胆怯会让我们失去冷静的判断，手忙脚乱也无法很好地解决困境。这时候笑一笑，给自己一些力量，让自己变得理智和平静。

被蔑视时微笑，代表了自信。我们渴望被尊重、被认可，同时也要努力保持对自我的评价，不被他人的评价和反馈摆布。真正的自信是对自我评价的坚定相信。不因他人的奉承而自傲，也不因他人的轻蔑态度而自我贬低。

失恋时也要微笑，这代表了洒脱。失去在所难免，因此而悲伤是人之常情，而此时的微笑是对感情的新的认知和理解，是对未来生活的信心。

第三节　微笑的力量

一、微笑带来的改变

在生活中，你是否曾经被人撞到，弄散了辛苦整理的文件？是否曾经在拥挤的停车场准备入位时被其他司机抢占了停车位？是否曾经被洒了一身的热咖啡？那一刻的你会怎么做呢？有一则不足2分钟的公益短片《微笑的力量》给出了一个选项——像孩子一样微笑。短片中没有语言，只有微笑，但所有的问题都解决了。

现实中，因为人的愤怒，一起起暴力事件频频发生。当你被激怒到想抡起拳头时，不妨学一下小朋友，每天多一点微笑，在遇到问题的时候，不轻易发怒，宽恕他人的过失，这通常能够带来意想不到的幸福结果。这就是微笑带来的改变，也是微笑的神奇的治愈能力。

二、微笑的意义

微笑的意义有很多。第一，微笑能够促进社会沟通，面带笑容的表述往往都是顺利的，让人舒服的，带来更多成功的机会；第二，微笑令人开怀，帮助我们通气，当张开嘴巴发出笑声，从咽喉到肺部的气息都是通畅的；第三，微笑可以避免冲突；第四，微笑能够促进健康，越来越多的生理学和心理学的研究证据表明保持心情愉悦能够增强免疫力，提高身心健康水平；第五，微笑能够降低心血管的紧张程度，每当情绪发作的时候，都会导致一系列相关生理指标发生变化，如呼吸、心率、体温、各种神经化学物质的含量等，但是微笑、愉悦的正向情绪体验能够调节这些生理指标；第六，微笑能够放松迷走神经，迷走神经是脑神经的一种，控制着呼吸系统和消化系统的大部分器官，能帮助我们说话，保持心跳和流汗，同时是连接大脑和全身器官的信息高速公路；第七，微笑有利于各种关系，尤其有利于婚姻关系，保持美好婚姻关系的三种方法是微笑、拥抱和赞美，伴侣之间的微笑和拥抱既会带来积极体验，也会增进亲密感。

微笑的意义和作用不止如此，如果你正在经历苦恼，正在面对紧张的关系，正尽力挣扎甚至影响自己的饮食和睡眠，不妨先停止思考，拿起镜子，对自己笑一笑，亲身体会一下。

三、微笑使人善良

心理学家做过很多有意思的实验，这些实验从侧面说明了微笑的神奇作用。英国心理学家理查德·怀斯曼博士曾经进行过一个关于丢失钱包的心理学研究，他想知道钱包中放些什么最能令捡到的人将之归还失主。

于是怀斯曼博士准备了240个钱包，每个钱包中都放入相同的购物优惠券和标有联系方式的假名片，然后将这些钱包每40个分为一组，第一组钱包中放入一张微笑的婴儿照片，第二组钱包中放入一张可爱的宠物狗照片，第三组钱包中放入一张快乐的家庭合照，第四组钱包中放入一张恩爱的老年夫妻的合照，第五组钱包中放入一张捐款给慈善机构的证明，第六组不额外放入照片或卡片。这些额外的照片都放在很明显的位置，只要打开钱包就能看到。接着怀斯曼博士把钱包悄悄"遗落"在人来人往的街上。

结果，在接下来的7天内，有125个钱包被归还。进一步的统计发现，在归还的钱包中，35%是放着微笑的婴儿照片的钱包，21%是放着快乐的家庭合照的钱包，19%是放着可爱的宠物狗照片的钱包，11%是放着恩爱的老年夫妻合照的钱包，8%是放着捐款证明的钱包，而6%是没有额外放入照片或卡片的钱包。可见，那些鲜活的、能够让我们会心一笑的事物比起冷冰冰的理性的事物更能激活我们心中的善意。

所以，如果想提高钱包被捡到后归还的可能性，可以在最明显的地方放一张微笑的照片，尤其是一张婴儿的微笑照片。如果想收获周围更多的善意，请展露出你的笑容。

第四章　积极力量：施容

第四节　施容：真实的微笑

时刻保持微笑，不吝展露微笑，给予他人笑容，施以笑容，即施容。

一、真笑：杜兴式微笑

展露笑容很简单，但是只有真实的笑容能够带来积极的力量。1862年，法国神经病学专家本亚明·杜兴在治疗一个面瘫患者的时候发现，患者由于面部肌肉无法做出表情，因此很少能体验到愉悦的情绪。于是杜兴医生使用电击刺激患者的面部肌肉，当电击令患者嘴角上扬，并露出八颗牙齿的时候，患者"做出"了一个微笑的表情，但是患者并没有任何情绪感受，接着杜兴医生刺激患者眼周部位的肌肉，使眼角出现了皱纹，这时患者表示自己突然感到很高兴。因此，杜兴医生发现，只有嘴角向上翘，眼部周围肌肉收缩，表现内心充满甜蜜情绪的微笑，才是真实的微笑，此时大脑才能产生快乐情绪。嘴部的微笑不一定代表真正的快乐，嘴部加眼部的微笑同时出现才代表真正的快乐。现在回想一件让你开心的事情，再对着镜子观察一下自己的表情，眼睛周围的肌肉动了没有？你的感受如何？这种真实的微笑现在称为"杜兴式微笑"，尽管做出这样的表情是我们天生就具备的能力，但是只有大约10%的人能够在不受训练的情况下做出这样的表情。

全球首席表情测谎大师、美国心理学家保罗·埃克曼在随后的研究中发现，人类的微笑有19种之多，例如听到为难的事情时做出的附和式微笑、恶作剧得逞时候的坏笑、无可奈何的笑等，但是其中18种是社交礼仪性微笑，只有一种微笑是真正的微笑，即杜兴式微笑。

二、假笑：社交礼仪性微笑

那些做出了微笑表情但是并没有发自内心的、开心的微笑统称为社交礼仪性微笑，也就是我们通常所谓的"假笑"。有时候，出于职业要求或礼貌，人们常常在工作中做出社交礼仪性微笑。然而2012年《美国国家科学院院刊》中曾经刊登了一项研究，研究表明通过青少年的微笑程度能够预测其成年后的收入水平，快乐的青少年，即常常做出杜兴式微笑的青少年，在29岁时的年平均收入为6.5万美元，高出了同年龄群体年平均收入的10%，而不快乐的时常忧郁的青少年，在29岁时的年平均收入是5万美元，低于同年龄群体年平均收入的30%。所以，真正微笑的人收入更高。

1960年，美国加州大学的两位教授跟进了学校里141名女性毕业生的生活和婚姻满意度。两位教授根据毕业纪念册上的照片，将这些女生分成两组：杜兴式微笑组和泛美组（当时美国泛美航空公司一直在宣传空姐们嘴角上扬、露出牙齿的典型礼仪性微笑，也被称为泛美式假笑），并且将这些女生的漂亮程度进行量化。两位教授分别在她们27岁、43岁和52岁的时候进行了测试，结果显示杜兴式微笑组的女生对生活和婚姻的满意度更高，结婚率更高，离婚率更低，并且她们的生活和婚姻满意度与漂亮程度无关。

由此可见，真实的笑容具有巨大的能量，在生活中，我们可以通过一些练习来提高杜兴式微笑出现的比例，愉悦身心。

三、微笑抑郁症

抑郁症是被大众一直关注的一种心理疾病，但抑郁症患者并不都是看上去意志消沉、毫无生气的，还有一种高功能抑郁症患者，他们长时间压抑或隐藏自己的真实情绪与感受，强颜欢笑，或是由于某些原因明明在经受内心波涛汹涌的痛苦，表面上还要风和日丽，也被称为微笑抑郁症。这种情况常常出现在一些要求随时保持微笑的职业中，例如空姐、售货员、咨询员等，而且研究统计发现，女性的患病比例高于男性。

在生活中，我们需要练习和保持真实的笑容，体验真正的开心，也要警惕假笑的危害。如果你一直体验到持续性的恶劣心境，无法摆脱，逐渐失去了原来的兴趣，没有对未来的期待，怀疑自己存在的价值和生命的意义，那么请联系专业的心理医生进行专业的诊断和治疗。微笑看似容易，但是并不简单，微笑不只是停留在表面，其背后还蕴含了很多心理信息。

第五节　学会真笑，增强免疫力

一、微表情背后的心理

微表情，是心理学名词，是一种人类在试图隐藏某种情感时无意识做出的、短暂的面部表情。美国心理学家保罗·埃克曼研究发现，人类的面部表情并不是基于社会文化背景或语言而产生的，而是共通的。也就是说，不论生长在什么样的文化环境中，由情绪引起的面部肌肉抽动、表情变化都是一致的。因此埃克曼使用科学方法，编制了面部动作编码系统（FACS），通过系统识别、捕捉各种表情。埃克曼将FACS和微表情结合，可用于识别谎言，美国的国防部门和调查部门都在使用这个方法。2009年5月，埃克曼被美国《时代周刊》评为全球最具影响力的100人之一。

2009年，美剧《别对我说谎》（*Lie to Me*）就是根据埃克曼的研究而创作的。剧中的主角是一位测谎专家，他通过对面部表情和身体动作的分析，检测人是否在说谎，帮助警方发现各种疑难案件的真相。剧集中展示了很多识别微表情的技项，例如：超过一秒钟的惊吓表情，表示对方在假装；真的在生气的时候，大喊和拍桌子会同步发生，如果出现先后顺序，则可能是假的；如果对所说的内容没有信心，声音会下降；并不完全相信自己所说的内容时，会下意识地抚摸自己的手，用来打消心里的疑虑。微表情的出现时间十分短暂，但是最容易暴露真实的情绪和想法。

二、微笑增强免疫力

发自内心的开怀大笑可以缓解紧张感与压力，提高免疫细胞与抗体活性，减少皮质醇分泌。皮质醇是一种压力激素，含量增多的时候会导致压力感、暴躁和不开心。惊吓、熬夜、不规则的饮食、紧张会促进皮质醇的分泌；而保证睡眠，放松情绪，保持心情愉悦，则可以减少皮质醇的分泌。

尽管笑容有很多益处，但是我们并不需要时时刻刻都在笑，如果可以，每天给自己一个短暂的放松时间，例如与家人一起读笑话，看搞笑视频，每天和家人享受5分钟的开心时间，享受一起大笑带来的快乐和健康。

假笑往往会逐渐变成真笑。如果实在无法开怀大笑，也可以从假笑开始，做出嘴角上扬的动作，然后再动一下眼部的肌肉，先笑出来，再体会愉悦的感觉。此外，愉悦是可以相互感染的，尝试做一件让别人开心的事情，即使是乘坐电梯的时候帮对方按一下开门键，在看到对方微笑致谢的时候，也能让自己感受到快乐。

美国积极心理学研究者迪纳和比斯瓦斯的研究显示，快乐有益于身体健康。第一，真实的笑脸除了能让自己开心，还会通过影响别人而产生社会性价值；第二，快乐的人有更强的免疫系统及更佳的心血管功能（这类人较少出现心脏病发作和动脉阻塞的病症）；第三，快乐的人愿意做出更多的健康行为，例如系安全带；第四，快乐的人很少有不利于健康的生活习惯，如酗酒和抽烟等。

三、笑的重要性

施以笑容如此重要，所以请每天给自己也给他人多些微笑。即便没有事情发生，也请回想一下或是想象一下快乐的时光，然后微笑。

主动为自己寻找一个发自内心地笑的理由，譬如找到你日记中值得感恩的经历，心怀乐观和善意对待身边的每个人和每件事，发掘一下自己的幽默品质，对着朋友、家人做个鬼脸，讲个笑话，照镜子的时候对自己做一个飞吻等。

　　身体是一切的本钱，身心健康才能够有机会实现自我价值，并获得最终的幸福体验。保护好自己的免疫力，削弱消极力量，增强积极力量。

　　一方面，有序规律地生活。首先做到四好：吃好、睡好、喝好、心情好。人们常说，健康是1，财富、名利、地位等都是1后边的0，1和0可以组成各种数值，但是没有1，再多的0都失去了意义。因此，保持身心的活力才是追求幸福体验的前提，而保持身心的活力就要有良好的免疫力。

　　另一方面，保持乐观喜悦的心情。好心情就是疗愈一切烦恼困扰的"特效药"，如果现在的你感到生活压力很大，身心疲惫，那么在做出新的生活计划之前，请开怀大笑；如果你正经历某种失去，感到悲伤和失落，也请调动面部的肌肉，给自己一个微笑；如果你正在犹豫不决，不知道该如何选择或取舍，也请回想一下开心的事情，露出真实的笑容，在身体里积聚一下积极的力量。

　　此外，还可以每天练习微笑瑜伽，一分钟的微笑瑜伽相当于10分钟的有氧运动，一起来感受吧！

小结

　　真实的微笑会让人感觉到快乐，学会真笑能增强免疫力。微笑是"润物细无声"的力量；微笑是明媚的阳光，照亮一切阴暗角落；微笑让我们架起情感交流的桥梁，构建和谐人生。

自我分析

　　1.在日常生活中，你的真笑多吗？

　　2.你是有幽默感的人，还是总绷着脸的人？

推荐阅读

　　《积极的力量》（美）哈里·埃德尔森

　　《积极心理学》（美）艾伦·卡尔

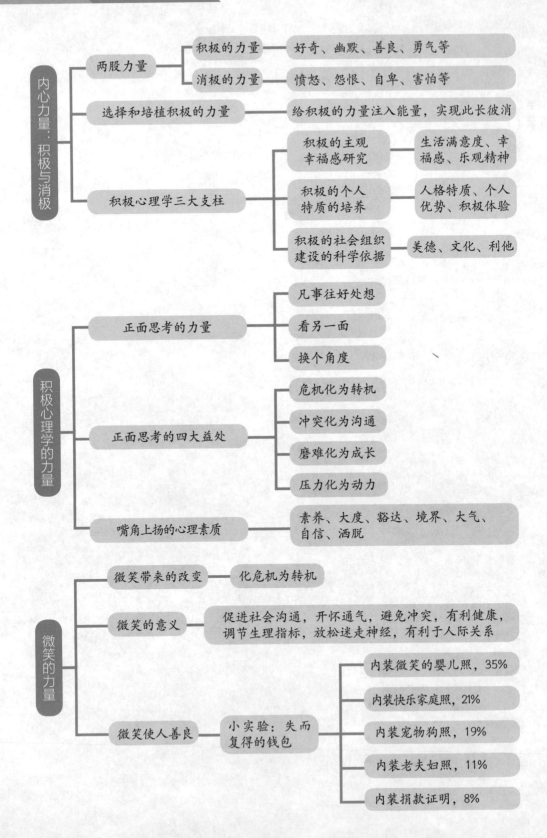

内心力量：积极与消极

- 两股力量
  - 积极的力量 —— 好奇、幽默、善良、勇气等
  - 消极的力量 —— 愤怒、怨恨、自卑、害怕等
- 选择和培植积极的力量 —— 给积极的力量注入能量，实现此长彼消
- 积极心理学三大支柱
  - 积极的主观幸福感研究 —— 生活满意度、幸福感、乐观精神
  - 积极的个人特质的培养 —— 人格特质、个人优势、积极体验
  - 积极的社会组织建设的科学依据 —— 美德、文化、利他

积极心理学的力量

- 正面思考的力量
  - 凡事往好处想
  - 看另一面
  - 换个角度
- 正面思考的四大益处
  - 危机化为转机
  - 冲突化为沟通
  - 磨难化为成长
  - 压力化为动力
- 嘴角上扬的心理素质 —— 素养、大度、豁达、境界、大气、自信、洒脱

微笑的力量

- 微笑带来的改变 —— 化危机为转机
- 微笑的意义 —— 促进社会沟通，开怀通气，避免冲突，有利健康，调节生理指标，放松迷走神经，有利于人际关系
- 微笑使人善良 —— 小实验：失而复得的钱包
  - 内装微笑的婴儿照，35%
  - 内装快乐家庭照，21%
  - 内装宠物狗照，19%
  - 内装老夫妇照，11%
  - 内装捐款证明，8%

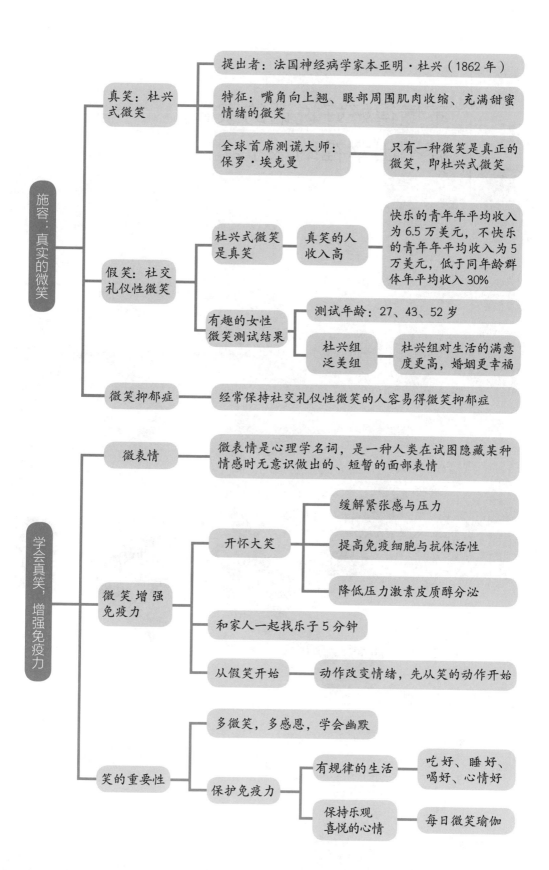

施容：真实的微笑

- 真笑：杜兴式微笑
  - 提出者：法国神经病学家本亚明·杜兴（1862 年）
  - 特征：嘴角向上翘、眼部周围肌肉收缩、充满甜蜜情绪的微笑
  - 全球首席测谎大师：保罗·埃克曼
    - 只有一种微笑是真正的微笑，即杜兴式微笑
- 假笑：社交礼仪性微笑
  - 杜兴式微笑是真笑
    - 真笑的人收入高
      - 快乐的青年年平均收入为 6.5 万美元，不快乐的青年年平均收入为 5 万美元，低于同年龄群体年平均收入 30%
  - 有趣的女性微笑测试结果
    - 测试年龄：27、43、52 岁
    - 杜兴组泛美组
      - 杜兴组对生活的满意度更高，婚姻更幸福
- 微笑抑郁症
  - 经常保持社交礼仪性微笑的人容易得微笑抑郁症

学会真笑，增强免疫力

- 微表情
  - 微表情是心理学名词，是一种人类在试图隐藏某种情感时无意识做出的、短暂的面部表情
- 微笑增强免疫力
  - 开怀大笑
    - 缓解紧张感与压力
    - 提高免疫细胞与抗体活性
    - 降低压力激素皮质醇分泌
  - 和家人一起找乐子 5 分钟
  - 从假笑开始
    - 动作改变情绪，先从笑的动作开始
- 笑的重要性
  - 多微笑，多感恩，学会幽默
  - 保护免疫力
    - 有规律的生活
      - 吃好、睡好、喝好、心情好
    - 保持乐观喜悦的心情
      - 每日微笑瑜伽

第五章

不懂得好好说话的家庭，
养不出幸福的孩子。

5

积极语言

语商

第一节　积极语言及其特点

一、什么是积极语言

积极语言就是引发个体积极情绪，发现个体优点及潜能，关注使人生美好的有利条件，促进个体美德及积极品质形成，有利于建构积极人际关系的语言。

语商，即单位时间内所用语言达到所期待目标的水平。提高语商，有助于体现自身价值，提高沟通效率。通常我们使用的语言词汇和对方的最终反应共同代表了语商的水平。

譬如，在生活中，当你希望孩子放下手机，早点休息的时候，你会怎样和孩子说？

A."已经是休息的时间了，再玩10分钟，马上去洗漱睡觉。"

B. 很严厉地说："几点了，还不睡觉！"

C. 直接拿掉孩子手中的手机，命令他："睡觉！"

D. 其他＿＿＿＿＿＿＿＿＿＿＿＿＿＿＿＿＿＿＿＿＿＿＿＿＿＿

孩子的反应又是如何？

第一种：马上放下手机，准备洗漱，上床睡觉。

第二种：完全忽视，依旧全神贯注地玩手机。

第三种：开始讨价还价，撒娇耍赖，耽搁很久，也没有完全放下手机或上床睡觉。

相较之下，能够产生第一种反应的语言，属于语商较高。

语言是我们重要的沟通工具，不论是话语还是文字，在沟通的时候，不同的语言所带来的反应不同。积极心理学研究发现，当我们使用能够引发积极情绪体验的语言时，更容易让对方接受和理解自己的想法和目标。沟通是一个合作的过程，对方的反馈受到己方表达方式和表达内容的影响。

二、积极语言的目标与原则

使用积极语言的目标是给彼此带来愉悦的心情、积极的感受，提升幸福感，尽可能发挥语言的积极作用。通常人们在表达的时候，会有如下几种语言风格：始终批评，始终表扬，先批评后表扬，先表扬后批评，积极引导。如果从听者的角度出发，始终批评和先表扬后批评的风格都会让人感到不舒服甚至是厌恶，因为自己像是在接受惩罚，能力被否定。始终表扬和先批评后表扬的风格，相对来说，让人们感到更舒服，虽然也被指出问题，但是人们会更愿意接受。而积极引导的风格则让人感到被信任，也会信服说话者，更愿意面对问题本身，而不是纠结于因此而产生的不良感受。

积极语言能够带来积极的体验，并不意味着积极语言只能是对对方的夸奖、称赞、应承，而是将沟通变得有效、可持续、有趣、言之有物。因此，真正的积极语言的原则是在传递信息、思想和情感的过程中保持目标明确，使彼此清楚要做什么，达成共识，且有效。积极语言的衡量标准是在短时间之内，语言准确有效，使对方做出与自己期待一致的行为。有的人坚持使用批评或先批评或表扬的方式，认为只有批评才会带来进步，这其实是一种误区。听到批评，我们的第一感受是自尊心受伤，自我被否定，这种负面的感受如此强烈，使我们无法再去关注问题和行为本身。使用积极语言进行引导，不仅保护了对方的自尊心，也通过正向肯定和积极关注传递了更多的关爱，发挥了内心的积极力量，因此，更容易达到协调双方的认知、行为和关系的目的。

三、积极语言的特点

积极语言并非指代某些特定的词语，而是指那些为自己和他人带来愉快的体验和情绪的表述。积极语言既能够帮助我们发现他人的优点，也能够激励他人关注生活中的美好事物；同时，积极语言还可以引导自己和他人发挥优势和潜能，发现使人生美好的有利条件，提升幸福感，例如那些逗趣式的、具有激励和振奋效果的、带来肯定的话语。要时刻记得，正面的表达比宣泄情绪能够清晰地将信息传递给对方，我们只是因为这件事而发怒和着急，而不是这个人。换个角度看缺点，只要有一定的条件和合适的引导，缺点就可以变成潜能。孩子总是能找到各种理由不去练钢琴，总是和家长斗智斗勇，这是孩子思维灵活的一个表现；伴侣总是做事犹豫，要衡量好久，这是因为他谨慎和细致。

在表达积极语言的时候，如果配合一些肢体动作，所发挥的积极力量会更加显著。例如点头表示同意和认同，在对方说明自己的想法之后，点头并配合"哦，是这样呀，我明白了"，对方会产生被理解的感觉，也会得到积极的鼓励；在表达欣赏的时候，配以微笑和"是呀，确实很厉害！"；在表示关注的时候，静静倾听，或者加上几句"后来呢？你是怎么想的？"。不妨试试：每天在单位里，对同事多一些点头和微笑；在家庭中，对伴侣、父母和孩子多一些点头、微笑和倾听，看看会发生什么样的变化。

第二节 积极语言的五个层次

国际积极心理学协会（IPPA）秘书长詹姆斯·鲍威斯基教授说过，积极语言必须是积极乐观和实际可行的结合点，二者缺一不可。

中国积极心理学研究者陈虹博士将积极语言进行了更加具体的归类，总结了积极语言的五个层次：禁说恶语，不说禁语，少说"NO语"，多说"YES语"，总说敬语。

一、禁说恶语

所谓恶语，是指一些恶毒的、辱骂的、诽谤性的话语。恶语不堪入耳，只具有恶意的攻击性，对正常沟通和相互理解没有任何帮助。恶语是语言暴力的一种，剥夺了对方的被爱感和归属感，只是满足了说话者的情绪宣泄。恶语通常在情绪激动的时候出现，说话者或有意（对对方有极大的恨意）或无意（激烈情绪导致冲动表达），但是语言接收者往往会受到极大的伤害。因此，在积极语言的表述中，恶语是绝对禁止使用的。

二、不说禁语

积极心理学的研究者发现，有些语言虽然不是辱骂或诽谤性的，但是会令听者的自尊心受到伤害，不利于维护和谐的关系，也不利于沟通的进行，例如"笨""傻""撒谎精""讨人厌""拖后腿"等。这类语言大多在批评的时候出现，并且都是肯定性的、结论性的，完全忽视了对方的立场和缘由，否定了对方的成长可能性，被归为禁语。

三、少说"NO语"

有一类语言带有很多的否定性词，表达的是对对方的不信任和否定，统称为"NO语"，例如"没出息""没记性""没救了""不专心""不努力""不听话""不求上进""没教养""一天不如一天"等。单是看到这些词，就让人感受到一种深深的无力感，失去了继续努力的勇气。这些话说出口的时候，都是在阻止某些行为的发生，传递了"放弃吧，不会成功的"等意思，然而，我们每个人的潜能是无限的，任何事情的结果都不是必然的，努力和坚持不懈虽然也会受到一些意外情况的影响，但是放弃一定不会达到目标。因此，不论是对他人还是对自己，请少说"NO语"，相信自己的潜能，相信他人的能力，将会收获更多好的结果。

四、多说"YES语"

与"NO语"相对应的是正向、肯定性的词，也称为"YES语"，例如"好""行""对""可以的""没问题""试试吧""做得了""会成功的""是""能做""能坚持住"等。"YES语"的特点是传递了认可和尊重，不论对方做了什么事情，是否有经验，是否经常出错，都相信和理解对方的决心。

"YES语"不仅对他人有积极作用，也会令自己充满力量。我们并不是在各个方面都一直优秀，我们可能不擅长计算，可能总是控制不好情绪，可能一直成绩平平，但是我们的内心深处都渴望能够坚持下去。尽管失意、难过的时候，我们会说很多的"NO语"，但如果听到"YES语"，心中就会有所期望。

事实上，很多人习惯使用批评类的"NO语"，认为忠言逆耳利于行，可是我们的忠言没有被接受，这和我们不接受他人的忠言的理由一样，不是道理不对，而是表述的方式不对。在理解对方的基础上，应先正向肯定，再指出其中的原因，提出建议，这样会使沟通更有效。"这个想法可行，我支持你去做，只是这里我觉得还可以注意一下"要比"这个想法不成熟，这里得改，你总是这么粗心，考虑不全"更能够促使对方做出积极修改。

五、总说敬语

敬语不仅具有正向肯定性，还包含激励、引导和赞赏，能够促进彼此的自我实现。例如"我相信""我赞同""我理解""我期待""我尊重""有道理""有进步""有新意""有趣""有能力""令人满意"等。

设想一下，当你想到一个工作企划，只是雏形，还不成熟，这时领导说："我相信你可以完善它，我很期待你的呈现。"当你某次考试成绩下滑，父母说："我知道你这次没考好是有原因的，我相信你会调整好自己。"此时是一种什么样的感受？是觉得领导和父母都被自己糊弄了，自己可以继续偷懒了，还是觉得原来大家是看到我的努力的，我是被理解的，并充满干劲？同样，当我们的同事、伴侣、朋友、孩子提出了一个想法，或是做了某件事，我们给出的反馈是敬语，那么他们并不会因此狂妄或自满，而是感到被激励和受到引导。敬语运用得当，不仅能够给出指向未来的建议，还会带来有效果的行为。

第三节　积极语言的四种表达

　　语言传递表达者的情绪和感受、立场和观点，然而信息总是无法百分之百地传递给对方，经常会失真，甚至导致误解和沟通失效。积极语言的五个层次总结了能够带来积极力量的语言类型，在表达的过程中，我们还需要注意表达的方式与方法，尽可能做到真诚、友善，传递期待，兼具优美。

一、真诚言语

　　甜言蜜语是嘴巴对耳朵的诱惑，推心置腹则是将一颗心送给另一颗心。很少有人能够抵御赞美、夸奖和告白，所以难免会担忧自己因此陷入口蜜腹剑的陷阱中。因此，表达积极语言时要真诚，即真诚地赞美，真诚地告白，真诚地表达"YES语"和敬语，如此一来，能增加语言的可信度。

二、友善言语

　　"良言一句三冬暖，恶语伤人六月寒。""毒舌"和"刀子嘴"都是图自己一时痛快，而伤了人心。那些"刀子嘴豆腐心"的人经常被误解，不熟悉的人无法理解其中的善意，熟悉的人在失意、难过之时难以接受；而那些温柔和善的人经常被信赖。友善的表达更有利于实现语言的目的。

三、期待言语

1968年，美国心理学家罗伯特·罗森塔尔博士在一所小学进行了一场实验，实验结果证明：如果教师在教学过程中对学生抱有积极的期待，学生就会朝着期待的方向成长。这种现象被称为罗森塔尔效应，也叫期望效应。期望效应不仅适用于教师和学生之间，也适用于各种人际关系，对对方产生某种正向期待和殷切希望，也会令对方做出积极的回应和改变。在使用积极语言的时候，传递出期待，有助于产生良好的沟通效果。

四、优美言语

语言的艺术性并不在于辞藻的华丽，而在于令沟通双方感到舒服。观察生活中那些让我们感到舒服的朋友，同样的话语，他们说出口的时候我们更乐于接受，他们真诚、友善，充满信任和期待。

在繁华的街头，有一个满头白发的盲人老人坐在台阶上乞讨，他在纸板上写着"I AM BLIND，PLEASE HELP ME."（我是一个盲人，请帮帮我），然而路人行色匆匆，很少有人停下来，在他面前的铁罐中投入钱币。有一位女士注意到了老人，她停了下来，老人发觉面前有人，伸出双手摸到对方的鞋子，但是这位女士只是将老人的纸板翻过来写了几个字，就离开了。结果，路人开始纷纷停下，向老人的铁罐中投入钱币。第二天，这位女士再次路过这里，停在老人跟前，老人摸到女士的鞋子，认出了她。

老人好奇地询问她到底做了什么，令路人愿意帮助自己。女士说，她写了同样的内容，只是用了不同的词语。原来这位女士在老人的纸板背面写上了"IT'S A BEAUTIFUL DAY，BUT I CAN'T SEE IT."（生活如此美好，可我却看不见它）。

只要我们的语言能够打动对方，奇迹并没有那么难以出现。

第四节　积极语言与消极语言

一、语言像一颗种子

　　语言像一颗种子，可以在我们的心里长成充满活力的大树，也可以结出一颗苦涩的果子，甚至是变成长刺的藤蔓，时刻刺痛我们的心。

　　话语具有生命力，肯定、表扬和赞美会鼓励积极行为的发生，带来无限的可能，否定、指责和抱怨会阻碍积极行为，让人陷入消极和困扰之中。

　　人对赞美的需求不亚于对食物和睡眠的需求。人本主义心理学家马斯洛在分析人们的行为动机后，提出人们的行为受到内心不同层级的需求的激励。第一个层级是对食物、水等维持生存所必需的资源的生理需求；第二个层级是对安全的需求，包括对人身安全、身体的健康、稳定的就业等的需求；第三个层级是对爱和归属的需求，如渴望得到友谊、认同和情感归属；第四个层级是对尊重的需求，即对内在价值的肯定和对外在成就的认可；第五个层级是自我实现的需求，即充分发挥潜能，实现理想、抱负。

　　每个层级的需求虽然有先后顺序，但是每个需求对我们的激励程度是相同的。我们对食物的渴求，对稳定环境的需求，对被认可、被肯定的需求都是相同程度的。有的父母认为只要给孩子提供丰厚的物质条件，就可以让孩子感到幸福；有的团队领导认为只要薪资够高，团队就会稳定。这些都是误判和忽视了人们对爱和归属、尊重及自我实现的需求，甚至可能会带来糟糕的结果。

二、积极语言：肯定、欣赏

英国喜剧演员、作家罗温·艾金森因为经典的喜剧角色"憨豆先生"而在中国家喻户晓，但是罗温先生的成长并不是那么顺利。罗温先生小时候是一个按时完成作业的乖学生，长相憨憨的，动作也很笨拙，朗诵的时候表情滑稽，同学们总是哄堂大笑，也总是捉弄他，老师们对他的负面评价比较多，就连父亲也觉得他脑子有问题。

幸运的是，罗温先生有一位了不起的花匠母亲。他的母亲一直认为自己的儿子是优秀的。面对一个发育迟缓的孩子，母亲并没有鄙视和贬损他，而是欣赏和鼓励他。母亲经常告诉他："每个人就像是一朵花，每朵花都有开放的机会。那些没有开放的花，只是季节未到。在季节未到的时候，花需要努力地吸收养分和阳光，储蓄足够多的能量，耐心地等待，时候到了，花自然会绽放。"

母亲帮助罗温先生培养了"积极的潜意识"，引导他相信自己，守候希望。罗温先生长大后，在成名前也经常碰壁，但是他牢记母亲的鼓励，最终等到适合自己盛开的时刻。

三、消极语言：指责、否定

已故美国歌唱家、音乐家迈克尔·杰克逊在乐坛中留下了很多至今无人打破的纪录，他的作品充满爱和力量，给了很多人勇气和希望，歌迷几乎遍布全世界，他却说自己是"人世间最孤独的人"。他好像这一生都在努力治愈自己的童年。

迈克尔的父亲教育子女的方式很"特别"。父亲脾气暴躁，性格古怪，为了"教导"儿子们晚上睡觉的时候不要打开窗户，他会在深夜戴着面具扮成劫匪，爬到儿子们的睡房里大喊大叫，虽然儿子们牢记了这条戒令，但是迈克尔和他的几个兄弟多年来都因此而做噩梦。当迈克尔和兄妹几人在节目彩排中的表现令父亲不满意的时候，父亲更是会用皮带或棍棒抽打他们。迈克尔回忆起小时候时说："有一次，他（父亲）扯断冰箱的电线来打我。"在迈克尔的记忆中，父亲从来没有背过自己，从来没有和自己玩过游戏，他给自己留下的都是一些饱受虐待的心理阴影。迈克尔在青春期的时候，脸上长了暗疮，他觉得自己的样子好丑，皮肤又黑，鼻子又宽，完全不想出门见人。他的父亲和哥哥们没有任何安慰，还给迈克尔起了外号"大鼻子"。尽管后来迈克尔拥有众多粉丝，人们称赞迈克尔的才华，也有人追捧他的外貌，但是迈克尔的内心深处一直否定自己，认为自己是个丑孩子，不接受自己的外貌，甚至后来多次进行整形手术。

来自父母和亲人的否定与指责，给我们带来更深的消极影响，很多人都曾感慨幸福的童年治愈一生中的挫折，痛苦的童年却需要一生去治愈。对于成长而言，表扬导致的自满远远小于批评带来的伤害，而积极语言的鼓励远远大于消极语言的勉励。

第五节 爱的语言

一、有话好好说

"也许我们并不认为自己的谈话方式是'暴力'的,但我们的语言确实常常引发自己和他人的痛苦。后来,我发现了一种沟通方式,依照它来谈话和倾听,能使我们情谊相通,乐于互助。我们称之为'非暴力沟通'。"这是美国临床心理学家马歇尔·卢森堡博士在他的著作《非暴力沟通》中的一段描述。

马歇尔博士认为人们的冲突源自暴力沟通,即言语上的指责、嘲讽、否定、说教及任意打断。但是人天性友善,暴力的方式只是后天学习来的,我们也可以练习一些和谐的、非暴力的沟通方式:充满理解、倾听和互助。

实现非暴力沟通需要四个要素:观察、感受、需要、请求。首先,观察并表达观察的结果,不进行评价,也避免将观察和评价混为一体,例如不使用具有评价性的语言,如"索菲长得很丑",而是客观地表述"索菲对我没有吸引力"。其次,表达感受而不是想法,喜悦、兴奋、满足、平静、舒适、震惊、失望、悲伤、寂寞、嫉妒等属于感受,而被利用、被忽视、被抛弃、不受重视、无人理解属于想法,沟通的时候描述情绪感受,而不猜测对方的立场、想法。再次,描述导致感受的需要或原因。最后,提出具体的请求,请求越具体,越有利于沟通。

例如，看到孩子把脏衣服随手扔在沙发上，暴力沟通的家长会说："说了多少遍了，还是不长记性，脏衣服又乱扔，这多乱！"非暴力沟通的家长会说："你把脏衣服扔在了沙发上，这让我很不开心，因为我希望家里是整洁的。我希望你现在把衣服放在脏衣篮里。"

说好话能促进人际关系和谐，会说话展现的是爱与被爱的能力。

一项关于父母离婚率与青少年犯罪的关系的数据分析发现，随机抽样的100名少年犯中，有60%的人来自离异家庭，父母出轨、争吵是造成少年犯具有暴力行为和冷漠性格的真正元凶。很多教育学者相信父母离异是孩子心灵健康的杀手。然而这并不意味着父母需要为了孩子困守在无望的婚姻中，也并不能反向证明父母离异一定会导致孩子出现行为偏差和心理问题。其中还隐藏着一个重要环节，就是父母与孩子的沟通方式。研究者相信，不懂得好好说话的家庭，养不出幸福的孩子。

因此，教养孩子的时候，父母需要增强语言表达能力，也就是会说话、懂说话、说好话、说对话。

二、让爱永恒的秘密

美国著名婚姻家庭专家盖瑞·查普曼博士认为，每一个人都应该拥有一个装满"五种爱的语言"的箱子，只有当这个箱子被"爱的五种语言"填满的时候，人际关系才能发展。但是不同的箱子就像不同的人一样，填满它的语言不尽相同，伴侣之间发生误解和争吵都是因为不知道如何填满对方的爱箱，如果能够对对方使用正确的爱的语言，就能够化解冲突，进一步发展亲密关系，让爱永恒。

查普曼博士认为，这"五种爱的语言"分别是肯定的言语、精心的时刻、接受礼物、服务的行动、身体的接触。

1. 肯定的言语

要填满这类人的爱箱，需要给予肯定的言语，赞同、承认他们做到的一切，肯定他们的价值和优点，可以是口头上的及时称赞，也可以是真诚深入的交流。

2. 精心的时刻

这种类型的人渴望得到对方的全部注意力，因此精心的时刻并不仅仅是指增加两个人在一起的时间，更重要的是让两个人共同完成一件事情。这类人关注细节，希望两个人在一起时对方能够凝视他，关注他的表情、语调、肢体动作等，有质量的陪伴才能填满他的爱箱。

3. 接受礼物

这种类型的人是视觉型的，需要看到实物才相信你的爱。礼物并不一定是物质的，也不用太昂贵，可以是一些用心制作的小物件、有意义的小仪式，也可以是你付出的时间和陪伴。他们重视见面、节日和生日，对礼物的要求是不论价格，不论场合，而是更在意时机。

4. 服务的行为

这种类型的人希望伴侣能够做自己希望他做的事情，如果伴侣做到了，就证明伴侣是爱自己的。这些事可能是一些家务，可能是在事业上取得一定的成绩，可能是与其他人保持距离等，并不统一。所以在满足他们的希望之前，一定要进行沟通，明确他们想要什么样的服务行为，而不是从自己的角度去猜测。如果你的爱人总是为你做很多事，可能他也在期待同样的回应。

5. 身体的接触

这种类型的人喜欢身体的接触，当陷入困扰和忧虑时，任何语言都比不上给他一个轻轻的拥抱。伴侣之间的身体接触有很多，例如触摸、拥抱、牵手、亲昵的拍拍和碰碰等。如果你的伴侣喜欢身体接触，你却反应过激或是不愿接受，他会感觉受到很大的伤害，没有被尊重。

爱的目的并不是按照自己的想法去得到什么，而是尊重爱人的需要，为爱人做些什么，或许这就是让爱永恒的秘密。

三、语言的沉睡效应

语言有一个有意思的特点，当一个人接受了某条信息，随着时间的推移，围绕这条信息的其他信息就会逐渐被遗忘，人的记忆里将只留下信息的内容，这就是语言的沉睡效应。心理学家发现，无论什么信息，其可信度都会随着时间的推移而改变。

有这样一个故事，一个男孩对相识不久的女孩表白："你真漂亮，我喜欢你。"面对男孩的突然表白，女孩十分局促："他是不是对任何人都能说出这样的话呢？才认识多久啊，就说这样的话，是不是太轻浮了？"所以女孩并没有答应。

又过了一段时间，男孩再一次对女孩进行赞美并且表白，女孩忘记了之前对男孩的轻浮印象，答应了做男孩的女朋友。

随着时间的推移，男孩第一次赞美时的"谁说的""怎么说的""在哪里说的"等因素都会被女孩遗忘，而留在女孩记忆里的"我喜欢你""你太美了"等这些核心词语却很清晰。

这些记忆会给女孩带来单纯的喜悦和愉快。当男孩再次对女孩进行赞美时，她就会想起"他以前也是这么说的"。虽然这是一个故事，却带来一些关于沉睡效应的启示：人们往往都能记住那些自己爱听的信息，赞美之人不会被人轻易忘记。

赞美并不简单，它需要技巧。赞美不是阿谀奉承，夸奖要出自真心。在赞美的时候，赞扬的是行为本身，而不是赞扬具体的人。赞扬行为本身，可以避免尴尬、混淆、偏袒，并鼓励更多的同类行为。

因此，赞美要具体，要实在，要有的放矢，不宜过分夸张。此外，赞扬还要及时，而不要时隔太久。适当地赞扬别人，往往会取得很好的效果。

小结

懂说话、说好话能建立和谐的人际关系；会说话是爱与被爱的能力。懂得好好说话的家庭，才能培养出幸福的孩子。

自我分析

1. 在"五种爱的语言"里，你做到了哪几种？

2. 你觉得自己是一个会说话、懂说话的人吗？

推荐阅读

《给老师的101条积极心理学建议：积极语言HAPPY》陈虹

《爱的五种语言》（美）盖瑞·查普曼

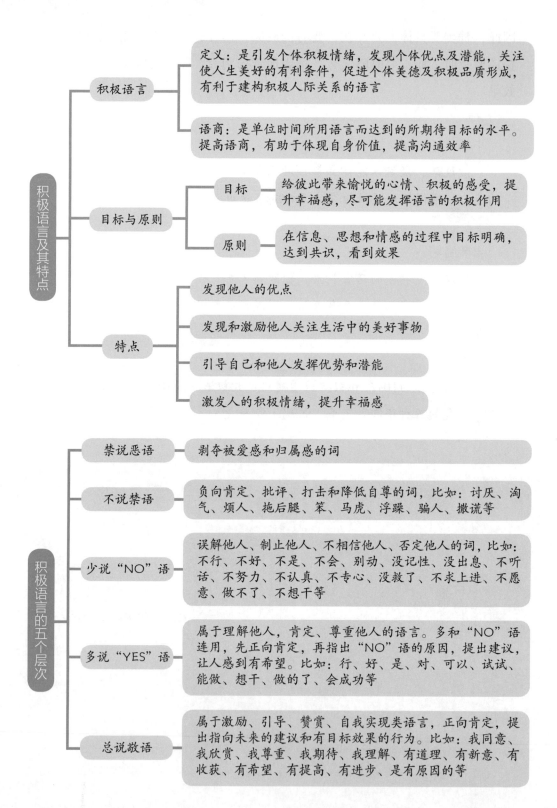

积极语言及其特点

积极语言

定义：是引发个体积极情绪，发现个体优点及潜能，关注使人生美好的有利条件，促进个体美德及积极品质形成，有利于建构积极人际关系的语言

语商：是单位时间所用语言而达到的所期待目标的水平。提高语商，有助于体现自身价值，提高沟通效率

目标与原则

目标：给彼此带来愉悦的心情、积极的感受，提升幸福感，尽可能发挥语言的积极作用

原则：在信息、思想和情感的过程中目标明确，达到共识，看到效果

特点

发现他人的优点

发现和激励他人关注生活中的美好事物

引导自己和他人发挥优势和潜能

激发人的积极情绪，提升幸福感

积极语言的五个层次

禁说恶语：剥夺被爱感和归属感的词

不说禁语：负向肯定、批评、打击和降低自尊的词，比如：讨厌、淘气、烦人、拖后腿、笨、马虎、浮躁、骗人、撒谎等

少说"NO"语：误解他人、制止他人、不相信他人、否定他人的词，比如：不行、不好、不是、不会、别动、没记性、没出息、不听话、不努力、不认真、不专心、没救了、不求上进、不愿意、做不了、不想干等

多说"YES"语：属于理解他人，肯定、尊重他人的语言。多和"NO"语连用，先正向肯定，再指出"NO"语的原因，提出建议，让人感到有希望。比如：行、好、是、对、可以、试试、能做、想干、做的了、会成功等

总说敬语：属于激励、引导、赞赏、自我实现类语言，正向肯定，提出指向未来的建议和有目标效果的行为。比如：我同意、我欣赏、我尊重、我期待、我理解、有道理、有新意、有收获、有希望、有提高、有进步、是有原因的等

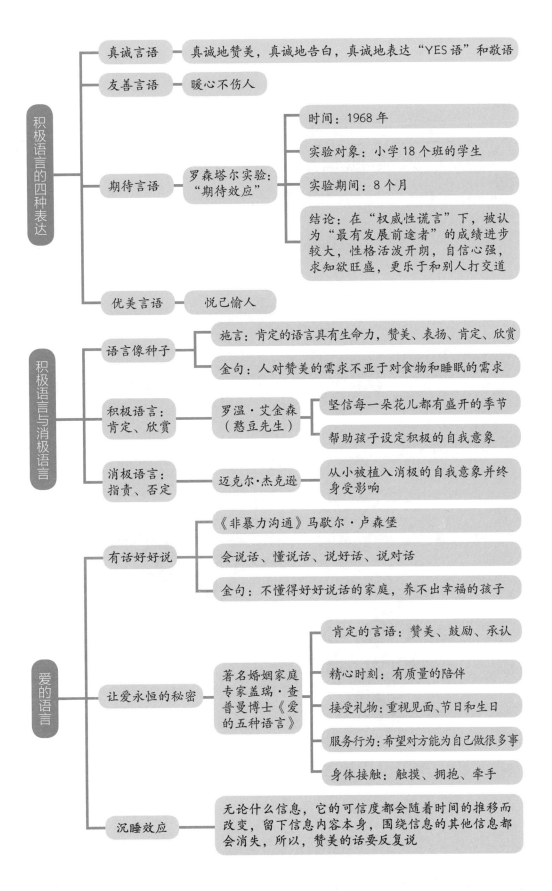

积极语言的四种表达
- 真诚言语 —— 真诚地赞美，真诚地告白，真诚地表达"YES 语"和敬语
- 友善言语 —— 暖心不伤人
- 期待言语 —— 罗森塔尔实验："期待效应"
  - 时间：1968 年
  - 实验对象：小学 18 个班的学生
  - 实验期间：8 个月
  - 结论：在"权威性谎言"下，被认为"最有发展前途者"的成绩进步较大，性格活泼开朗，自信心强，求知欲旺盛，更乐于和别人打交道
- 优美言语 —— 悦己愉人

积极语言与消极语言
- 语言像种子
  - 施言：肯定的语言具有生命力，赞美、表扬、肯定、欣赏
  - 金句：人对赞美的需求不亚于对食物和睡眠的需求
- 积极语言：肯定、欣赏 —— 罗温·艾金森（憨豆先生）
  - 坚信每一朵花儿都有盛开的季节
  - 帮助孩子设定积极的自我意象
- 消极语言：指责、否定 —— 迈克尔·杰克逊 —— 从小被植入消极的自我意象并终身受影响

爱的语言
- 有话好好说
  - 《非暴力沟通》马歇尔·卢森堡
  - 会说话、懂说话、说好话、说对话
  - 金句：不懂得好好说话的家庭，养不出幸福的孩子
- 让爱永恒的秘密 —— 著名婚姻家庭专家盖瑞·查普曼博士《爱的五种语言》
  - 肯定的言语：赞美、鼓励、承认
  - 精心时刻：有质量的陪伴
  - 接受礼物：重视见面、节日和生日
  - 服务行为：希望对方能为自己做很多事
  - 身体接触：触摸、拥抱、牵手
- 沉睡效应 —— 无论什么信息，它的可信度都会随着时间的推移而改变，留下信息内容本身，围绕信息的其他信息都会消失，所以，赞美的话要反复说

第六章

会说话、懂说话
是人类独有的、伟大的灵性。

6

积极沟通

施语

第一节　高语境沟通风格与低语境沟通风格

一、什么是沟通

我们每天都进行沟通，沟通可以发生在任何人之间，不论亲疏远近；沟通的发生不限定时间和地点，随时随地都可以进行；沟通也有多种形式，如语言的、文字的、肢体的、特定符号等。

学术界对沟通有一个比较清晰的定义：沟通是人与人之间、人与群体之间思想与感情的传递和反馈的过程，以求思想达成一致和感情通畅。

可见，对于沟通来说，比较重要的是传递过程和结果，是处在某种关系中的双方协商交换资源和信息。积极沟通就是寻找促进信息有效传递的途径和方法，更快速地达成思想一致和感情通畅。而语言是沟通过程中重要的符号，是人类通过高度结构化的声音组合，或者通过书写符号，或者通过手势等构成的一种符号系统。语言是一种社会现象，伴随着人类社会的产生而出现，伴随着社会的发展而发展。在不同的时代，相同的语言可能会有不同的含义；而在同一个时代，不同的文化环境也会通过语言达成共识。

社会学家爱德华·霍尔提出，人类的沟通有很多潜在的维度和风格，其中有两种特别典型的风格：高语境沟通风格和低语境沟通风格。

二、高语境沟通风格

高语境沟通风格是指在与他人沟通交流的过程中，不仅关注对方的言辞，更注重对方说话的方式、场合及其他情境。恋爱情境就是一个高语境，约会的场所、时间、礼物、着装打扮、话题、一言一行在双方眼中都倍有深意，需要时刻去感受，更强调其中的感情与关系。高语境沟通风格的最明显的一个特点就是间接、委婉，沟通时需要猜测对方的意图，甚至要借助自己的情感进行共情和推测。

高语境中很多信息都蕴含在习俗、共同的价值观、相同的立场里，不需要用过多的言语来表达。好朋友之间，仅靠一个眼神就能领会彼此的想法，这就得益于高语境。而国家政要之间的会面也属于高语境，会见的场所和形式，其深意远远多于言语的信息。因此，高语境中的言语往往是简短的、碎片化的。霍尔认为，大多数亚洲国家都属于高语境沟通风格，中国和日本尤甚。例如，中国的流水席中会有一道"送客菜"，这道菜上来了，就代表主人的感谢以及暗示宴席要结束了。日本则是世界上极端的高语境国家，日语中的同一句话会由于语境的不同而有不同的解读。

高语境沟通风格的人更有悟性，尤其能理解沟通过程中的沉默。若要与高语境沟通风格的人相处，需要关注话外之意，听取弦外之音。

三、低语境沟通风格

低语境沟通风格是指在与他人沟通交流的过程中，更强调和关注言语本身的内容，而不太关注情境、场合等背景信息。很多西方国家例如英国、美国属于低语境沟通风格。例如在开庭审理的时候，美国的庭审由于低语境的影响，很少考虑当事人的成长经历，而更关注事件对公平和正义的影响，因此我们常常看到影视剧中律师通过高超的辩护技巧为当事人减免刑责。高语境沟通风格的日本在庭审时更强调当事人的行为所导致的社会伦理后果及对社会秩序的影响。而处于低语境到高语境坐标轴上的中间位置的法国，庭审时更关注当事人是一个怎样的人。

低语境沟通风格的人强调就事论事，直截了当，完全通过语言来表达，不会借助肢体和环境进行暗示，所以需要用比较强的表达能力来阐述观点和细节，即使是陌生人之间也能够很快接收到更多的信息，短时间内就能达到好的沟通效果。但是，如果理解能力稍弱，需要反复推敲才能领悟全部含义，可能就会导致信息冗余，有时候情感表达会比较夸张和戏剧化。

语言是人们沟通、合作和交流的基本保证。会说话、懂说话，是人类独有的、伟大的灵性。高语境沟通风格和低语境沟通风格并没有好与坏之分，各有优势和不足，在沟通过程中只有了解对方的风格及其关注的是言语还是其他，才能不断修正自己的说话方式和行为方式，避免误解和降低沟通成本。沟通的目标不是自己说得爽，而是有效传递信息并与对方建立联结，当对方接收信息不畅，与其抱怨对方不得要领，不如自己转换沟通风格。

第二节 沟通的基本知识

一、沟通的三要素

沟通过程像是一个漏斗，每个环节都会有信息的丢失，假设你心里想表达的内容是100%，当说出口的时候，因为条理不清或不好意思，信息只表达了80%，对方由于没有复述或没有听清，只听到了60%，但是对方能够理解的内容可能只有40%，当他去做的时候，由于缺少监督，也缺少方法，最后只完成了20%。为了减少信息的丢失，可以采取各种方法，包括清晰而有条理地进行陈述，让对方重复，验证对方的理解力等。而沟通高手会在沟通三要素上下功夫：调整心态、关心对方、主动参与。

1. 调整心态——沟通的基本前提

有效沟通需要双方达成一致，只想到自己而忽略了对方则会阻碍沟通。影响沟通效果的最基本因素就是沟通时的心态。概括而言，有三种阻碍沟通的不良心态。其一是自私，中国的传统文化强调集体，因此我们在意归属感，更关心让我们有归属感的群体，包括父母、兄弟姐妹、夫妻、朋友等。当我们开始偏私，就会影响沟通的进展。其二是自我，只能想到自己，忽略他人。例如，吸烟的人总是会寻找禁止吸烟的标识，认为没有标识就可以吸烟，但其实还要考虑身边的人，如果所处的环境中不全是有吸烟习惯的人，就不应吸烟，否则就是自我的表现，也会阻碍信息的传递。其三是自大，以为自己的经验和理解就是真相，无视且质疑专业人士的讲解，经常会说"我就不这样，所以这不可能""虽然你是专家，但是我想这样做"。

2. 关心对方——沟通的基本原理

关心对方，即真诚地关注对方的状况和难处、需求和不便、痛苦和问题。对方的情绪、专注状态、困倦程度等都会影响沟通的进程，如果忽略了这些因素，沟通效果就会大打折扣。对方并不会直接讲明这些信息，因此我们需要观察和验证，例如，你若发现对方一直在看表，则尽可能简要地表述，适时询问他接下来的安排。

3. 主动参与——沟通的基本要求

沟通中如果能够做到主动支援和主动反馈，将会消除沟通中的误解。有时候，沟通对象会陷入麻烦或负面情绪，在其开口之前就提供相应的信息，能够缓解不融洽的氛围，例如在参观地点的不同位置摆放提示出口距离的指示牌。

二、沟通效果

影响沟通效果的三个要素分别是场合、气氛和情绪。

心理学的一项关于儿童行为的研究发现，儿童在不同的场所和情境中表现出不同的行为特质，在学校的时候自立、积极，在家里却拖延、依赖性很高，以至于家长因为只看到儿童在家庭中的行为而误判其在学校中的行为。其实，不仅是儿童，成人也会在不同情境中表现出不同的行为特质，有的人觉得自己既外向又内向，例如，在不熟悉的人群中沉默寡言，和自己熟悉的朋友在一起时侃侃而谈，这其实反映了人们的适应性。沟通亦是如此，也需要根据场合、气氛、对方的情绪做出调整。如果忽略或无视这些要素，只会导致沟通不愉快。

三、沟通的三个特征

沟通具有三个特征：行为的主动性、过程的互动性和对象的多样性。

能够达到自己目的的沟通往往是主动开始的，不论时间或地点，主动开始才会实现信息传递，被动等待则机会渺茫。沟通效果比评判对错更重要，沟通的目标可以拆分成各种小目标，每个目标都是在沟通的过程中逐渐实现的。沟通的对象有很多，因此沟通的技巧和使用的语言都要转换，面对领导、下属、客户，面对父母、伴侣和子女，都需要我们有策略地调整沟通方式。

四、沟通的五个步骤

沟通的五个步骤：点头、微笑、倾听、回应、做笔记。

看着对方点头示意赞同，保持杜兴式微笑，真诚地倾听，及时进行语言或表情回应，适当记录笔记，可以营造一个良好的沟通氛围，也能避免信息的流失。其中倾听最简单，却最难做到，很多人在倾听的时候用心不专，对方刚开启话题就急于打断，听到异议，就失去耐心或者心里做了立场预设，无意识地做出一些不耐烦的动作，这就可能导致冲突和跑题。实现良好倾听的技巧是对方优先，注意观察，消除心里的预设和其他信息的干扰，听取关键词和重点，适时总结、确认并鼓励对方继续。

五、沟通的五种心态

沟通的五种心态：喜悦心、包容心、同理心、赞美心、爱心。

每一次沟通的场所、氛围、情绪和状态都可能不同，所以要珍惜每一次和朋友聊天、和客户协商、和孩子对话的机会，让自己保持良好的心情，包容对方的小状况，从对方的立场和感受出发，不吝称赞。

沟通的特点是情绪的转移、信息的转移、感情的互动。沟通没有对错，只有立场。生活中有很多既定结论，双方对话的时候难免发表观点，若执着于观点的对错，有时会损害关系。众所周知，地球是一个球体，但是有一个坚持"地球是平的"的群体，其中不乏科学研究者和专业人士。很多关注这个论点的人并非想论证哪一个是真理，而是想保持一种质疑的精神和看待世界的新角度。如果有一天你的朋友和你说，他听到一个有意思的论断——地球是平的，请你不要当即论断，也不要执着于纠错，或许他只是想分享发现新观点的欣喜，只是想和你进行情绪、情感的互动。

沟通是有规律可循的，神经语言程序学把沟通由浅入深分为五个层次。

- 打招呼。打招呼一般是浅层对话的开始，能够很快打开沟通局面。所以，可以在平时积累一些可用于打招呼的话题或句式，这样能够很好地在陌生环境里打开局面。

- 谈事实。这个层次的对话只是就事论事，没有表露观点，也没有建立彼此的关系。

- 分享观点和想法。这时候的沟通进入一个初级阶段，双方建立起初步的信任。

- 分享感受。只有建立了信任的关系，双方才能畅快地分享感受，有时候对方沉默或拒绝表达，是因为关系还没有建立。

- 敞开心扉。在一个完全信任和完全接纳的关系中，我们才会敞开心扉。这与关系类型无关，而是与心理感受有关。所以我们有时候并不愿意对父母说出心里话，却能够在心理咨询室诉说真实想法。

第三节　有效沟通：3F倾听

美国人际关系学大师戴尔·卡耐基开创了一套成人教育方式，融演讲、推销、为人处世和智力开发于一体。很多人从中获益，开阔了视野，改善了人际关系。卡耐基将这些内容总结在《沟通的艺术》一书中，讲述如何通过建立自信来提高表达能力，以及如何说服他人，在特定场合中的沟通技巧和演讲技巧等。

一、倾听的三个层次

第一层次，以自我为中心的倾听。倾听者完全没有注意听说话者所说的话，假装在听，其实却在考虑其他毫无关联的事情，或内心想着辩驳。在假装的状态下，人的注意力并不集中，眼神飘忽不定，还会经常做一些小动作。在倾听的过程中，以自己的观点进行判断，虽然在"听"，但是完全没有接收到新的信息，依旧沉浸在自己的信念和想法中。

第二层次，以对方为中心的倾听。倾听的时候注意力集中在对方身上，根据对方的语气、速度、态度等做出反应。在倾听的过程中不断点头，表示会意，保持微笑和放松的表情、专注的姿态，与对方保持适度的目光接触和交流，身体前倾，关注对方话语中所传递的内容，能够找出关键字词进行回应，还能够进行适当的总结。

第三层次，高效的、深入的倾听。倾听者能够依靠直觉、洞察力、同理心，在说话者传递的信息中寻找感兴趣的部分，他们认为这是获取新的有用信息的契机。倾听对方真正的情感、意图、优点或卓越性。倾听者不仅能听到事实（Fact），还听到情绪（Feel）和情绪背后的意图（Focus），因此高效的倾听也被称为3F倾听。

二、3F倾听：听的最高层次

若要做到3F倾听，就要从倾听者"我"和说话者"你"的两个角度去听。3F倾听有六个要点：我听到的事实、我听到的感受、我听到的意图、你听到的事实、你听到的感受、你听到的意图。我听到的事实是你今天买了很多东西，你神采飞扬，你很开心；我听到的意图是你想展示自己买到的心仪物件，于是我会根据我的意图让你听到我的表达。如果我并不认同你，我想打击你，我会皱眉，说这些东西超过预算了，那个东西根本不值钱；如果我想认同你，我会表现出好奇和欣喜，称赞你的购物品位。

3F倾听是有技巧的。

技巧一：少讲多听，管住自己的嘴。进行3F倾听时，最大的障碍就是陷入自我中心的模式。大脑在进行信息加工的时候会运用逻辑思维，这样能够帮助我们快速识别信息，节省精力，同时会因为已有思维对事实进行错误的归因。例如听到对方说失眠，我们会不由自主地进行判断："哎呀，你就是想太多了，心思太重。"或者我们会给出建议："你应该关上手机，现在人们都被手机绑架了。"这种情况下，会错失对方表达的情绪和意图，也许对方只是最近换了新的枕头，也许是想分享一些治疗失眠的方法。当他人诉说的时候，并不一定是在征求建议，而是期待理解。

技巧二：倾听最终目标，听到对方语言背后的正向意图。很多家长在孩子进入校园开始集体生活之后，都会有一个困惑，即怎样帮助孩子解决每天遇到的难题。孩子每天回到家里都会讲述在学校里发生的事情：和同桌发生了分歧，老师今天讲课时表情严肃，中午教室里的阳光很晃眼等，孩子讲述的事实令以自我为中心的倾听的家长开始焦虑。同桌不好相处，老师脾气不好，学校环境有待改善，都是从家长角度出发的评判，却不是孩子的真正意图。

家长需要通过技巧进一步准确观察孩子的感受。这并不需要家长去猜测，而是去验证。这真是烦人，那你怎么想？这让你苦恼了吗？你用了什么办法？当孩子感觉到自己被理解，被读懂，就会增加信任，并且愿意和家长进一步说出自己的目标，他们只是想和家长说说话，只是不知道是不是要顺着同桌的想法，只是觉得原来老师也会情绪不好，只是想告诉家长自己遇到了问题。3F倾听的意义和价值最终体现在我们与对方在相互信任的前提下共创解决问题的方案。

技巧三：3F倾听的最高境界是连接他人的卓越品格。当我们连接到他人的卓越品格，就能激发他人更好地发扬卓越品格。我们总是容易发现对方的问题和缺点，却忽略了对方的优点，当我们从对方的立场去看待沟通的主题，就可以发现更多新异的立场。

三、沟通的五用倾听法

- 用耳朵听：用耳朵听对方说或问的内容。

- 用眼睛看：用眼睛观察对方的表情、肢体语言等，例如对方说话的时候眼睛里闪着亮光，嘴角上扬，还有点兴奋。

- 用脑思考：一边倾听，一边用大脑思考对方说话的真实意图。

- 用嘴提问：用嘴巴提出问题，以便彼此进行互动，例如："你看上去精神很好呀，说说吧，是不是有什么好事？"

- 用心感受：用心体会说话者的感受。当对方分享最近在追的剧或是在看的书时，我们需要进一步感受对方的情绪，让对话继续下去。

在沟通的过程中，不仅要听见、听清，更要听懂。

第四节　积极沟通的方式

一、积极沟通的三种方式

沟通是双方的事情，多倾听对方的意见，注意自己在沟通过程中的语气，要有足够的耐心。沟通能力是维系人脉的纽带。培养与人积极沟通的良好习惯，可以使我们的人际网络越织越宽。

1. 高效沟通和善于倾听

好的倾听者不急于做出判断，而是感同身受。他们能够设身处地看待事物，更多进行询问，而非辩解。而高效率的倾听者清楚自己的个人喜好和态度，能够更好地避免对说话者做出武断的评价。与听相比，说更是个技术活。高效沟通还要有极强的观察力，拿捏好对方的心理及自己说话的方式和分寸。

2. 良好的表达和沟通能力

表达能力好或不好的判断标准是能否清晰表明自己的观点，并尽可能让对方接受。沟通能力高低的判断标准是能否理解别人的话语，能否通过交流与对方达成一定的共识。因此，表达和沟通是两个不同的方面。

3. 说什么更重要，怎么说最重要

如何选择说的内容和说的方式，有四点建议可以参考：少问多说，多说自己；客观陈述事实；适当表达感受；谨慎评价对方。

二、首因效应：第一印象

1957年，心理学家在大学生中进行了一个实验，首先将大学生分成四个小组，然后向每个小组呈现一个故事，其实这个故事的主人公是一个人，只是故事中描述了两件事，一件是主人公和朋友去买文具，路上与很多同学打招呼、聊天，另一件是主人公一个人在校园里，虽然看到很多同学，但是都没有聊天。故事的表述中，一个显得开朗外向，另一个显得沉默内向。研究者给第一个小组呈现了聊天的片段，第二个小组呈现了沉默的片段，第三个小组呈现了两个故事，但是聊天的片段在前，沉默的片段在后，第四个小组呈现的故事则是沉默的片段在前，聊天的片段在后。

结果，第一个小组中约80%的成员认为主人公开朗，第二个小组中不到20%的成员认为主人公内向，第三个小组中则有95%的成员认为主人公开朗，第四个小组中只有3%的成员认为主人公内向。可见，优先呈现的信息会影响一个人的认知。

心理学家将这个现象称为首因效应、优先效应或第一印象效应。

人们在第一次交往中给他人留下的印象在他人的头脑中占据着主导地位，这种心理学效应即首因效应。性别、年龄、衣着、姿势、面部表情等"外部特征"都是第一印象的主要构成部分。研究者总结了第一印象构成形象的四个元素，分别是外表形象、行为形象、声音形象和语言形象。

三、形象的晕轮效应

晕轮效应是美国著名心理学家爱德华·桑代克于20世纪20年代提出的。他发现，一个人如果被标明是好的，他就会被一种积极肯定的光环笼罩，并被赋予许多好的品质；而如果一个人被标明是坏的，他就被一种消极否定的光环所笼罩，并被认为具有各种坏品质。

美国心理学家凯利为了验证这个效应，在麻省理工学院进行了一次实验，凯利选择了两个班级，在上课之前，临时告诉学生们也邀请了一位研究生来代课，并简单介绍了这名研究生的情况。凯利在第一个班级里介绍这名研究生很热情，做事勤奋、务实，个性果断等，但是在第二个班级里进行介绍的时候，他把热情换成了有点冷漠，其他的品质特点没有变。结果下课的时候，第一个班级的学生和代课的研究生之间很亲密，一直进行交谈，而第二个班级的学生则很客气，对这位研究生比较冷淡，有些回避。这就是"热情"和"冷漠"所产生的光环晕轮，它导致学生们在上课的过程中不断寻找证据去证明这些品质，并最后建立起不同的关系。

四、55/38/7定律

沟通受到语言、第一印象、心态、听的方式和说的方式的影响，然而这些影响的程度各有不同。美国社会语言学家艾伯特·梅拉比安总结了沟通过程中的55/38/7定律：沟通过程的55%是通过肢体语言、发型、妆容等非语言信息进行的；38%是用声音完成的；只有7%是通过语言内容。当非语言信息和语言信息不同的时候，人们更愿意关注非语言信息，如果一个人在讲述的时候眼神飘忽，低着头，不断搓手，即使在讲一件很笃定的事情，我们也会怀疑；如果一个人气息稳定，声音清晰，我们会更信任他所陈述的观点。

你穿错了衣服，没有人会告诉你；你不懂得搭配，没有人会告诉你；你的头发不整，没有人会告诉你；然而，人们会记在心里，因为这些细节是你的一部分，同时会影响你。相貌是一个人的内心世界在面相上的反映，相貌可以在一定程度上让人看出来你是一个怎样的人。

虽然我们总是强调不能以貌取人，但是有这样的劝诫正是因为人类有着不可控制的"以貌取人"的心理特点。幸运的是，影响沟通的非语言信息，如衣着、发型、表情、特定动作、声调、发声方法，都是可以通过练习改变的。

另外，这些非语言信息都是外在的改变，积极心理学还给出了内在改变的方法，即保持一种积极的状态。例如，美国心理学家马丁·塞利格曼在《真实的快乐》中分享了快乐的要素：享受愉悦的生活，投入到家庭、工作、爱情中，并发挥个人长处而获得意义，若同时拥有三者，生命是完整的，并且参与和意义远比享乐重要。

第五节　沟通的语言

语言是一种有效的沟通方式，语言沟通可以通过四种方式进行，即口头语言、书面语言、图片或图形、肢体语言。

一、口头语言

口头语言是人们最常使用、最便捷的语言沟通方式，不受年龄和教育水平的限制，会谈、讲座、聊天都可以使用。使用口头语言的时候能够立刻得到反馈，随时补充，利用声音可以增强口头语言的表达意图，但是不能同时与更多的人进行双向沟通。

二、书面语言

书面语言清晰、简洁，可以用于正式的信函、宣传广告、电子传真、E-mail等，尤其是在与多人进行沟通的时候，书面语言比较便捷、快速，但是无法立即得到对方的反馈，缺乏感情，有时候语言过于简洁会导致信息表达不完全，造成误解。

三、图片或图形

在文字出现之前，人类在山洞的石壁上绘制图画，记录信息，这样的本能似乎一直留在每个人的基因中，每个小孩都会有一个喜欢涂鸦的阶段。随着科技和文化的进步，图片或图形越来越丰富，能够传递的信息也越来越深刻。从识字卡片到讲解知识的画册、幻灯片、表达对生活的理解的绘画作品，再到带来愉悦和思考的电影，图片或图形打破了时间和空间的局限。

四、肢体语言

肢体语言包括动作、表情、眼神和声音等，最成体系的一种肢体语言是手语，用以辅助有听力障碍或发声障碍的人群进行交流。不过这里主要介绍辅助沟通的肢体语言。

肢体语言所传递的信息大多是无意识的，例如我们和不同关系的人对话时，身体距离是不同的，一般社交距离保持在120~360 cm，而好朋友之间的亲密距离是0~45 cm。此外，声音里包含着非常丰富的肢体语言，例如，用什么样的音色去说，用什么样的音调去说都是肢体语言的一部分。

肢体语言也能够单独发挥巨大的作用，譬如触摸和拥抱。美国加利福尼亚大学洛杉矶分校精神病学教授海拉·卡斯博士表示，人体脑下垂体后叶会分泌一种被称为"黏合荷尔蒙"的物质，它使爱人之间有抚摸和拥抱彼此的欲望，这种动作也会刺激体内修复细胞分泌一种抗衰老、抗压抑的激素。

触摸是一种本能的需要。从婴儿时期开始，触摸就能够安抚情绪，给予安全感，建立信任。科学研究发现，触摸能促使身体分泌出让身心愉快的激素。触摸对我们的积极作用与吃饭、睡觉一样重要。当生病的时候，抚摸、拥抱会对身体康复发挥积极作用。纽约大学护士学校的多洛斯博士首创了治疗性触摸，也叫触摸疗法。通过研究发现，当人得到抚摸后，会下意识地激发体内抑制系统，同时使大脑分泌出更多的脑啡肽和内啡肽，它们能够缓解疼痛，起到一定的保健和治疗效果。美国研究人员以艾滋病患者为对象施以治疗性触摸，每次抚摸45分钟，每周5次。一个月后，患者的焦虑情绪得到平缓，产生了能够测量的机体免疫效果，并能够抑制其他病毒的侵入，避免了并发症的发生。

拥抱是爱的能力。美国心理学家弗吉尼娅·萨提亚曾说过，人每天需要4个拥抱才能存活，每天8个拥抱才能维持精力充沛，每天12个拥抱才能成长。美国心理学家曾经进行过一个关于拥抱的实验，研究者将一只刚出生的恒河猴放在一个笼子中，笼子里有两个分别用铁丝和绒布做的母亲，铁丝母亲设置了一个可以24小时提供奶水的装置，绒布母亲没有奶水，但是温暖、柔软。结果小猴子只有饿的时候才会去找冷冰冰的铁丝母亲，平时都抱着绒布母亲。一旦遇到危险（实验者制作的巨大蜘蛛），小猴子也会奔向绒布母亲。研究者认为"接触所带来的安慰感"是爱最重要的元素。

在中国的文化中，情感的表达方式是内敛的，所以肢体接触很少，也总是让人害羞，但是很多时候，一个拥抱、一次爱抚在人疲惫失意的时候胜过千言万语。

小结

语言是人们沟通、合作和交流的基本保证。会说话、懂说话是人类独有的、伟大的灵性。

自我分析

1. 在日常生活中，你会注重第一印象吗？

2. 文字语言、声音语言和肢体语言，你认为哪个更重要？

推荐阅读

《真实的快乐》（美）马丁·塞利格曼

《沟通的艺术》（美）戴尔·卡耐基

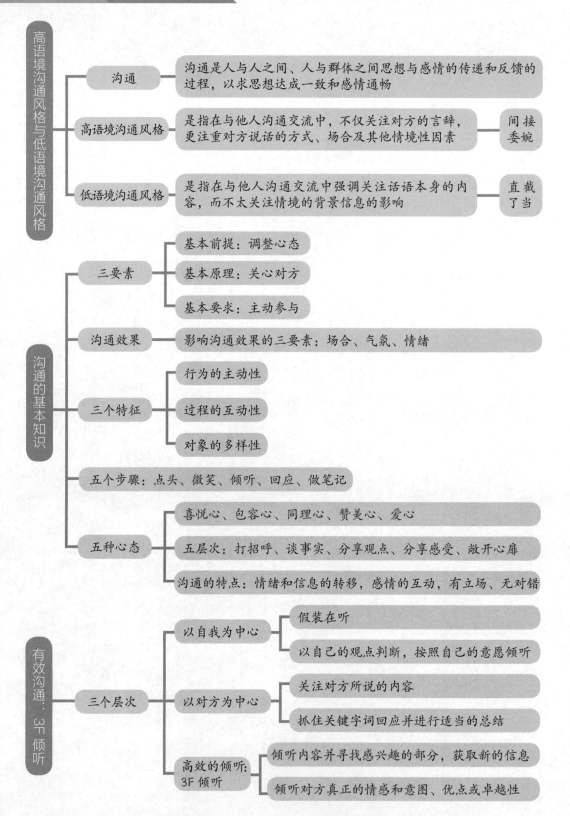

高语境沟通风格与低语境沟通风格

沟通 —— 沟通是人与人之间、人与群体之间思想与感情的传递和反馈的过程，以求思想达成一致和感情通畅

高语境沟通风格 —— 是指在与他人沟通交流中，不仅关注对方的言辞，更注重对方说话的方式、场合及其他情境性因素 —— 间接委婉

低语境沟通风格 —— 是指在与他人沟通交流中强调关注话语本身的内容，而不太关注情境的背景信息的影响 —— 直截了当

沟通的基本知识

三要素
- 基本前提：调整心态
- 基本原理：关心对方
- 基本要求：主动参与

沟通效果 —— 影响沟通效果的三要素：场合、气氛、情绪

三个特征
- 行为的主动性
- 过程的互动性
- 对象的多样性

五个步骤：点头、微笑、倾听、回应、做笔记

五种心态
- 喜悦心、包容心、同理心、赞美心、爱心
- 五层次：打招呼、谈事实、分享观点、分享感受、敞开心扉
- 沟通的特点：情绪和信息的转移，感情的互动，有立场、无对错

有效沟通：3F倾听

三个层次
- 以自我为中心
  - 假装在听
  - 以自己的观点判断，按照自己的意愿倾听
- 以对方为中心
  - 关注对方所说的内容
  - 抓住关键字词回应并进行适当的总结
- 高效的倾听：3F倾听
  - 倾听内容并寻找感兴趣的部分，获取新的信息
  - 倾听对方真正的情感和意图、优点或卓越性

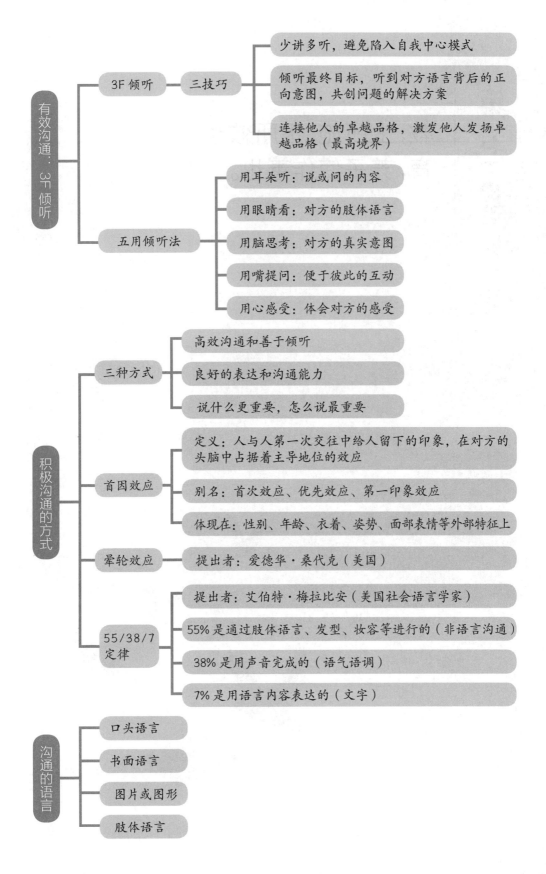

有效沟通：3F 倾听

- 3F 倾听
  - 三技巧
    - 少讲多听，避免陷入自我中心模式
    - 倾听最终目标，听到对方语言背后的正向意图，共创问题的解决方案
    - 连接他人的卓越品格，激发他人发扬卓越品格（最高境界）
- 五用倾听法
  - 用耳朵听：说或问的内容
  - 用眼睛看：对方的肢体语言
  - 用脑思考：对方的真实意图
  - 用嘴提问：便于彼此的互动
  - 用心感受：体会对方的感受

积极沟通的方式

- 三种方式
  - 高效沟通和善于倾听
  - 良好的表达和沟通能力
  - 说什么更重要，怎么说最重要
- 首因效应
  - 定义：人与人第一次交往中给人留下的印象，在对方的头脑中占据着主导地位的效应
  - 别名：首次效应、优先效应、第一印象效应
  - 体现在：性别、年龄、衣着、姿势、面部表情等外部特征上
- 晕轮效应
  - 提出者：爱德华·桑代克（美国）
- 55/38/7 定律
  - 提出者：艾伯特·梅拉比安（美国社会语言学家）
  - 55% 是通过肢体语言、发型、妆容等进行的（非语言沟通）
  - 38% 是用声音完成的（语气语调）
  - 7% 是用语言内容表达的（文字）

沟通的语言

- 口头语言
- 书面语言
- 图片或图形
- 肢体语言

第七章

教，上所施，下所效也。
育，养子使作善也。

7

积极教育

素质

第一节　积极教育及其意义

一、什么是积极教育

积极教育是以积极心理学理论知识为基础的教育，是国际教育界最前沿的教育理念。积极教育不仅主张关注学生的知识与技能，同时也非常重视学生品格与美德的培养，关注学生的心理健康，其教育理念与"立德树人"的根本任务是一致的。积极教育所努力促进的"幸福"并不仅仅是快乐情绪、片刻的幸福感，而是一种全面的、可持续的蓬勃状态。积极教育通过教授学生幸福的技巧，培养学生的美德和积极品质，使学生更热爱学习、享受学习，更能够关爱他人、管理情绪，从而拥有良好的人际关系、坚毅的品质和抵抗挫折的能力，取得人生的成就，追寻生活的意义。

积极教育也称为幸福教育、优势教育，目标是培养、发展、激励、关注每个人在各个成长发展阶段里自身拥有的天赋和积极资源。我们每个人都具有一些优点和缺点，传统教育强调纠错和反省，导致我们更容易想到自己的缺点，说不出优点，使得我们在成长过程中显得缺乏自信和勇气。积极心理学认为过分关注心理问题并不利于心理状态的调节，但是关注心理优势则可以让我们更容易接近幸福。积极教育秉承相同的理念，相对于我们做不到的事情，更关注我们的积极天赋、积极性格、积极优势——这些我们本就具有但是一直忽略的特质。积极教育培养人类的美德、力量、积极心理品质，并不是要求我们去学习新的特质，而是发挥其力量，由此帮助一个人拥有长久和持续的幸福。

二、积极教育引导"三观"

不论我们是否喜欢或擅长人际交往，每个人都不可避免地与这个世界和他人产生关系，都需要找到一种舒服的方式去适应这个社会。我们在认识和适应社会的过程中，在与他人交往的过程中，逐渐形成我们的世界观、人生观和价值观，也就是常说的"三观"。

世界观是我们对这个世界的认知和理解。有的人认为世界是物质的，认同物理和数学的逻辑解读；有的人认为世界是意识的，信奉宗教和超自然力量；还有的人认为世界是虚拟的，一切都是编码生成的程序。由于人们的知识水平、人生经历、社会角色不同，理解世界的角度就不同，世界观也并不相同。每个人根据自己的世界观，在面对这个世界的时候会呈现不同的生活状态。

人生观是对自己存在的意义和价值的看法。为什么活着？为什么会遇到苦难？我是否值得被爱？我是不是有价值的？这些问题也许没有唯一的固定答案，但是这样的思考在不同的人生阶段影响了我们对自己的认知和判断。

价值观是我们对事物的价值的看法。例如，在你心里什么是有价值的，你会为了什么而付诸行动和努力。价值观包含很多内容，譬如自由、幸福、自尊、诚实、服从、平等、家庭、朋友、爱等。价值观影响我们的选择，我们会为了心中更有价值的事情而放弃另一个相对没那么有价值的事情。此外，价值观最容易受到舆论宣传的影响。

教育的目的是培养人，东汉学者许慎在《说文解字》中有这样的解释："教，上所施，下所效也。""育，养子使作善也。"不论是家庭教育、学校教育还是社会教育，都在传递知识的过程中潜移默化地引导每个人的"三观"。不论社会如何变迁，文化如何发展，教育的目标都离不开爱——爱自己与爱他人，具体而言，有包含亲情之爱、爱情之爱、友情之爱的小爱，也有涉及社会之爱、国家之爱、民族之爱的大爱。而积极教育就是让人从爱自己的角度出发去善言、善行。

第二节 家庭文化及其建设

一、什么是家庭文化

每个人的成长都离不开家庭、学校和社会三个层面的教养和引导，其中家庭是我们最早接触，也是影响最深刻、最容易被忽视的一个层面。家庭不仅仅依靠法律和血缘凝聚，每个生活在其中的人也会形成一种独特的气质，不论这个家庭的成员有几个人，受教育水平如何。当我们走进不同的家庭，都会感受到不同的氛围，即家庭文化。

家庭文化是一种客观存在的社会现象，它是以家庭为单位、以家庭成员为主体的精神文明与物质文明的复合体，具体体现在衣、食、住、行、用等物质方面及德、智、体、美、劳等精神方面。

家庭文化的发展受社会政治、经济、文化、思想的制约，同时具有相对的独立性。同社会文化一样，家庭文化也可以细分为：观念文化，譬如像对待小朋友一样对待老人，男孩子要穷养，女孩子要富养之类；行为文化，譬如回家要打招呼，吃饭的时候不能说话等；物质文化，譬如对衣着更在意其实用性，还是更在意其质地等；制度文化，如成文或不成文的家规、家训。家庭文化是无声的默契，较少的家庭会按照条目进行梳理。

二、家庭文化的三个层面

每个家庭的文化都具有三个层面。

- 表层文化：是指可供家庭成员衣食住行的物质环境，比如室内装饰、服饰等，也称为"器物文化"。
- 中层文化：如家庭制度、家庭生活方式等。
- 深层文化：包括精神文化和心理文化，是指凝聚家庭群体的内在情感机制，比如家庭成员的思想、情操、价值观念，以及爱情心理、道德心理等。

法国思想家皮埃尔·布尔迪厄将资本分为社会资本、文化资本和符号资本三种类型。他指出，家庭文化资本是指世代相传的一般文化背景、知识、性情及技能等，我们从出生开始，在家庭成长过程中不断获得知识和经验。家庭文化资本与生俱来，更取决于家庭和社会的渊源，而不是后天的学习。

家庭文化资本有三种形态：第一种是具体形态，包括家庭中最直接的教育方法和教养方式；第二种是客观形态，主要包括家庭中客观存在的文化商品，例如书籍、图画、工具等，还包括家庭中先辈留下来的一些可以当作遗产的物件；第三种是体制形态，是指社会文化制度中认可的文化，例如学历和职业资格，父母为孩子提供的教育支持，如进行各种校内和校外的培训，也属于家庭文化资本。

每个人都有自己的家庭，你的父母送给你的文化资本是什么？如果你成了父母，又想为自己的孩子留下什么样的文化资本？车子、房子、金钱？能够避免孩子辛苦努力的足够丰富的物质，还是教养（文化品德）、修养（个人素质）？

三、家庭文化建设

　　父母是孩子的第一任老师，父母的待人接物、言谈举止、语言习惯时刻影响着自己的孩子，在潜移默化中熏陶着孩子的意志品质、行为习惯、语言风格等。回想一下自己的观念、行为、处事方法、人生观、价值观、世界观，有多少得益于你的父母，有多少受制于你的父母?

　　提起父母对我们的影响，或我们对自己的孩子的影响，总绕不开这样一些俗语："上梁不正下梁歪""打是疼，骂是爱，娇生惯养是祸害"。这些俗语都在强调一个家庭中父母的重要性。父母传递给孩子的文化资本，既包括优点，也包括缺点。很多时候父母只是通过对话、批评、训诫、指导来纠正孩子的行为，却不注意自己的言行，就像很多父母自己爱熬夜，作息不规律，却不断批评孩子行为习惯不良，结果只会导致孩子学会父母的行为。家庭文化是一种无言的教育、无字的典籍、无声的力量，所以父母要言行一致，规范家风，谨记自己的话语、行为、做事方法、"三观"等时刻影响着孩子的心灵，也可以塑造孩子的人格，是孩子"三观"的基石。

第三节　幸福家庭教育

一、幸福家庭教育四大基石

　　家庭教育对孩子的影响是不可估量的。现代家庭教育必须把握幸福的主旋律，实施幸福家庭教育。幸福家庭教育需要四个基石：幸福家庭教育理念、幸福家庭教育环境、幸福家庭教育文化和幸福家庭教育习惯。

　　幸福家庭教育的目标是让孩子拥有选择的能力，在面对朋友、爱情和工作的时候，目标坚定，知道自己的价值导向，不迷茫；拥有成长的能力，经历挫折、不幸和竞争的时候，个性坚毅，不畏风雨，坦然接受自己的成功与失败；拥有社交的能力，在熟悉的和不熟悉的群体中，保持真诚和自信，善于沟通，不论是选择热闹的人群还是安静地独处，都不回避交往，能够表达自己、理解他人；拥有合作的能力，在需要团队协作的时候，信任自己的伙伴，允许自己在团队中担任任何角色，时刻保持微笑，愿意赞美他人。

　　幸福家庭教育是一门学问、一门教育艺术，不是无师自通或道听途说就能做好的，需要父母"培训上岗"，时刻保持学习精神，了解孩子的身心发展规律，随时补充知识，自我成长，掌握亲子教育的方法，提升自己的生命素养。

二、家庭教育的过程

在家庭教育的过程中尤其要重视家风建设，千千万万家庭的好家风支撑起全社会的好风气。在家庭中父母各自承担相应的角色，每个孩子的成长都离不开父母的陪伴与教养。

家庭教育是指家长（首先是父母）在居家生活中对其子女实施的有目的、有计划的教育和影响。家庭是社会的基本细胞，家庭教育是终身教育，也是一项综合工程，涵盖了一个人成长的全部方面。

智商——一个人的智商取决于先天的遗传。家庭教育并不能改变一个人的智商，但是父母可以教给孩子知识和技能，使孩子能够独立自主地生活。因此，幸福家庭教育并不执着于孩子的成绩，而是孩子学习的能力。

情商——在与他人交往的过程中，能够从对方的立场思考问题，同时能够调控自己的情绪，对他人的情绪有同理心。家庭教育不仅要教会孩子如何与他人相处，更要教会孩子如何在相处的过程中有积极的体验。

逆商——敢于面对挫折和失败，越挫越勇。家庭不能永远做孩子的避风港，每个人都会有独立面对风雨的时刻，也都会有其他人无法替代的苦恼，这种对自己的信心、对规则制度的信心、对世界的信心都需要家庭教育进行培养。

爱商——爱的能力，获得幸福的可能。一个人认为自己是值得被爱的，才能够更好地爱他人，这种爱来自家庭。

比利时的杂志曾经对60岁以上的老人进行了一次全国调查，调查的题目是"当你老了，这一生最后悔的是什么？"。调查结果显示，75%的人后悔年轻时不够努力，以至于事业无成；70%的人后悔年轻时选择了错误的职业；62%的人后悔对子女教育不当；57%的人后悔没有好好珍惜自己的伴侣；49%的人后悔没有善待自己的身体。这些事可以通过积极的家庭教育来避免。

三、家庭教育的六个特点

家庭教育具有六个特点：

- 启蒙性，孩子几乎所有第一次的成长都离不开家长的指导；
- 长期性，从出生到成人，最后到离世，家庭的烙印永远刻在我们身上；
- 情感性，家庭关系影响我们的情感；
- 全面性，家庭教育涉及我们成长的所有方面；
- 权威性，不论是否愿意，父母的话都在我们心中占有极大的比重；
- 及时性，随时发现问题，随时给予指导、教育。

然而在有的家庭教育中，孩子对家长的教育并不满意，家长对孩子感到失望、灰心和困惑，家长和孩子都没有体验到教与养的幸福。

家庭教育中存在一些问题：重智育，轻德育，家长信奉唯成绩论，家长误以为只有成绩才能帮助孩子获得适应社会的技能；对独生子女溺爱；家长没发挥言传身教的长辈模范作用；家长将自己放在高高在上的位置，只对孩子提出要求；等等。

第四节　母亲教育是智慧教育

一、幸福家庭的味道

很多父母在教育子女的时候会陷入一个代偿的误区，认为自己小时候没有拥有过的、渴望的事物，一定要给予孩子，不能让孩子有自己曾经的遗憾，却忘记了自己的孩子和自己所处的时代背景和家庭文化完全不同，孩子完全不需要这样的补偿。家庭教育只能从孩子的成长需要出发，从家长的成长需要出发只会走上歧路。最近的调研数据显示，"阅读型"家庭的子女成绩优秀的比例更高。相较于经常玩手机、看电视的父母，经常阅读的父母，其子女的行为表现更优秀。因此，不妨尝试这样的家庭文化教养：从自己做起，多读书，读好书，终身学习，做孩子的榜样。

幸福家庭的香味来自饭香、橱香和书香。每个家庭的饭香都从厨房和餐桌中飘来，一家人一起开心地吃饭，不仅饱腹，同时疏解了一天的学习和工作压力；橱香来自衣柜，其中有衣物和被褥，这里的香味可能是洗涤剂的清香，也可能是除螨的檀香，这个香味就在我们自己身上，它代表了一种安全感；书香并不明显，体现在每个家庭成员的行为和思想中。

清代小说家文康曾经在著作中将读书人的家庭称为书香门第。拥有好的家庭背景的家庭或曾经有读书人的家庭也称得上是书香门第。具体来说，书，泛指四书五经这些有智慧传承的书籍；香，是指家里有祠堂、家庙、家谱；门，是指家庭具有受到认可的社会地位；第，是指家里每100年就会出现一个对社会有重大贡献的人。现代社会中几乎所有的家庭都拥有读书人，亦可将对社会有重大贡献作为最大的追求。

二、母亲是家庭教育的主导

苏联教育家苏霍姆林斯基曾经说过："无论您在工作岗位的责任多么重大，无论您的工作多么复杂，多么富于创造性，您都要记住，在您家里，还有更重要、更复杂、更细致的工作在等着您，这就是教育孩子。"

在现在的家庭中，由于女性的个性特质及社会文化导向，母亲在每个家庭中都占据了更主导的地位。这与经济收入并不一定相关。可以说，推动世界的手是摇摇篮的手，我们的依恋、情感、安全感和爱的能力都离不开母亲的影响。母亲是家庭教育的主导。因此，幸福家庭教育的核心也是提高母亲的素质。

母亲是家风的培育者。当父母在一起聊天对话，应对彼此间的亲密关系，处理与朋友、同事、亲戚、陌生人的关系，展现出的价值取向和人生观，营造了家庭文化的语言环境、情感环境、人际环境和道德环境，也进一步形成了家庭理念、家庭环境、家庭文化和家庭习惯。

母亲教育是智慧教育，母亲的修养就是孩子的教养，母亲的现在就是孩子的未来。物质条件是父母给予子女的一种财富，素质与教养是父母赋予孩子的另一种更为重要的财富。有修养的人的遗产比那些只看重物质的人的财富更有价值。

三、母亲快乐是最好的教育

进行家庭治疗的心理咨询师发现，母亲是家庭情绪的重要影响者，在一个家庭中，母亲快乐，则全家快乐，母亲焦虑，则全家焦虑。也许很多母亲对此并不认同，认为自己在家庭中承担了很多的压力，自己并不被孩子、丈夫、父母、公婆重视。然而殊不知，母亲这样的认知和情绪感受影响着每个家庭成员。如果母亲对自己的状态做出调整，很多困扰母亲的家庭问题也就迎刃而解了。

母亲是家庭文化建设的主导者，决定了一个家庭的凝聚力。母亲快乐是对孩子最好的教育，母亲心情愉快就是对家庭最大的贡献。很多母亲误以为只有家人快乐，自己才会快乐，其实心理学研究认为，真实的情况是母亲有了属于自己的、真正的快乐之后，孩子才会感受到快乐和幸福。在"妈妈经常不高兴"的家庭中成长的小孩，对童年最深刻的印象就是母亲一板脸，全家阴云密布，在成长的过程中容易形成"讨好型人格"，不敢表达自己的需要，尤其不敢拒绝别人，特别善于察言观色，对于别人的情绪很敏感，总担心是自己惹别人不高兴。因为在孩子的心中对爱有一种不确定感，不能让妈妈开心，孩子会产生自己不值得被爱的认知。

就像企业有企业文化一样，家庭也有家庭文化。你是否有信心让你的家庭文化中坦诚、轻松、愉快多于紧绷、压抑、痛苦呢？

四、母亲是儿女永远的"财神"

逆天改命的向日葵

这是一株不甘屈服命运的向日葵，它十分向往对面那片滋润的草地。在阳光的暴晒下，由于严重缺水，身边的伙伴们一个个接连倒下。与其在原地等待生命的消亡，不如鼓起勇气奔向自己向往的地方。于是它奋力将自己连根拔出，可刚迈出第一步，就被地面灼伤了，但它不甘心就这样倒下，于是它奋不顾身往前冲，走到一半时，它已经奄奄一息，可它还是没有放弃，继续向前艰难爬行，用尽最后一丝力气，把种子抛向草地。它的后代终于在这片滋润的草地上绽放。

我含着眼泪看完了"逆天改命的向日葵"这段视频，心微微地抽搐，却无比欣慰。在视频中我仿佛看见的是一位母亲为了改变命运，为了让自己的后代拥有更好的生活土壤，竭尽全力，奋不顾身，最后耗尽气力，让后代拥有美好的生活环境。

母亲永远是儿女的"财神"。"财神"母亲改变自己命运的能力"基数"决定着儿女拥有"资本"的总量。这个"资本"包括文化资本、心理资本、家庭资本、社会资本、人力资本和财力资本。

我想到我那18岁就离家从军的母亲，爱国，爱家，更爱自己，勇敢地走出家乡，在工作中母亲遇见了满腹才华的父亲。我23岁从新疆独自去海南的闯海经历改变了我的命运，也为一双儿女提供了良好的生活土壤。改变真的很重要。特别是一个母亲，每一次改命和改运的过程都会影响几代人的延续。

一个母亲应该更早地问自己这三个问题：

● 我想要怎样的生活？

● 我满意自己的现状吗？

● 我需要做出改变和行动吗？

如果母亲付诸行动去改变，那么，她就会是儿女永远的"财神"。

第五节　爱的教育：真善美

一、勿使用暴力语言

2014年，导演谢勇的作品《语言暴力》在戛纳国际创意节获得了银奖，影片内容很简单，少管所中，5个戴着手铐、穿着囚衣的少年各自讲述自己的犯罪过程，没有其他人，没有渲染，但是五段经历让每个人感到压抑心痛。5个少年有一个共同特点，小的时候都曾被父母用暴力性的语言对待过。有调查显示，40%以上的青少年罪犯遭受过父母语言上的伤害。这些孩子的父母用一句句暴力的话语将孩子的未来断送，也给其他人、其他家庭带来伤害。有人说，这些孩子扎在别人身上的凶器，是父母亲手递过去的。父母不经意的一句话可能会葬送孩子的一生。

暴力语言并不是以某个词为区分，而是以听者的感受为主。很多父母认为自己的出发点是为了孩子好，是为了纠正或勉励孩子，所以觉得那些批评并不重要，殊不知孩子无法理解话语背后的深层含义，只会接收到来自父母的否定，一旦这样的认知形成，即使孩子长大成人也难以调节。不懂好好说话的家庭养不出幸福的孩子。

二、积极的自我意象

麦克斯维尔·马尔茨博士是美国的知名外科整容医生，很多人经由整容获得了新的容貌，但是马尔茨博士发现他们整容后内心的痛苦并没有减轻。于是马尔茨博士通过十年的追踪调查和治疗，帮助他们重新获得内心的平静。马尔茨博士将治疗的方法整理在了《心理控制术》这本书中，使得很多读者受益。

马尔茨博士认为，一个人6岁之前的经历是很重要的，因为他在这期间会形成自我意向，即对自我的认知，对自己是什么人、能干什么逐渐清晰。自我意象可能是自卑的、消极的，也可能是积极的、向上的，自我意象一旦形成，就会影响至成年。

三、罗森塔尔实验

1968年，美国心理学家罗森塔尔博士来到一所小学，从一到六年级里，在每个年级挑选了三个班级进行"预测未来发展的测试"，并得到一批"拥有优势发展潜能"的学生名单。罗森塔尔博士将这个名单反馈给了学校，并强调虽然这些学生拥有潜能，但是必须保密，不能告诉学生和他们的家长，还是要像以前一样教导。然而事实上，这些测试是假的，名单也是随机列举的。几个月之后，罗森塔尔博士再次来到这所小学，结果发现名单上的学生的成绩全部有了很大的进步，而且每个学生都求知欲旺盛，充满自信，乐于交往。学校的确遵守罗森塔尔博士的约定，没有向学生泄密，学生们却在不知不觉间发生了巨大的变化。罗森塔尔博士认为其中的原因是教师们对这些学生产生了正向的期待，在平时的教学中对这些学生进行了更多的积极反馈和积极解读，这令学生们产生了自我完善的动力。这个效应在心理学中被称为罗森塔尔效应或期待效应，它不仅适用于教师和学生之间，也适用于各种人际关系中，对同事、客户、伴侣、父母、朋友、子女产生某种正向期待和殷切希望，也会令对方做出积极的回应和改变。

这个效应可以用于教育孩子，也可以用于让母亲快乐。"关爱母亲"也是一种家风，如果家人对母亲产生"她幸福"的期待，那么，这种期待就会传递给母亲。

我在2017年曾经写过一本书，叫作《她幸福》，我发现女性来访者的症结背后都有着爱与被爱的困扰，如果女人学会爱自己，周遭的事情也会随心性的变化而变化。世界因为女人而变得多彩。女人用如阳光的真、如水的善、如花的美，将单薄的脆弱改写为温柔、坚强、智慧和美好，女人用爱的力量维护着家庭的温馨与快乐。

任何事业的成功都无法弥补孩子教育的失败！在孩子生命最初的六年里，给孩子多一点陪伴、多一点关心，你会更幸福！

小结

　　幸福教育包括三个部分：家庭教育、社会教育、学校教育。母亲教育是智慧教育，母亲快乐是最好的教育。爱的教育就是父母用心培养孩子的真、善、美的能力。

自我分析

　　1. 你愿意用你的3年换取孩子的30年吗？

　　2. 给自己在子女教育方面的表现打个分数。

推荐阅读

《非暴力沟通》（美）马歇尔·卢森堡

《她幸福》王薇华

《心理控制术》（美）麦克斯维尔·马尔茨

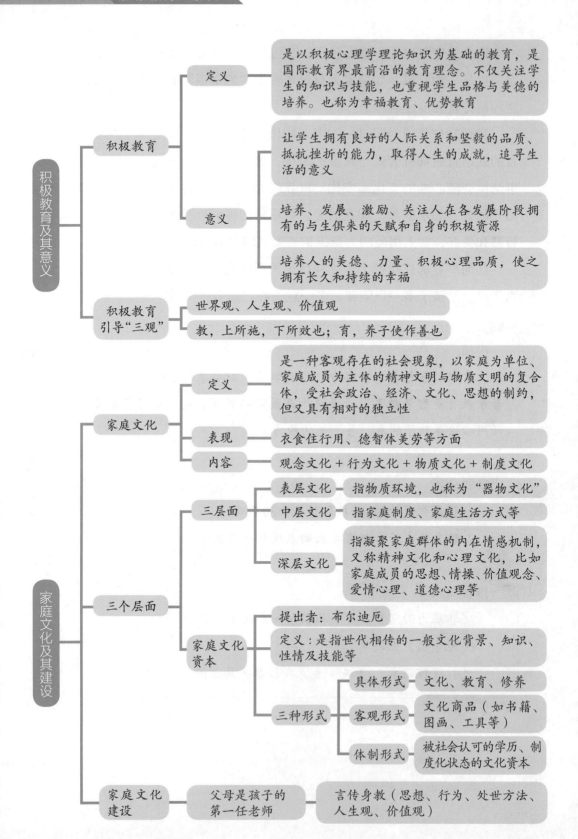

积极教育及其意义

积极教育
- 定义：是以积极心理学理论知识为基础的教育，是国际教育界最前沿的教育理念。不仅关注学生的知识与技能，也重视学生品格与美德的培养。也称为幸福教育、优势教育
- 意义
  - 让学生拥有良好的人际关系和坚毅的品质、抵抗挫折的能力，取得人生的成就，追寻生活的意义
  - 培养、发展、激励、关注人在各发展阶段拥有的与生俱来的天赋和自身的积极资源
  - 培养人的美德、力量、积极心理品质，使之拥有长久和持续的幸福

积极教育引导"三观"
- 世界观、人生观、价值观
- 教，上所施，下所效也；育，养子使作善也

家庭文化及其建设

家庭文化
- 定义：是一种客观存在的社会现象，以家庭为单位、家庭成员为主体的精神文明与物质文明的复合体，受社会政治、经济、文化、思想的制约，但又具有相对的独立性
- 表现：衣食住行用、德智体美劳等方面
- 内容：观念文化＋行为文化＋物质文化＋制度文化

三个层面
- 三层面
  - 表层文化：指物质环境，也称为"器物文化"
  - 中层文化：指家庭制度、家庭生活方式等
  - 深层文化：指凝聚家庭群体的内在情感机制，又称精神文化和心理文化，比如家庭成员的思想、情操、价值观念、爱情心理、道德心理等
- 家庭文化资本
  - 提出者：布尔迪厄
  - 定义：是指世代相传的一般文化背景、知识、性情及技能等
  - 三种形式
    - 具体形式：文化、教育、修养
    - 客观形式：文化商品（如书籍、图画、工具等）
    - 体制形式：被社会认可的学历、制度化状态的文化资本

家庭文化建设
- 父母是孩子的第一任老师：言传身教（思想、行为、处世方法、人生观、价值观）

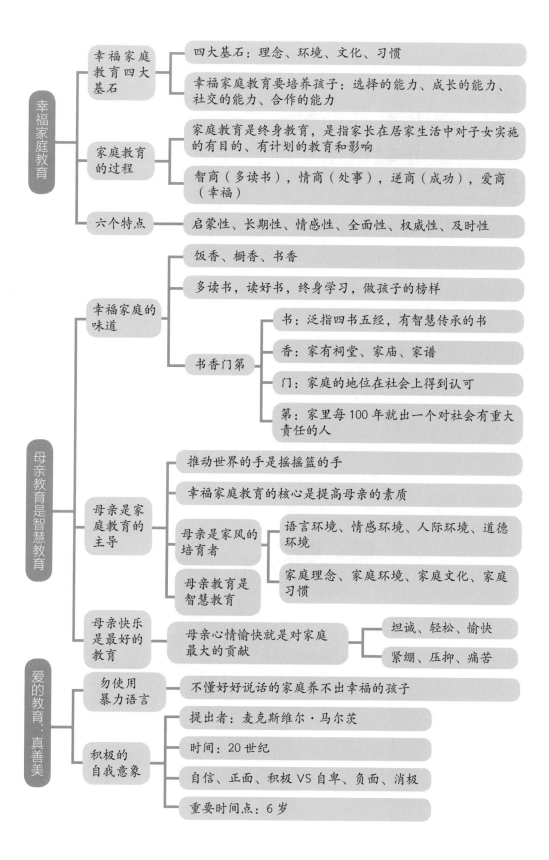

幸福家庭教育

幸福家庭教育四大基石
- 四大基石：理念、环境、文化、习惯
- 幸福家庭教育要培养孩子：选择的能力、成长的能力、社交的能力、合作的能力

家庭教育的过程
- 家庭教育是终身教育，是指家长在居家生活中对子女实施的有目的、有计划的教育和影响
- 智商（多读书），情商（处事），逆商（成功），爱商（幸福）

六个特点
- 启蒙性、长期性、情感性、全面性、权威性、及时性

母亲教育是智慧教育

幸福家庭的味道
- 饭香、橱香、书香
- 多读书，读好书，终身学习，做孩子的榜样
- 书香门第
  - 书：泛指四书五经，有智慧传承的书
  - 香：家有祠堂、家庙、家谱
  - 门：家庭的地位在社会上得到认可
  - 第：家里每100年就出一个对社会有重大责任的人

母亲是家庭教育的主导
- 推动世界的手是摇摇篮的手
- 幸福家庭教育的核心是提高母亲的素质
- 母亲是家风的培育者
  - 语言环境、情感环境、人际环境、道德环境
- 母亲教育是智慧教育
  - 家庭理念、家庭环境、家庭文化、家庭习惯

母亲快乐是最好的教育
- 母亲心情愉快就是对家庭最大的贡献
  - 坦诚、轻松、愉快
  - 紧绷、压抑、痛苦

爱的教育：真善美

勿使用暴力语言
- 不懂好好说话的家庭养不出幸福的孩子

积极的自我意象
- 提出者：麦克斯维尔·马尔茨
- 时间：20世纪
- 自信、正面、积极 VS 自卑、负面、消极
- 重要时间点：6岁

第八章 ｜ 积极教养不是赢了孩子，
而是赢得孩子。

8

积极教养

管教

第一节　积极教养的优势与意义

一、什么是积极教养

美国国际教育协会每年都会进行教育态度普查，其中有一题："你认为中小学所应努力处理的最大问题是什么？"年年名列前茅的答案都是孩子的管教问题。孩子的管教问题是每一位家长与老师最关注的问题，也在不断地困扰着家长与老师。积极教养提倡用一种既不严厉也不骄纵的教养方式来教养孩子，培养孩子的各种技能和品质，培养孩子自我管理、勇于承担责任、善于合作的精神及解决问题的能力，这对他们终身有益。

在教育孩子的时候，往往74%的家长会采取贿赂的方式，对孩子说："把药喝了，我就给你一个棒棒糖。"81%的家长会恐吓孩子："大灰狼会把不听话的小朋友叼走吃了。"65%的家长会惩罚孩子："考不了高分，就不让你看动画片。"86%的家长会吼或叱骂孩子。43%的家长会推搡孩子，让孩子快些做事。

许多家长意识到这样的教养方式不科学，但在采用温和的方法教育孩子的过程中，还是会出现各种各样的问题。例如：不断鼓励孩子，但孩子更容易放弃，遇到一点挫折就变得不自信，哭个不停；孩子喜欢待在家里，不愿意出门。出现这种情况的原因是家长没有找到最为科学的教养方法，不妨试试积极教养。

二、积极教养的五大优势

第一，积极教养可以改善家长养育孩子的方式。前文提到，父母在养育孩子的过程中往往会采用恐吓、贿赂、惩罚、斥责、推搡等错误方法，这只会起到不好的效果。积极的养育方式鼓励父母在不惩罚、不放纵的情况下管教孩子，让孩子在温和的氛围中成长。

第二，积极教养可以改善夫妻关系和家庭氛围。很多内向、敏感的孩子往往是因为原生家庭有问题才养成这种性格。混乱、动荡、紧张和抑郁的家庭氛围很难培养出一个快乐、开朗和优秀的孩子。而积极教养摒弃让家里产生不愉快的教养方法，让家庭充满秩序、宽容、理解的气氛。

第三，积极的养育方式有助于建立亲密关系，满足儿童的心理安全需求。由此，孩子在这样的教养方式下也会形成安全的依恋模式，建立安全的亲密关系。

第四，积极教养是一种稳定、易学和实用的方法。吃饭时，父母总是盯着孩子吃什么，若孩子吃的蔬菜少，父母就想办法让他们多吃。按照积极教养的方法，父母只需要多吃蔬菜，给孩子做好表率，这就是对孩子最好的教育。

第五，积极教养是教父母如何对待孩子。父母的错误之一就是向孩子提要求，而积极教养告诉父母，重要的不是让孩子做什么，而是父母要做什么、怎样做。

三、积极教养的意义

世界上没有不爱孩子的父母。父母愿意为他们的孩子埋单。教育不仅是世界上最伟大的工作，也是一项复杂的系统工程。因此，在儿童教育过程中遇到挑战和困难也是必然的结果，所以父母需要进行科学且专业的学习。

从20世纪80年代开始，至少有19项针对积极教养的研究认为积极教养在养育方面能发挥重要的作用。2019年最新发布的研究表明，相较于没有采取积极教养方式的对照组父母，采取积极教养方式的父母在对孩子行为的观察、对育儿的态度和信念及育儿行为方面都表现出积极的变化。父母采取积极教养的方式，能促使孩子健康、快乐地成长。

第二节 积极教养的独特之处、
关注点与目的

一、积极教养的独特之处

相对于传统的教养模式，积极教养有五大独特之处。

第一，积极教养重视孩子的内在需要，而不是外在行为。孩子会经历叛逆期，有了自己的主意，我们会觉得孩子不听话了，并不自觉地想要控制他。但积极教养认为孩子不必"听话"，在这一阶段，孩子的自主需求是很重要的，所以他不仅不愿意轻易地服从父母，也希望自己能做一些决定。现代著名心理学家罗伯特·斯滕伯格的研究也证明了传统观念中青少年的"叛逆期"和"失控期"未必存在，如果监护人尊重青少年日益增加的自主需求，能增加彼此的交流和理解，那么青春期可以顺利度过。

第二，积极教养重视孩子的内在优势，而不是缺陷。例如，如果孩子被诊断为多动症，成绩不好，监护人或老师也许会考虑矫正孩子的多动症。积极教养则更重视孩子有什么内在的资源。如果孩子坐不住，那么他喜欢站着做什么呢？这有可能成为孩子未来发展的方向吗？

第三，积极教养重视如何解决问题，而不是问题本身。只要我们还是正常人，就不可能完全避免问题，积极教养始终关心如何促进孩子成长。例如，如果一个孩子有迟到的坏习惯，教育者可能会想教训他或惩罚他，让他当众承诺不再迟到，这种做法会伤害孩子的自尊。采用积极教养方式的父母会想办法帮助孩子下次不要迟到，孩子感受到了尊重与善意，并且多了很多具体的方法，问题再次发生的概率大大降低。

第四，积极教养注重培养孩子的内在动机和自我管理能力。心理学研究表明，行为的直接驱动力是动机，而积极教养不提倡养育者过度保护自己的孩子，以免让孩子失去学习的机会。孩子只有自己探索，才能充分发挥内在动机。

第五，始终用成长型思维看待孩子，与孩子一起成长。孩子的智力、个性、专注力、情绪调节能力、行为习惯等是固定不变的，还是可以改变的？如果你觉得它们是固定不变的，那么你就是用固定型思维看待孩子；如果你觉得可以提高，那就是用成长型思维看待孩子。养育者要用发展的眼光看待孩子，孩子的一些行为表现都是可以通过养育者的引导而加以改善的。

二、积极教养的关注点

积极教养重视培养孩子乐观的心态、充满希望的信仰以及积极成长的心态。

首先，所有的父母都希望孩子是乐观的。拥有乐观的心态对一个人有很多好处，乐观的心态有益于身体健康，并且有研究表明乐观的人在学业或事业上取得的成就会更高。积极教养非常重视培养孩子的乐观心态，主张家长为孩子树立榜样，教育孩子以乐观的态度看待事物。若父母只是单纯教导孩子要乐观积极，那是没有作用的，最重要的是父母要乐观，这样孩子才能更深刻地体会到乐观的心态。另外，平时孩子做错事的时候，不要直接否定，也不要随意给他贴标签，而应该用积极、恰当的评价帮助孩子解决当前的问题，这样孩子会从父母对他的评价中学习看事情的角度。此外，父母还要创造机会，让孩子有成功的高峰体验。如果一个人持续做事都很成功，那他的自我效能感会很高，会帮助他形成积极乐观的心态。

其次，希望是生命中最重要的驱动力。它为人类提供了目的地和行动的能量。根据积极心理学家查尔斯·理查德·斯奈德的希望理论，充满希望的人比不抱希望的人能取得更多的成就，并且在身心上更健康。积极教养希望父母能够培养自己及孩子用以目标为导向的方式对待生活。父母要帮助孩子确立生活中的小目标与大目标，并找到实现这些目标的可行途径。在孩子遇到挫折的时候，帮助孩子渡过难关，鼓励孩子坚持不懈。

最后，父母要始终保持积极成长的心态，也要教育孩子保持积极成长的心态。心态塑造了我们看待和诠释周遭世界的最底层的方式，决定了我们是谁、我们是如何生活的，进而决定了我们看待世界的方式，驱使我们进行思考、学习和行动。最终，我们的思考和行动又会决定我们在生活和工作方面取得的成功。成长型心态的人相信自己完全可以改变自身，重视学习和成长，会以积极的心态看待失败和努力。在生活中，有成长意识的人会把"遇到挫折需要努力"等同于"我正在努力变得更好"。不难想象，在职业、生活和选择方面，如果父母以成长型心态看待孩子，重视培养孩子的积极成长心态，那么孩子的人生会充满希望。

三、积极教养的目的

积极教养有三个目的，即培养孩子学会生存和幸福的能力，培植孩子的品格与品质，提高孩子的学业成绩。

第一，培养孩子学会生存和幸福的能力。生活中的生存与幸福的能力主要有选择的能力、成长的能力、社交的能力以及合作的能力。父母需要从小培养孩子自我选择的能力，当孩子们有机会自己选择时，就会感受到自己的力量，这样在今后的人生中就可以很好地对朋友、爱情和工作做出自我选择。父母需要培养孩子积极地看待自我成长，要让孩子相信自己完全可以变得更好。这样一来，孩子在遇到挫折、不幸、竞争的时候，就知道该如何积极面对，如何自我成长。父母需要培养孩子的交往能力，社交能力的高低决定孩子能否顺利地融入社会，决定孩子是否能从与人交往中获得支持、喜悦、幸福。因此，父母在孩子很小的时候就要培养孩子和他人真诚交流，且在交往中始终保持自信的能力。此外，孩子长大后会逐渐发展独立意识，出现竞争心理。父母必须在孩子的合作意识出现的萌芽时期，引导孩子形成正确的合作观。

第二，培植孩子的品格和品质。一直以来，人们更关注智商和情商对孩子成长的影响，很大程度上忽略了对人格特质和积极天性的保护与培养。近年来，越来越多的研究发现，引导孩子过上幸福生活的关键因素是品格优势，而积极教养正是点亮孩子品格优势的一盏明灯。品格优势能让孩子感知幸福，亲近社会，充分发挥自身优势，激发终身学习的动力。

第三，提高孩子的学业成绩。人们普遍认为，学校制定各种纪律规定，教师严厉地教导学生，都是为了让学生取得优异的学习成绩。但是，研究表明，如果孩子没有形成良好的社会情感技能，就会出现学习困难和纪律问题。积极教养并不回避学业成绩，而是认为如果能够培养孩子良好的社会情感技能，培植孩子各种优秀的品格，那么学业成绩的提高是水到渠成的事情。家长应该把注意力放在孩子内心的培养上，而不应事事以学习成绩为着眼点。

第三节 三种教养模式

一、惩罚式教养

　　父母是孩子的第一任老师，任何教育者的角色都无法取代他们。父母的早期教育为孩子们塑造了身体发育、知识积累、个性形成、社会交往、人生观和价值观确立等方面的基本雏形。目前，大多数父母仍然使用严厉（过度控制）的惩罚式教养模式，即父母要孩子怎么做，孩子就得怎么做。

　　惩罚式教养与专制型父母相对应，他们普遍表现为"高要求、低反应"。惩罚式教养的父母会用自己的标准要求孩子，对孩子缺乏爱心、热情、关心，做不到及时有效地表扬和鼓励孩子。这种父母不能接受孩子的反馈，反而要求孩子无条件地服从父母。心理学家鲍姆林德进行了10年的研究，研究结果发现，专制型父母教养出的孩子发展平平，并且，在这种教养方式下，孩子容易形成抗拒、自卑、焦虑、怯懦等不良人格特征。例如，有些孩子面对这种不公平，会变得不相信父母，产生报复父母的情绪，进而会和父母对着干，以证明自己不是必须按父母的要求做。有些孩子则会产生退缩情绪，做什么事情都偷偷摸摸的，生怕让家长发现错误，进而产生自卑心理。此外，这样的孩子将缺少独立思考能力，犹豫不决，容易产生抑郁和焦虑等不良情绪，缺乏学习灵活性。

二、望子成龙式教养

望子成龙式父母真的很爱自己的孩子，但是他们不知道如何给孩子制定规则，所以成了"高应答、低要求"的父母。根据鲍姆林德的研究结果，望子成龙式父母教养的男孩与女孩的认知能力都普遍低下，而女孩的社会能力也会较为低下。望子成龙式父母给予孩子非理性的爱，会无条件地答应孩子的要求。在溺爱的环境中长大的孩子没有责任感，也容易有强烈的依赖心理。他们只考虑自己的感受，不顾及别人的心情。这些孩子未来会更加依赖、冲动、任性、幼稚、自私，对工作没有恒心，没有忍耐力。长大成人后，当父母无法再满足他们的欲望的时候，他们有可能对父母做出伤害性行为。

三、积极教养

采用正面管教、积极教养方式的父母有明确且合理的要求，和善和坚定是相辅相成的，有权威，有规则。积极教养为孩子设定特定的行为目标，适当限制孩子的不合理行为，并促使孩子实现自己的目标。同时，这样的父母能够主动照顾孩子，耐心倾听孩子的故事，鼓励孩子成长。在父母理性、民主、爱、耐心的教育下，孩子逐渐形成自信、合作、独立、积极、乐观等良好的个性品质。

积极教养强调让儿童感觉到自己的价值，能为儿童提供宝贵的社交经验和重要技能，能够长期有效地促进儿童的良好性格。积极教养更加强调和善和坚定，但许多家长和老师似乎不太理解这一概念。和善或坚定不是生死攸关的问题，却可以决定我们管教孩子的成败。和善可以补偿因过于坚定而产生的所有问题（叛逆、反抗、自尊受挫等），而坚定可以补偿因过于和善而产生的所有问题（任性、自私等）。

若父母以和善而坚定的态度解决亲子之间的矛盾，当孩子们感到被理解时，他们就会愿意倾听父母的观点，并试图找到解决问题的办法。有四个步骤可以创造一个让孩子愿意倾听和合作的氛围。首先是表达对孩子的行为和心理的理解，但一定要确保你的理解正确。其次是表达对孩子的同情。同情并不意味着你原谅孩子的行为，只意味着你理解孩子的感受。在这一点上，如果告诉孩子你有类似的感觉或行为，效果会更好。再次是告诉孩子对于这件事你自己的感受。如果你友善地迈出前两步，你的孩子此时就会好好听你说话。最后是让孩子专注于解决问题。先询问孩子他认为如何避免这样的问题再出现，孩子如果不知道，你可以提出建议，直到你和孩子能够达成共识。

第四节　家庭文化编码

一、家庭文化编码概述

英国教育社会学家巴兹尔·伯恩斯坦毕生致力于探索家庭和学校教育与政治经济学之间的关系。语言编码理论是其教育理论的重要组成部分，伯恩斯坦将符号定义为是默认获取的，必须在家庭中进行。家庭是儿童语言最初发展的地方，家庭社会关系的形式影响儿童特定语言的发展。因此符号理论首先探讨家庭语言符码。伯恩斯坦相信家庭语言符码包括语意类型、沟通脉络等各个范畴的要素，并对其加以整合，使其成为我们看得见的沟通互动和表达意义的形式。虽然符码对于选择和统整要素具有调控作用，但并不意味着这些要素可以机械、僵硬地整合在一起。

儿童的语言形式体现了其早期家庭生活中的状态与语言编码，生活在不同家庭背景中的儿童将形成自己独特的家庭文化编码。受到良好家庭文化影响的孩子，他们的语言体系优美、复杂。家庭文化程度不高的孩子，说出的句子简短，不符合逻辑。

二、看图说话实验

伯恩斯坦为此进行了"看图说话"实验，实验找了两组人，一组是中产阶级家庭的孩子，另一组则是工人阶级家庭的孩子。研究者让这两组家庭的孩子看四幅图片，并试着讲述一个完整的故事。第一张照片是几个孩子在踢足球，第二张照片是足球打破了玻璃，第三张照片是一名妇女拿着足球，第四张照片是孩子手里拿着足球离开了。结果表明，语篇中存在着阶层差异。中产阶层家庭的孩子会说："我们几个人在一起踢足球，但不小心打碎了一家人的玻璃。女主人出来查看时，我们急忙跑过去向女主人道歉，并表示愿意赔偿损失。女主人接受了我们的道歉，并把球还给了我们，我们带着球愉快地回家了。"工人阶层家庭的孩子会说："我们在踢足球，玻璃碎了，女人骂了我们，我们也骂了她。我们把球偷了回来，之后就回家了。"

三、精密语码与限定语码

　　从伯恩斯坦的实验中可以发现，对于不同阶层的家庭，孩子的语言编码是不同的。伯恩斯坦区分了家庭语言的两种语码取向——精密语码和限定语码。中产阶层家庭的孩子的语言是精密语码，使用高级语法和流畅的句子，具有民主性和宽容性，表现为逻辑性高，语法复杂，语言优美，文学性高。工人阶层家庭的孩子的语言是一种限定语码，语言缺乏逻辑、修养、文学性。

　　具体来说，说话者的集体经验越丰富，越依赖分享的背景，就越能从经济角度传递复杂的信息。在这种情况下，语句倾向简约而范围缩小，由说话者的共同背景就可以理解语意，表达的流畅性比较好。这种语言形式很容易出现在强调社会成员的相同生活方式和相似思维方式的社会群体中，伯恩斯坦称这种语言形式为限定语码。当说话人之间的社会整合关系发生变化时，语言形式也会发生变化。说话者的集体性减弱，共享经验减少，在交际中，语义不再是通过集体语境来理解，而是从说话人自身的动机和意图中理解。在这种情况下，说话者必须选择较多的词语，运用复杂而精致的语法，说明个人动机与意图，伯恩斯坦称这种语言形式为精密语码。

从社会化的角度来看，伯恩斯坦的社会语言编码理论认为，当一个孩子习惯于某种形式的言语，或学习了规范其言语活动的精密语码或限定语码时，意味着他也获得了特定符号所要求的社会关系，以及社会自我在群体中的角色和身份。因此，每当孩子说话或倾听时，他内心的社会结构就会得到加强，他的社会身份就会形成。家庭作为儿童语言社会化的初始单位，其社会关系的形式是限定代码或精密代码。一般来说，孩子的思维方式取决于家庭文化，思维方式奠定了语言系统，语言系统决定了孩子的学业成绩。

第五节　积极教养的三项技能

一、同理心的沟通技能

人与人之间的沟通是人类生存的本能需求，由于相处环境、沟通媒介、沟通对象以及自身因素等各种因素的影响，人与人之间的沟通显得千变万化，错综复杂。在沟通中沟通者自身有没有充满同理心地去分析问题是决定沟通质量的重要因素。同理心是站在另一个人的角度体验世界，涉及观点采择原则，也就是说，试图采纳另一个人的观点。将自己置换成对方的角色，在那一刻你会把自己的意见放在一边，试着理解对方，感受他们的悲伤、喜悦、恐惧等。

同理心的沟通技能包括表达尊重、移情、倾听能力和情绪自控。它是一个整合他人感受，理解和感知他人的思想、感受、经验和条件的过程。沟通是倾听的艺术，善于运用同理心是沟通者与当事人增加亲密度、赢得信任的重要能力。家庭教育中避免不了需要与孩子进行沟通，如果父母都能利用同理心的沟通技能，就能与孩子进行良好沟通。父母应该利用同理心去体会孩子的处境和孩子内心的冲突、欲望、恐惧等，真正进入孩子的主观世界，体会他的感受，分享他的快乐，分享他的痛苦，真正理解他。

二、有效的肢体表达技能

沟通专家的研究表明，文字语言在沟通里只占了7%，也就是只起到了7%的效果，55%是肢体语言，38%是声调。可是我们只做了7%的工作，却想取得100%的成果，这样的沟通一定是不奏效的。很多父母采用说教的方式，而富有智慧的父母采用有支持力的沟通方式，尤其是肢体语言。肢体语言沟通主要有以下三招。

一，点头。在平时的教育过程中，父母应该多对孩子的良好行为点头，表示赞同和欣赏。被肯定长大的孩子和被否定长大的孩子，他们内心的力量是不一样的。一个总是被肯定、赞赏的孩子在面对困难与挫折的时候会充满力量，而被否定的孩子就不那么自信，没有高价值感。

二，微笑。举个例子，孩子在学校得了奖，或是在操场上帮助了朋友，您就可以给孩子一个大大的微笑，或是向孩子竖起大拇指，并说出鼓励的语言。

三，倾听。孩子们通常不相信成年人真的会听他们的话并认真对待他们，他们需要一些时间来适应，当孩子们被倾听并被认真对待，而且他们的想法被认可的时候，孩子们会受到鼓舞，也增强了主人翁意识。

三、积极语言的鼓励技能

积极语言可以激发自己或他人的积极情绪，促使个体关注美好的生活，促进美德、良好品质的形成，有助于构建积极的人际关系。只有积极语言才能产生有效沟通，其核心是说出别人想听的内容。20世纪80年代里根和布什曾先后邀请一位小学教师担任联邦政府教育部长，但她都拒绝了，而是选择继续坚守在一手创办的学校中。她就是马文·柯林斯，是世界上最伟大的教师之一，马文·柯林斯有独特的教育方式，包括如何培养孩子的自信，并通过表扬和鼓励释放他们无限的潜力。

马文·柯林斯在1975年9月8日尝试开办了家庭学校。最初学校只有从二年级到四年级的四个学生，其中一个是她的小女儿。最初几年，来这所学校的孩子在其他学校被认定是问题少年，因走投无路才来这里。这些孩子有一个共同点，就是感觉自己是一个失败者。马文·柯林斯做的第一件事就是撕去他们身上各式各样的标签，如"学习能力低下""发育迟缓"。马文·柯林斯对每一个孩子都很有耐心，她指导他们学会积极地面对生活。比如说在开学第一天，没有威胁，没有警告，没有条条框框，有的是马文·柯林斯坚定的誓言："我就是来这里帮助你们的。"接着，她帮学生建立信心，说："孩子们，我们现在要做的就是相信自己。"马文·柯林斯认为最重要的是让孩子学会相信自己，相信自己是世界上独一无二的存在，相信自己的能力，习得自尊。

马文·柯林斯总结出了积极学习法。当马文·柯林斯的学生不遵守规则时，她的惩罚是让他们写100个理由来解释为什么他们有足够的能力做到这一点，并按字母顺序排列。比如：我很聪明，我很特别；我很可爱，我很勇敢，我很有力量；我很兴奋，我很厉害；我很棒，我无与伦比；我很热情，我很可爱，我很重要；我从不调皮，我很漂亮，我很勇敢。

马文·柯林斯的学生一开始都存在各种"问题"，但在她看来，没有失败的学生，只有失败的教育。她的勇气、信念、毅力和奉献精神帮助她的学生发生了翻天覆地的改变。一群没有自信、被大家认为注定要失败的孩子从根本上改变了学习态度，取得了很高的学习成绩和惊人的成功。

每位父母都肩负教育责任，古有择邻而居、孟母三迁的故事，在现代社会也不例外，孩子教育的失败是任何事业的成功都无法弥补的，父母需要全心全意地为孩子的教育付出。投入并不仅仅指金钱，而是包括付出、教育、习惯养成、亲子陪伴等综合心理力量的投入。一个孩子的成长，既离不开老师与学校的"教书"，也离不开父母与家庭的"育人"。孩子的教育只有一次，无法撤回，也无法重来，希望父母多点时间陪伴孩子。

小结

　　积极教养不是赢了孩子，而是赢得孩子。

自我分析

　　1. 在家庭教育中，你面对过怎样的挑战？

　　2. 目前，你是赢了孩子，还是赢得孩子？

推荐阅读

　　《正面管教》（美）简·尼尔森

　　《伯恩斯情绪疗法》（美）大卫·伯恩斯

　　《教出乐观的孩子》（美）马丁·塞利格曼

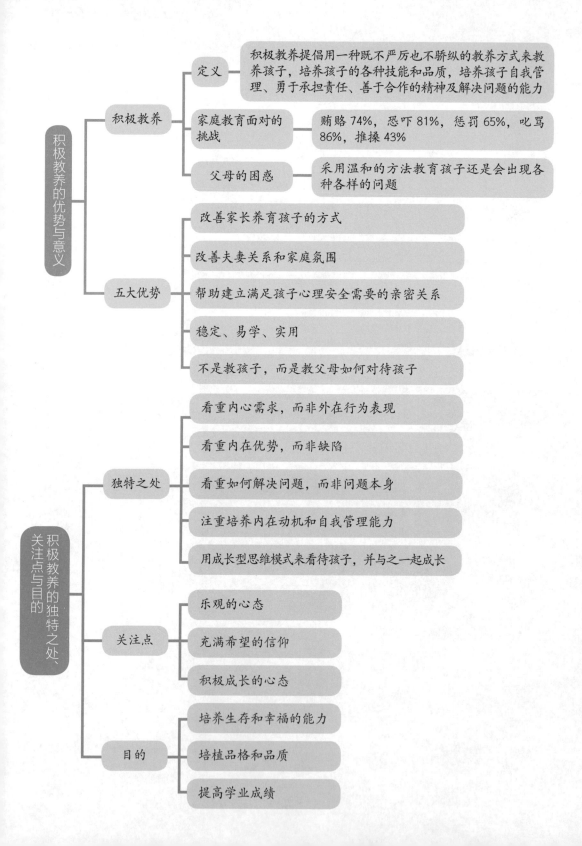

积极教养的优势与意义

积极教养
- 定义　积极教养提倡用一种既不严厉也不骄纵的教养方式来教养孩子，培养孩子的各种技能和品质，培养孩子自我管理、勇于承担责任、善于合作的精神及解决问题的能力
- 家庭教育面对的挑战　贿赂 74%，恐吓 81%，惩罚 65%，叱骂 86%，推搡 43%
- 父母的困惑　采用温和的方法教育孩子还是会出现各种各样的问题

五大优势
- 改善家长养育孩子的方式
- 改善夫妻关系和家庭氛围
- 帮助建立满足孩子心理安全需要的亲密关系
- 稳定、易学、实用
- 不是教孩子，而是教父母如何对待孩子

积极教养的独特之处、关注点与目的

独特之处
- 看重内心需求，而非外在行为表现
- 看重内在优势，而非缺陷
- 看重如何解决问题，而非问题本身
- 注重培养内在动机和自我管理能力
- 用成长型思维模式来看待孩子，并与之一起成长

关注点
- 乐观的心态
- 充满希望的信仰
- 积极成长的心态

目的
- 培养生存和幸福的能力
- 培植品格和品质
- 提高学业成绩

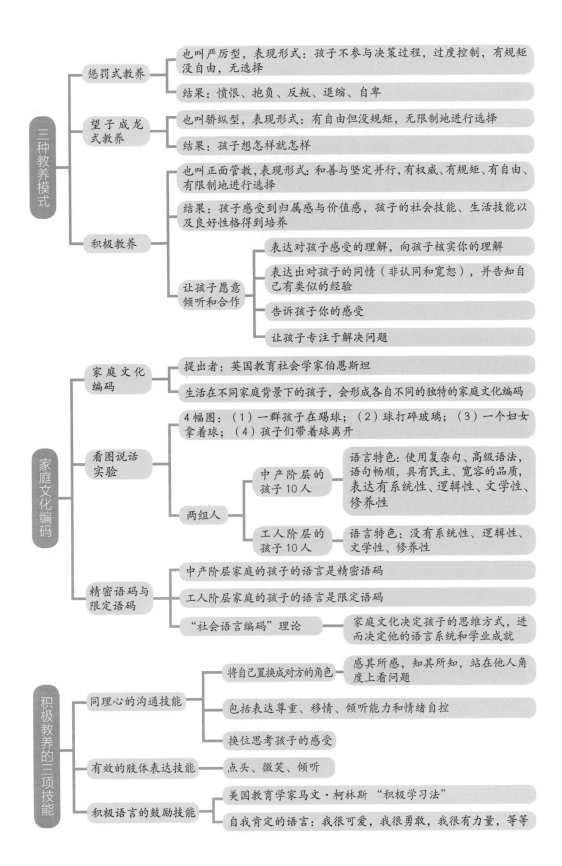

三种教养模式
- 惩罚式教养
  - 也叫严厉型，表现形式：孩子不参与决策过程，过度控制，有规矩没自由，无选择
  - 结果：愤恨、抱负、反叛、退缩、自卑
- 望子成龙式教养
  - 也叫骄纵型，表现形式：有自由但没规矩，无限制地进行选择
  - 结果：孩子想怎样就怎样
- 积极教养
  - 也叫正面管教，表现形式：和善与坚定并行，有权威、有规矩、有自由、有限制地进行选择
  - 结果：孩子感受到归属感与价值感，孩子的社会技能、生活技能以及良好性格得到培养
  - 让孩子愿意倾听和合作
    - 表达对孩子感受的理解，向孩子核实你的理解
    - 表达出对孩子的同情（非认同和宽恕），并告知自己有类似的经验
    - 告诉孩子你的感受
    - 让孩子专注于解决问题

家庭文化编码
- 家庭文化编码
  - 提出者：英国教育社会学家伯恩斯坦
  - 生活在不同家庭背景下的孩子，会形成各自不同的独特的家庭文化编码
- 看图说话实验
  - 4幅图：（1）一群孩子在踢球；（2）球打碎玻璃；（3）一个妇女拿着球；（4）孩子们带着球离开
  - 两组人
    - 中产阶层的孩子10人
      - 语言特色：使用复杂句、高级语法，语句畅顺，具有民主、宽容的品质，表达有系统性、逻辑性、文学性、修养性
    - 工人阶层的孩子10人
      - 语言特色：没有系统性、逻辑性、文学性、修养性
- 精密语码与限定语码
  - 中产阶层家庭的孩子的语言是精密语码
  - 工人阶层家庭的孩子的语言是限定语码
  - "社会语言编码"理论
    - 家庭文化决定孩子的思维方式，进而决定他的语言系统和学业成就

积极教养的三项技能
- 同理心的沟通技能
  - 将自己置换成对方的角色
    - 感其所感，知其所知，站在他人角度上看问题
  - 包括表达尊重、移情、倾听能力和情绪自控
  - 换位思考孩子的感受
- 有效的肢体表达技能
  - 点头、微笑、倾听
- 积极语言的鼓励技能
  - 美国教育学家马文·柯林斯"积极学习法"
  - 自我肯定的语言：我很可爱，我很勇敢，我很有力量，等等

第九章

天天想，心里想；
天天做，付诸行动。

9

积极习惯
自律

第一节 积极习惯及启蒙教育

一、什么是习惯

习惯是指一个人以规律、重复的方式做事的行为方式（《韦氏词典》）。根据《现代汉语词典》中的定义，习惯是指在长时期里逐渐养成的、一时不容易改变的行为、倾向或社会风尚。习惯形成之后，很难改变，而一旦被破坏，个体就会不适应。

杜克大学的研究表明，45%的行为来自习惯。事实上，习惯远比这45%的比例所代表的意义更重要，因为习惯是重复的行为，而且大多数习惯每天都在重复。从长远来看，这种重复的行为会带来很多好处或无尽的伤害。积极习惯，俗称好习惯，是能给人们带来积极力量的行为，积极习惯既有益于自己，也有益于他人，还有益于社会。因此，从小培养孩子的积极习惯对于孩子一生的发展至关重要。

二、启蒙教育培养孩子习惯

幼儿阶段是大脑发育的关键时期。俗话说："三岁看大，七岁看老。"这是有一定的科学依据的，人类大脑神经的发展具有阶段性特点，并不是贯穿一生地持续发展。日本有研究表明，人的大多数大脑神经回路在三岁时就建立起了稳定的连接，后期很难改变。中国科学家认为，婴儿出生时大脑重量为390克，三岁是人脑的一个重要转折点，大脑重量已经达到1 011克，是成人大脑重量的78%。基于脑科学的证据可以看出，儿童时期的大脑已基本成型，很多随之而来的行为习惯也会基本定型，培养好的习惯应该越早越好。

韩国一项研究发现，个人生活习惯和智力在三岁时形成了50%，六岁时达到了80%，其余20%在20岁时逐渐形成。童年时期是培养孩子的积极习惯，使孩子将来能够成才的黄金阶段。孩子在小的时候，一切都未定性，有很强的可塑性。父母是孩子的启蒙老师，对于孩子习惯的培养也具有奠定性作用。孩子是父母的翻版，孩子小时候模仿父母的说话方式、走路方式和表情。孩子长大后，会受到父母的思想、行为、人生观、价值观等的影响。孩子将来成为什么样的人，与孩子的父母是怎样的人及孩子在早期成长的过程中接受怎样的家庭教育有很大关系。

英国一项研究在200年期间对两个家族进行调查。一个是共有1 394人的爱德华兹家族，其中有大学教授100名，律师70名，大学校长14名，医生60名，法官30名，副总统1名……另一个是共有903人的马克·尤克斯家族，其中有流氓310个，酒鬼100个，囚犯130人、妓女190人……有人惊讶于怎么会有这么大的差别，其中关键的因素就在于父母的影响。

"言教不如身教，身教不如境教"这句话强调了以父母作为学习典范的重要性，同时也指出，父母这面镜子是否"优秀"，就决定了镜子前面的孩子的品性。孩子小的时候由于缺乏判断能力，对于父母的一切习惯与做法都会进行模仿。孩子的心就像一块土壤，并且非常奇妙。如果父母或其他教养者播种下良好思想的种子，就会收获丰硕的行为的果实；如果播种下良好行为的种子，就会收获习惯的果实；如果父母给孩子撒下去的是坏习惯的种子，那么就不能奢望孩子能有积极的好习惯。父母能否在孩子的童年阶段通过自己的言传身教帮助孩子养成好的习惯，将影响孩子的一生。

三、狼孩的习惯能改变吗

狼孩卡玛拉的故事说明了幼儿时期的习惯一旦养成，则很难改变。在距今100年前的印度，村民在一个狼窝里发现了两个女孩，小的约2岁，大的约8岁，她们的外形和狼非常相似。人们把她们救回了村子里，小女孩不久就病死了，大女孩活了下来，村民叫她卡玛拉。卡玛拉最初改变不了狼的习惯，会像狼一样用四肢爬行，吃扔在地上的肉，不盖被子，却喜欢和狗亲近，蜷缩在角落。卡玛拉害怕见到光、火、水，她从来不洗澡。卡玛拉白天睡觉，晚上出动，经常发出狼般的号哭。过了一年，人们无法改变卡玛拉，就把她送到了孤儿院。但是，她的生活习惯依然很难改变。她在两年后学会了两脚站立，在四年之后学会了直立行走，但快速跑时仍然用四肢。经过近十年的教育，17岁时，她学会了正常的作息，如喝水用杯子，吃饭用手等，然而，卡玛拉的智力还停留在4岁。最终，她还是无法改变狼的生活习惯，无法适应人类的生活方式，不久就病死了。

由于缺乏早期良好的教育启蒙，卡玛拉养成了狼的习惯，即使后期再努力改变，也始终改变不了早期根深蒂固的行为习惯。童年启蒙教育对孩子一生的发展十分重要，父母的观念、行为的影响就是孩子的起跑线。

第二节　学前教育培养好习惯

一、幼儿园培养的好习惯

1978年，诺贝尔物理学奖得主卡皮察被一位记者提问："您一生中最重要的能力是在哪里学到的？"卡皮察平静地回答说："既不是在实验室，也不是在大学，而是在幼儿园。"记者好奇地问："为什么？在幼儿园您学到了什么能力？"

卡皮察继续答道："在幼儿园里，我学到了最重要的东西——分享、整齐、清洁、道歉、休息、思考、观察。比如，把自己的东西分享给小伙伴们，不是自己的东西不要拿，东西要放整齐，饭前要洗手，午饭后要休息，做了错事要表示歉意，答应小朋友或别人的事要做到，要多思考，仔细观察大自然。我认为，我学到的东西就是这些。"

从这位诺贝尔奖获得者的话中可以看出，人从小养成良好的习惯是至关重要的，比如有礼貌、知道进退、理解与合作。教育家叶圣陶曾说教育就是养成良好的习惯。培根也曾把习惯比喻为一种顽强的力量，它支配人们的生活。所有的天性和承诺都不如习惯强大。3~6岁是智力发展最快的时期，这一时期形成的习惯和性格会对人们产生终身影响。幼儿园的教育为孩子奠定了一生的基础。

二、习得性无助

在极少数动物园里，我们可能会看到一根柱子、一条细铁链拴着一头一吨重的大象。当大象还是小象时，驯象师用铁链把大象拴在柱子上，不管它如何挣扎都无法挣脱。小象渐渐地习惯了不再挣扎，当小象变成了一头大象时，它其实可以很容易地挣脱链子，但由于习惯了，它便不再挣扎。小象被链子拴着，而大象被习惯拴着。

大象不再挣扎，放弃抵抗，心理学称之为习得性无助。美国心理学家马丁·塞利格曼在1967年研究动物时提出了习得性无助的概念。实验者把狗锁在笼子里，蜂鸣器一响，就施加电击。狗试图逃出笼子，但无奈逃不出去，因此就要遭受电击。多次实验后，实验者改变了策略。在蜂鸣器响之前，实验者会先打开笼子门，然后再施加电击。然而，狗却不再挣扎着逃走，而是倒在地上呻吟和颤抖，直到真的触电。这只狗本可以逃跑，却在经历了一次次失败之后不再挣扎，这就是习得性无助。当一个人试图做一件事，但屡屡失败之后，他可能就会停止尝试。如果这种情况发生得太频繁，这个人会将这种感觉推广到所有情况，而这就是习惯带来的顽固而强大的力量。

好习惯使人终身受益，坏习惯使人终身困扰。长期的不良行为往往会导致思维惯性，并将我们的思想和行为联系起来。幼儿时期的习惯将伴随着孩子的一生，如果在幼儿时期养成了坏习惯，那么孩子一生都将与之痛苦地进行对抗，有的甚至直接放弃挣扎。

三、帮助孩子建立好习惯

父母送给孩子最好的礼物除了健康的身体外，便是在孩子幼儿时期帮助孩子养成一些一生受益的好习惯。这些一生受益的习惯主要有规则意识、良好的心态、心理健康、良好的品德等。

第一，规则意识。对孩子来说，规则就是界限，就是什么事情可以做，什么事情不可以做。家长要给孩子明确什么事情是好事，可以做，什么事情是坚决不能做的，并且坚持执行。一个建立了规则意识的孩子能判断是非善恶，自发地建立良好的秩序与和谐的氛围。

第二，良好的心态。乐观是幸福的基础，它可以将我们所有的积极能量调动出来。良好的心态和性格其实是从小一步步培养而成的，例如乐观、有韧性、坚强等。这些良好的心态与性格都会在孩子遇到困难时帮助他攻克难关，勇往直前。

第三，心理健康。身体健康固然重要，但心理健康也同样不可或缺。良好的心理状态包括可以信任别人、有安全感等，这些最早都是通过亲情所产生的。如果孩子在与父母的互动中能够建立对他人的信任，那么孩子未来能与他人顺利合作。

第四，良好的品德。当孩子还在摇篮里时，我们就要在孩子的心中播下道德的种子。父母在平日要教导孩子礼貌待人，有责任心，对他人有爱心等。

第三节 习惯的力量：日拱一卒

一、日拱一卒：实现长远目标

养成良好习惯甚至实现长远目标的关键不在于实现目标的雄心有多大，而在于你真的有决心和行动每天朝着目标前进。无论是意外还是混乱的障碍，你有"日拱一卒"吗？中国象棋中有言："宁可十年不将军，不可一日不拱卒。"日拱一卒中的"卒"是象棋中的兵，兵在象棋规则里每次只能走一格，所以用来形容速度很慢。每天在一个目标的基础上坚持，每天走一步，哪怕只是很小的一步，只要坚持，就能养成好习惯。

在1911年12月之前，世界上还没有人到达过南极，当时，有两支参赛队伍想要完成这项计划，一支是来自挪威的阿蒙森队，另一支是来自英国的斯科特队。他们开始的时间差不多，但最终的结果大不相同：一支队伍全军覆没，另一支队伍成功抵达。造成这一截然不同的结果的一个关键原因是，成功抵达的团队每天坚持移动30公里左右，而不管天气如何。另一个团队则很随意，天气好的时候，他们就走很远，天气不好时，就睡在帐篷里，等待天气好转，然后再继续前进。1912年1月25日，这支每天向前移动30公里的阿蒙森队全部返回营地，成了历史上第一个成功到达南极并返回的团队。拥有日拱一卒精神的人才有可能在平时的生活里逐步养成良好习惯，获得自己内心的稳定性。

二、专注：1万小时定律

马尔科姆·格拉德威尔在《异类》一书中指出，一个人之所以是天才，不是因为他才华横溢，而是因为他不断地努力，1万小时的锤炼是任何人成为世界级大师的必经之路。英国神经科学家丹尼尔·莱维廷也认同人脑需要长时间才能理解和吸收知识或技能，顶尖级的棋手、音乐家和运动员等都需要1万小时才能让一项技艺至臻完善。

格拉德威尔认为，1万小时定律的关键是1万小时是最低要求，没有人能在3 000小时内达到世界级水平；7 500小时也是不够的，必须达到1万小时——10年，每天至少3小时。由此可见，坚持不懈是培养行为和技能、迈向成功的主要途径。

三、21天效应

美国心理学家威廉·詹姆斯通过研究发现，养成或改变一种习惯或许只需21天。在心理学中，21天效应用来形容一个人的新习惯或想法形成和巩固的最少天数。换句话说，一个人的行为或想法重复21天，就会变成习惯。但实验也证明，仅仅给人们21天的时间来养成习惯是不够的。

伦敦大学学院的专家菲利帕·佩里进行了这样一组实验：要求96名被试每天坚持进行一次运动，例如100次仰卧起坐、70次俯卧撑和半小时的跑步，持续时间超过21天的4倍。按照21天形成习惯的原理，他们应该已经实现了自动化。但真相是什么？事实上，大多数人在第66天才能养成每天做运动的习惯；一小部分人花了84天还没有成功。人们养成新习惯平均需要66天。此外，不同的人养成新习惯的时间不同，从18天到254天不等。因此，21天并不足以养成一种习惯。

习惯的形成过程可以分为三个阶段。第一阶段为懵懂期，1～7

天。这一阶段的特点是"故意和不自然"，需要提醒自己。例如，需要设置一个闹钟，写一张便条来鼓励和提醒自己。第二阶段为沉思期，7～21天。这一阶段的特点是"故意和自然"，也需要有意识的控制，虽然你仍然需要提醒自己，但这更自然。然而，如果你不注意，就会回到过去。第三阶段为准备期，21～90天。特点是"不故意和自然"，是没有意识的控制。在这个时候，习惯形成了。一旦进入这个阶段，一个人就完成了自我转化，这个习惯已经成为他生活中的有机组成部分，当然也将一直"服务"于他。

好习惯是需要靠持之以恒的坚持与重复来培养与巩固的。

首先，要按照三个阶段的特点进行改变。在第一个阶段要靠自己或外界力量时刻提醒自己；第二阶段要提防半途而废、前功尽弃，时刻鼓励自己；第三个阶段要有恒心，把习惯坚持下去，让习惯成为"自然"。

其次，在养成习惯的过程中要有耐心。以往人们认为新理念、新习惯的形成需要21天，但根据具体要培养的习惯的难易不同，可能需要远不止21天。佩里的实验就发现，要养成早餐后喝一杯水的习惯大约需要20天，养成午餐时吃一片水果的习惯大约需要40天。运动习惯是最难养成的，84天后很多人仍然没有养成运动习惯。

最后，习惯需要不断地重复与练习。习惯包括行为习惯、身体习惯、思考习惯，将这些习惯演化成能力与兴趣都不是一朝一夕的事情，在不停的练习中，这些习惯才会内化成自身的一部分，发挥良好的作用。

第四节 微习惯：幸福力成长

一、天天想，天天做，天天练

有专家建议每天做以下五件事情，能够帮助我们提升幸福力。

第一，每天锻炼30分钟，让自己更健康。有研究表明，运动有各方面的好处，例如，运动可以促进骨骼生长，加快新陈代谢，提高肺活量，改善心肺功能，增加肌肉含量，还可以改善记忆力和反应能力。同时，运动也能给人带来快乐，减轻压力，缓解焦虑与紧张。

第二，每天做开心的事情3分钟，让自己心情愉悦。积极情绪对身心健康十分重要，积极情绪可以改善人体功能，激发人们的动力，激励人们努力工作。而且，积极情绪有助于智力的发展，也是人健康长寿的重要因素。

第三，每天看书30分钟，丰富自己的知识。赫尔茨在1999年提出了"用进废退"理论，该理论认为不使用和不挑战大脑可能会导致认知能力萎缩，而有意识的练习可以维持与提高认知表现。因此，在生活中保持积极用脑的生活习惯会使大脑保持健康。

第四，每天朗读10分钟。每天朗读能让你头脑冷静，思维清晰，记忆效率高。大声阅读促进对知识的理解和记忆，也有助于培养语感。

第五，每天拍脸1 000下，让自己的皮肤更紧致。皮肤健康也是身体健康的一部分，每天拍脸1 000下既有利于头脑清醒，也有利于皮肤健康。

这些习惯都是微习惯，但坚持下去也会有很大的收获。因此，对于习惯的培养有一句话：天天想，心里想；天天做，付诸行动；天天练，重复1万个小时。

二、用微习惯策略培养好习惯

美国青年斯蒂芬·盖斯是个"懒症"患者，后来他意识到问题的严重性，开始改变自己。他不仅克服了懒惰，而且凭借他的三大专长——健身、阅读和写作，成为美国数百万年轻人的偶像。自2004年以来，斯蒂芬在主要网站上发表文章，与互联网用户分享他在自我管理方面的经验。后来，他在《微习惯：简单到不可能失败的自我管理法则》中指出，微习惯看似很不起眼，但如果每天都能坚持做下去，几年如一日地做好它，那我们不仅能收获好习惯，还将实现自我超越。

顾名思义，微习惯意味着习惯非常小。如果你想培养一个新习惯，微习惯就是一个大大简化的版本。例如，把"每天做50个仰卧起坐"缩减成"每天做1个仰卧起坐"，把"每天写3 000字"缩减成"每天写50字"，把"我要保持创新"缩减成"每天想出两个点子"。

这样做的好处显而易见，目标如此小，以至于你没有理由不去完成它。但微习惯虽小，力量却一点都不小。一天天地坚持，一点点地改变，积少成多，积小成大，会收获意想不到的成果，拥有一个全新的人生。

三、微习惯令心想事成，梦想成真

微习惯有三个特点：第一，它很简单，不需要努力就能完成；第二，它不耗费时间，并且可以使用分段时间来完成；第三，微习惯可以提高人们的自我效能感。

自我效能感是心理学家班杜拉提出的一个概念，它指的是你是否有信心完成即将完成的事情。微习惯能够显著提高自我效能感并激励我们从小到大逐步实现目标。微习惯太小，小到不用怎么努力就可以办到，因此，人们不仅不会抗拒它，反而乐于坚持，我们的自我效能感也会增强。如果我们坚持微习惯，我们的内在潜力就会充分发挥出来，最终帮助我们实现愿望。

当微习惯养成后，就很容易变成完整的习惯。假设你的目标是拥有纤细的身材，但完成这个大目标的过程中必然会让你经历很大的不适与痛苦，可能很多人的意志力与动力不足以支撑自己完成这么大的改变。而微习惯只需要每次向前迈出一小步，大部分几乎都可以轻松完成，当完成了几次之后，你就会适应这种改变，就会不自觉地向前，直到达成目标。例如，以每天做一个俯卧撑为例，你不仅会适应做一个俯卧撑的想法，而且从总体来看，你会更适应做俯卧撑这项运动，适应每天做若干个俯卧撑的行为。所以这一小步带来的影响比你预想的要大得多。这样一来，逐步加大运动量就会很轻松了。一旦养成了微习惯，完整的习惯就唾手可得。

第五节 好习惯与高度自律

一、培养习惯的"四步魔法"

1970年，周士渊从清华大学毕业，留校任教。后来，由于严重的抑郁症，他走到了人生绝境。在这个过程中，他发现了"习惯"这盏"神灯"，并加以实践，使他在古稀之年重生。如今他被称为中国习惯研究第一人，他提出了培养习惯的"四步魔法"。

第一步：分析必要性。也就是说，必须仔细分析培养这种习惯的必要性。当我们想培养一个好习惯或克服一个坏习惯时，我们需要清楚地知道这个习惯的必要性。为此，我们应该探索这种习惯一旦形成，对我们自己有多好，如果养不成，对我们自己有多坏。这会让我们感觉到这个习惯的重要性，并更有动力去实施它。

第二步：分析可行性。习惯在具备必要性之后，是否可行仍然是一个大问题。如果习惯同时是可行和必要的，我们将以更大的动力和更高的情绪坚持。相反，如果习惯必要但不可行，其中存在的问题早晚有一天会暴露出来，最终我们可能不得不放弃养成这个习惯。

第三步：探讨策略性。也就是说，必须认真思考如何养成这种习惯。例如，有些人想养成每天不乘电梯而是爬楼梯的习惯，这对健身肯定有好处。但是为什么不能坚持下去？问题之一是楼层数太多，若把楼层数从16改为2，开始时只爬两层楼，那就容易坚持了。《道德经》中有："天下难事，必作于易；天下大事，必作于细。"我们应该逐渐养成习惯，从一个"小"字开始。

第四步：操作性工具。为了培养这种习惯，我们还必须找到一个简单高效的操作工具。这个工具是一分钟的"修身日志"。我们可以使用日记或工作日志，或者制作一个特殊的表格，每天写日志，每天提醒并关注我们的习惯。

二、自律的棉花糖实验

美国心理学家斯科特·派克将多年来公众日常心理健康问题的研究成果、理论分析和指导汇集到他的《少有人走的路》一书中，他在书中说："避免问题和痛苦的倾向是人类精神疾病的根源。""所谓自律，就是主动承受痛苦，以积极的态度解决问题。""面对问题，自律让我们变得坚定，从痛苦中获得智慧。"可以看出，自律是人们能够面对痛苦、困难、挫折的根基，有关自律的研究最初起源于著名的心理学研究——棉花糖实验。

棉花糖实验是沃尔特·米歇尔博士在幼儿园进行的一系列关于自我控制的经典心理学实验。在实验开始之前，研究者给每个孩子一块棉花糖，并告诉他们棉花糖可以立刻吃。但如果他们能够等待15分钟再吃，他们会被奖励另一块棉花糖。实验结束后，实验人员追踪了这些孩子未来的表现，研究者发现，那些能够等待15分钟再吃的孩子在未来的表现上会比那些立刻把棉花糖吃掉的孩子更好。这些表现包括人际关系、SAT分数（美国入学分数）、同学评价、体重指数等指标。在这个实验的基础上，研究者提出了"延迟满足"这一启发性概念：如果一个人有足够高的自律能力，能够抵制当前的诱惑，他就容易取得成功。

三、高度的自律

　　自律是指遵循规定并以此为基础而进行的自我约束，克制自己不做不该做的事情，自律的本质是自我意识和自我管理。培养自律的一个非常简单有效的方法是习惯。如果一件事重复多次，人就会产生肌肉记忆。更准确地说，产生记忆的并不是肌肉，而是大脑巩固了行为。

　　自律的人倾向于把以下两件事情做到极端。

　　第一，不喜欢但应该做的事情。人是矛盾的，惯性与潜能并存于体内。当没有压力时，人们倾向于碌碌无为，只有在背负一定的压力时，人们的潜力才能被激发，促使人们朝着目标努力。因此，要做到自律，就要迫使自己做有用的事情，即使这些事情做起来会很不舒服，但这些事对自己有益。例如，你应该总是强迫自己进入一种克服自我的状态。

　　第二，喜欢但不应该做的事情。自律意味着你必须有所放弃，放弃自己的偏好，放弃自己的惰性，学会克制自己的欲望。例如，想获得奖学金，晚上就不能玩游戏；为了保持苗条身材和健康，就不能吃垃圾食品；想要事业进步，就必须在业余时间刻苦钻研，拒绝不必要的社交。

　　许多人曾经认为自由就是想做什么就做什么，后来他们发现只有自律才有真正的自由。当一个人达到了高度自律的时候，他的内心会有强烈的驱动力，对自己的生活和状态满意，对自己内心的掌控、行为的掌控都变得越来越好，进入积极循环的轨道，并且，他有能力将它变得更好，有能力获得自己想要的东西。要想达到高度自律的状态，需要做到四点：第一，必须有计划，如提前规划工作内容，把每一项工作都按照轻重缓急的优先等次进行排序；第二，善于利用零碎时间，如在飞机、火车、地铁上，利用时间看电子书，学习知识；第三，尽量少看手机和电视，杜绝无意义的、浪费时间的行为；第四，快速做决定，不拖延，马上行动。

真正的自律、自我控制、自觉都是需要从一点一滴的习惯开始培养的。只有形成习惯，很多行为才能真正落地。想要培养好习惯，并最终达到高度自律的状态，就要达到一种高明的境界：对自我有高要求，并严格去做。有时，想要达成目标，就必须强迫自己，才能将自身潜在的才华和智慧发挥得淋漓尽致。

在形成习惯的过程中要追求"每日成功"，每天最少要"磨刀"一个小时，才能确保个人产能。需要注意的是，由于个体差异，每个人的习惯是不尽相同的，需要在培养习惯的路上不断探求适合自己的习惯。

以下8个习惯，在人生过程中都是必需的。

- 爱的习惯。用全身心的爱去善待身边的每一个人，迎接美好的每一天。

- 坚持的习惯。坚持不懈，直到取得成功。

- 自信的习惯。人类最伟大的奇迹就是自信。

- 珍惜时间的习惯。用尽全力过好每一天。

- 笑的习惯。要笑对生活，笑对人生，笑对挫折。

- 自制的习惯。要学会控制自己的情绪。

- 发掘自我潜能的习惯。要加倍重视自我潜能和优势。

- 立即行动的习惯。现在就付诸行动。

小结

　　习惯的力量在日拱一卒中进步。微习惯是提高幸福力的好方法。好习惯与高度自律能提高个人的生活满意度和状态满意度。

自我分析

　　1. 你最值得骄傲的好习惯有哪些?

　　2. 你有没有增加一个新的好习惯的计划?

推荐阅读

　　《习惯学》周士渊

　　《习惯的力量》（美）查尔斯·都希格

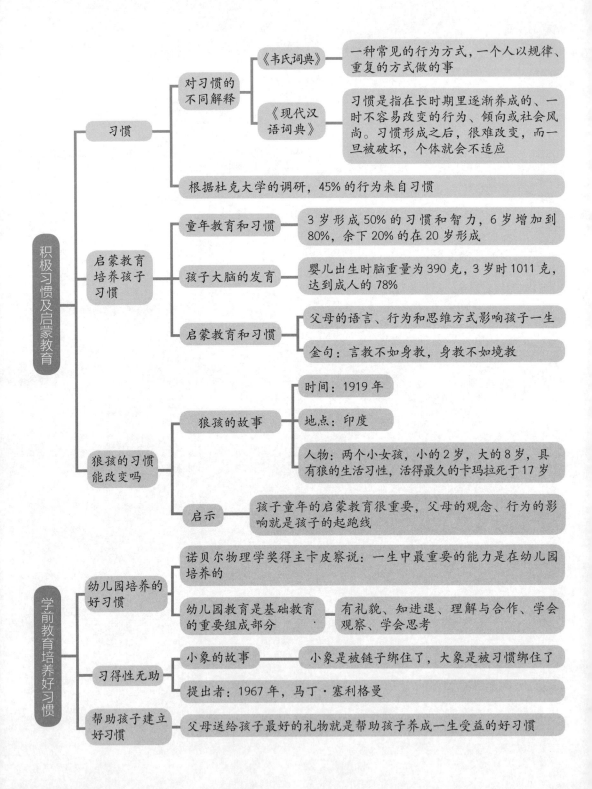

积极习惯及启蒙教育
- 习惯
  - 对习惯的不同解释
    - 《韦氏词典》——一种常见的行为方式，一个人以规律、重复的方式做的事
    - 《现代汉语词典》——习惯是指在长时期里逐渐养成的、一时不容易改变的行为、倾向或社会风尚。习惯形成之后，很难改变，而一旦被破坏，个体就会不适应
  - 根据杜克大学的调研，45%的行为来自习惯
- 启蒙教育培养孩子习惯
  - 童年教育和习惯——3岁形成50%的习惯和智力，6岁增加到80%，余下20%的在20岁形成
  - 孩子大脑的发育——婴儿出生时脑重量为390克，3岁时1011克，达到成人的78%
  - 启蒙教育和习惯
    - 父母的语言、行为和思维方式影响孩子一生
    - 金句：言教不如身教，身教不如境教
- 狼孩的习惯能改变吗
  - 狼孩的故事
    - 时间：1919年
    - 地点：印度
    - 人物：两个小女孩，小的2岁，大的8岁，具有狼的生活习性，活得最久的卡玛拉死于17岁
  - 启示——孩子童年的启蒙教育很重要，父母的观念、行为的影响就是孩子的起跑线

学前教育培养好习惯
- 幼儿园培养的好习惯
  - 诺贝尔物理学奖得主卡皮察说：一生中最重要的能力是在幼儿园培养的
  - 幼儿园教育是基础教育的重要组成部分——有礼貌、知进退、理解与合作、学会观察、学会思考
- 习得性无助
  - 小象的故事——小象是被链子绑住了，大象是被习惯绑住了
  - 提出者：1967年，马丁·塞利格曼
- 帮助孩子建立好习惯——父母送给孩子最好的礼物就是帮助孩子养成一生受益的好习惯

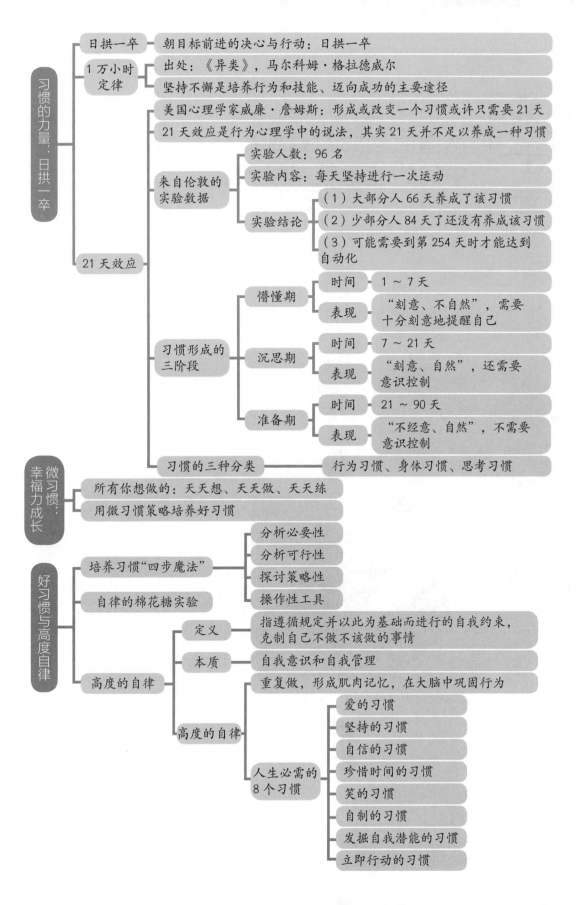

习惯的力量：日拱一卒

- 日拱一卒 —— 朝目标前进的决心与行动：日拱一卒
- 1万小时定律
  - 出处：《异类》，马尔科姆·格拉德威尔
  - 坚持不懈是培养行为和技能、迈向成功的主要途径
- 21天效应
  - 美国心理学家威廉·詹姆斯：形成或改变一个习惯或许只需要21天
  - 21天效应是行为心理学中的说法，其实21天并不足以养成一种习惯
  - 来自伦敦的实验数据
    - 实验人数：96名
    - 实验内容：每天坚持进行一次运动
    - 实验结论
      - （1）大部分人66天养成了该习惯
      - （2）少部分人84天了还没有养成该习惯
      - （3）可能需要到第254天时才能达到自动化
  - 习惯形成的三阶段
    - 懵懂期
      - 时间：1～7天
      - 表现："刻意、不自然"，需要十分刻意地提醒自己
    - 沉思期
      - 时间：7～21天
      - 表现："刻意、自然"，还需要意识控制
    - 准备期
      - 时间：21～90天
      - 表现："不经意、自然"，不需要意识控制
  - 习惯的三种分类 —— 行为习惯、身体习惯、思考习惯

微习惯：幸福力成长

- 所有你想做的：天天想、天天做、天天练
- 用微习惯策略培养好习惯

好习惯与高度自律

- 培养习惯"四步魔法"
  - 分析必要性
  - 分析可行性
  - 探讨策略性
  - 操作性工具
- 自律的棉花糖实验
- 高度的自律
  - 定义 —— 指遵循规定并以此为基础而进行的自我约束，克制自己不做不该做的事情
  - 本质 —— 自我意识和自我管理
  - 高度的自律 —— 重复做，形成肌肉记忆，在大脑中巩固行为
  - 人生必需的8个习惯
    - 爱的习惯
    - 坚持的习惯
    - 自信的习惯
    - 珍惜时间的习惯
    - 笑的习惯
    - 自制的习惯
    - 发掘自我潜能的习惯
    - 立即行动的习惯

第十章

从潜能到能力表现，
中间的差距就是投入。

⑩

积极天赋

优 势

第一节　什么是天赋和积极优势

一、什么是天赋

"天赋"一词常被用来表示天才们所拥有的稀缺的能力。在《现代汉语词典》中，天赋被定义为天资，是指人天生的资质，反映个体的生理特征（个体大脑生理结构的一些差异等），是后天智力发展的物质基础。天赋是自然而然、反复出现、可被高效利用的感受、思维模式、行为。在相同经验的情况下，有天赋的人可以比其他人更快地成长，并且其成长具有独自性和特殊性。天赋的同义词有天分、天才和天资等。

天赋是生来就具备的、自然赋予的，不是通过经验得到的，每个人都有自己的才能，但是每个人的才能都各有不同。因为每个人自身要素的不同和环境的千差万别，所以天赋的起点是不同的，也可能会被很多意外的事情干预。美国著名思想家肯·罗宾逊在《发现天赋的15种训练方法》一书中，给出了一些普遍的技术、原则、策略用来指导天赋探索之旅。

二、天才的两个要素

天才，正如其名，是指拥有与生俱来的才能的人。有天赋的人不一定会成为天才，天才的形成有两个要素。第一，先天要素。感觉敏锐、富有激情是成为天才的先天要素。第二，后天要素。天才善于自然成长，并以自己的方式获取大量知识。世界上没有天生的天才，但有些人天生就有能力在一个或多个方面比大多数人更好地学习、创新和发展。天才不仅要充分发挥才能，还要具有意志力和毅力等优势，甚至拥有比普通人更有效的生理机制。

"三才"属于姓名学之五格剖象法术语，指天格、人格、地格，分别对应天才、人才和地才，反映了人的内在综合运势。人才和天才的区别主要在于程度上的差别，人才是指有才识学问的人，而天才是指有天赋才能之人，现代心理学的解释则是具有高度发展的才能的智力超常者。天才以人的基本天赋为基础，通过教育和环境的影响以及自身的勤奋努力，在实践中不断吸取力量，最终在某一个领域做出突出贡献。

天才有一定的天赋，智商是判断天才的重要标准，但绝对不是唯一的标准。例如，爱因斯坦是理论物理学的天才，牛顿是经典物理学的天才。著名发明家爱迪生也有言：天才是1%的灵感，加上99%的汗水。人如果不花费大量的时间和精力来刻苦学习，就难以培养出杰出的能力。天赋只不过是刻苦努力有所成就后，对过去的勤奋经历、环境影响、运气等因素的一种简单推断。

三、什么是积极优势

美国积极心理学之父马丁·塞利格曼说，关注自身优势的人更容易获得成功和幸福。尽管优势很重要，但人们似乎并不怎么在意它，更别说发挥和利用了。孩子们从小时候就受到长辈们的教育，夸耀自身优点在别人看来会是一种炫耀和不谦虚的行为。有人小时候考试得了95分，开开心心回到家，结果父母劈头盖脸地就问："那5分到哪儿去了？"我们在潜意识中也逐渐认同发现和改正缺点才是进步。

在一项全球性的员工调研中，仅有20%的员工认为他们每天都能发挥优势。令人惊讶的是，员工在公司工作的时间越长，他们的地位越高，他们就越不可能认为自己充分利用了公司的优势。当你做你不擅长的事情时，会花费更多的时间和精力，最后未必能把事情做好。所以，找到自己的优势并合理利用显得尤为重要。

积极优势是指学会发现优势，注重个人力量和个人优势的价值，用积极的力量与心理问题做斗争，消除问题，建立抵御挫折、心理创伤和心理障碍的防御机制。积极心理学认为，每个人生来都有优点、天赋和缺陷，每个人都有性格上的优点，只是有强弱的差异。我们必须学会赞美自己，发现自己的优点和良好品格，如创造力、洞察力、领导力、想象力、正直、坚韧、善良、谨慎等。

积极的天赋需要教养者采用积极教养的方式培养儿童积极的心理品质与卓越的品格等优势，从而让儿童从小便拥有乐观、开朗、向上的性格特点，具备同理心、创造力、审美能力与社会交往能力。天赋与优势的关系是什么？这里给出一个公式：优势 = 天赋 × 投入。天赋是一种潜能，优势是一种能力；天赋是冰山下隐藏的部分（潜能），优势是冰山上显露的部分（显性的能力）。从潜能到能力表现，中间的差距就是投入，即在技能培养、实践练习、扩充知识等方面所花费的精力和时间。

四、天赋对人的作用有多大

天赋对人的作用有多大呢？心理学家曾进行了一项为期三年的研究，比较有阅读天赋和没有阅读天赋的个体的差异。第一次实验的结果是，在没有任何教学指导的情况下，普通阅读者每分钟阅读90个单词，而有天赋的阅读者每分钟可以阅读350个单词，两者之间存在显著差距。在第二次实验中，实验人员统一教授快速阅读的技能，结果是，普通阅读者的阅读速度提高到每分钟150个单词，而有天赋的阅读者的速度提高到每分钟2 900字，几乎翻了10倍！

这个结果使研究人员大吃一惊，因为几乎所有的人都认定，水平较差的阅读者的进步会更大；而事实上，有天赋的阅读者从强化训练中受益最大，进步也最大。因此，恰恰是我们平时最习以为常、理所当然的优势，是最需要精进和进一步发展的，因为在你的优势领域投入时，投入回报率才最高。优势领域才是我们最具成长空间的领域。

五、如何将天赋转化为优势

每个人都有一定的天赋，然而，大多数人无法找到自己的天赋。那么如何发现天赋，并将天赋转化成优势呢？从天赋到优势需要经历四个步骤：发现，结合，觉察，强化。

第一步，发现。我们要能够发现自己独一无二的天赋，并且有效地管理它们。

第二步，结合。在发现了自己的天赋之后，我们要把特定领域的知识、技能与自身的天赋结合起来，才能构建我们的独特优势，进行积极的表现。只有选择那些更有可能帮助我们发挥天赋的领域或者我们更有热情的领域，才更有机会获得成功。

第三步，觉察。运用天赋是一个持续的过程，在这个过程中，只有不断地觉察，才能实现持续有效的投入。

第四步：强化。持续的外部反馈和内部自我反思，结合知识和技能，广泛寻求支持，持续构建优势，最终就会取得积极成果。

六、个人优势是什么

"现代管理学之父"彼得·德鲁克认为，专注于改善自己的弱点并提升自己的行为是没有实际意义的。只有依靠自身存在的优势，而不是过分关注劣势，努力在有天赋的领域发展，才能在该领域成为卓越的人才。弱点从来无法取得成就，从无能提高到平庸的困难程度远远超过从一流提高到卓越。那么，何必在乎自己的缺点呢？不如在优势上下功夫。

我们该如何把握和发挥自身优势？

我们要善于发现自己的优势，要不断地对自己提问，一天结束后，要问问自己："哪些事情让我感到做起来得心应手，并且做得非常出色？"例如，感觉自己躯体更强健，心理更成熟，生活更富有乐趣，富有价值。

除了自己发现个人优势外，还要在生活中善于培养个人优势。我们要善于发现和找到个人兴趣与爱好，只有在兴趣与爱好中，才能发挥自己的优势。我们还要不断扩大自己的知识面，只有自己的见识足够广，才有可能发现更多的天赋。在发现和培养了自己的个人优势之后，要学会利用个人优势，把优势转化为结果，通过巩固和强化，我们可以取得更大的成功，逐渐具有强大的个人竞争力。例如，利用个人优势增进人际关系，利用自己的天赋积极调整学习方向、方法、工具，在工作中利用自己的天赋增强工作技能、职业规划、职场关系。

教育的目标是什么？教育不是为了发现"学生、儿童问题"，更不是发现"问题学生、儿童"，而是为了发掘儿童自身的优势和潜力。教育者要挖掘儿童本身存在的积极力量，用欣赏的眼光看待每个孩子，关注每个孩子真正的心理需求，把孩子视为健康发展的个体。

教育者应该帮助学生发现自己的积极力量和潜力，并让学生看到这些力量和潜力。只有这样，才能真正帮助学生发掘自己的潜力，并运用积极的理论来提高自己。例如：通过对美德的挖掘和积极品质的培养使学生树立人生目标，对自己的人生充满希望，并帮助学生在实现目标的路上不断体验成功和成长的幸福感；引导学生关爱、接纳自己和他人，面对人生充满希望，在逆境中也能有强大的心理弹性，积极面对困难与坎坷；教育学生利他，心地善良，遵守社会规范，热爱与关心集体，回馈社会，体验快乐与幸福。

第二节 如何教育某领域的天才儿童

一、灌输努力教育

泰勒·本-沙哈尔是一位受欢迎的哈佛导师，他在《幸福的方法》中提到了得到幸福所需要的五个要素：投入、积极情绪、人际关系、意义和目的、成就，并强调努力和投入尤为重要。俄国著名作家俄勒洛夫曾说过，有天赋而不用，天赋就会衰退，并在长期腐朽中消失。即使一个人在某一方面有很高的天赋，但如果他后天不努力钻研，仍然会平平无奇。因此，当孩子在某些领域有一定的天赋时，例如音乐、舞蹈、体育等，父母不应该阻挠孩子的发展，不仅要尽可能在这些优势领域更好地培养孩子，更为重要的是要给孩子灌输努力的意义：业精于勤荒于嬉，行成于思毁于随。

有的孩子有天赋，但不肯努力，那么最后的结果注定是泯然众人矣。南朝梁有一青年叫作江淹，从小他家境贫寒，但在文学方面有异于常人的天赋，在当时很有名气。萧道成立齐时，仰慕他的才华，邀请其做史官，专任编纂历史。凭着文学天赋，他迅速进步。不久后，他就官职高升，当了大官，过起了养尊处优的生活。之后，他开始偷懒，再也不愿意写文章了。这样一来，他渐渐感到才思枯竭，有时勉强写的文章，别人看了之后也觉得无聊。于是，有了"江郎才尽"一词。

二、实施鼓励教育

纽约市哈林区的贫民窟里有许多黑人的孩子，他们经常逃课、打架，破坏教室的玻璃。校长为了鼓励、教育他们，想出了给孩子们看手相、预测孩子们的未来的方法。其中一个孩子伸出手的时候，校长称赞其拇指修长，将来会成为纽约州州长。这个孩子听了十分惊讶，因为他是班上最不安分的孩子。听了校长的这句话之后，每一天"纽约州州长"就如旗帜般引领着这个孩子，鼓励着他。他开始努力学习，时刻挺直腰板走路，将自己收拾干净，梦想能成为纽约州州长。此后40多年，他每天都按照州长的身份要求自己，最后，50岁的他真的成了纽约州第五十三任州长。

这个孩子就是罗杰·罗尔斯，是纽约历史上第一位黑人州长。天赋往往只是一粒种子，而鼓励则是阳光，它为孩子们提供营养和成长的方向，给他们机会生根发芽，茁壮成长。校长的鼓励照亮了罗杰·罗尔斯生活的方向，让他走向光明。《孩子：挑战》一书的作者鲁道夫·德雷克斯说："儿童需要鼓励，就像植物需要水一样。没有鼓励，儿童的性格就无法健康发展，儿童也没有归属感。"鼓励可以激发孩子的勇气，增强孩子内心的力量。父母也许懂得欣赏教育，通常对孩子说得最多的话就是"你很棒，你是一个听话的孩子，你是一个聪明的孩子"，但这些语言是空洞的，如果我们必须对它们进行分类，它们更接近于赞美和标签。赞美就像糖果，如果我们吃得太多，就会引发蛀牙，而贴标签会给孩子带来压力。一开始，孩子会自满，当父母说太多这些空洞的话的时候，孩子会感到不舒服和沮丧。而鼓励就是关注孩子积极的一面，看到孩子的具体行为，关注孩子的努力过程而不是结果，并以尊重和欣赏的态度对待它。鼓励的长期影响是让孩子变得自信和学会依靠自己的力量，是一种内在的指引。

三、坚持陪伴教育

战国时期著名的思想家孟子从小就对学习很感兴趣，而且学得很快。然而，随着时间的推移，他开始经常逃学，变得不再喜欢读书，孟母得知孟子的变化后非常生气。有一天，孟母在教育孟子的时候，拿起剪刀把面前织布机上的布剪断了。孟子心疼地说："母亲，这块布都快织好了，您这是何苦啊？"孟母语重心长地说："不管你的学习天赋有多高，如果不勤奋努力，就会像这剪断的布一样，功亏一篑。""断织喻学"在孟子的心里留下了深刻的印象，之后，孟子刻苦学习，最终成为中国历史上的儒学大师。

人如果不坚持，没有毅力，一切天赋都会归零。

第三节　优势事件的四大标志

一、什么是优势事件

　　管理学大师彼得·德鲁克曾经说，优秀的管理者以优势为基础——不管是自身的优势，还是上级、同事及下属的优势，同时还以环境的优势为基础。经调查研究，当一个人无法专注在自己的优势领域工作时，全身心投入工作的可能性会降低50%，不仅工作会受影响，个人健康和人际关系也将会受到严重影响。实际上，优势并没有那么难以获得，每个人都有独一无二的优势。盖洛普公司的优势识别器测试报告告诉我们：你不可能成为你想成为的其他任何人，但你可以成为独一无二的自己。每个人的基因、成长环境不同，在资源、能力和才干上也一定会有与众不同之处，但关键在于我们是否有一双善于发现优势的眼睛。

　　寻找自己的优势所在，就是从记录生活中的优势事件开始。优势理论的创始人马库斯·白金汉认为，优势事件就是那些让你感到自身很强大的事情，它不仅是你擅长的，还能给你带来动力。优势事件的背后其实是我们在不断地运用我们的核心才干，再结合特定的知识和技能，最终构建出让我们感觉自身很强大的优势。因而发现我们最核心和最稳定的才干是发现优势的关键。

二、优势信号的SIGN模型

发现优势的过程是双向的：一方面需要向内挖掘自我，另一方面需要向外寻求反馈。马库斯·白金汉在他自己的著作《现在，发现你的优势》中提出优势信号的SIGN模型，分别是成功、事前渴望、过程投入与事后满足。S代表Success（成功），I代表Instinct（渴望），G代表Grow（成长），N代表Needs（需求）。

第一，成功。你很擅长某件事，总是能获得成功。每个人都有自己擅长的方面，能否在这些方面取得成功，是一种效能期待，这在心理学上叫作自我效能感，表现为对某些事总能轻易做得很好，取得好成绩，拥有高声望。在哪些事情上，你觉得自己不用努力就能比别人做得更快、更好，而且很容易从别人那里得到积极的反馈？这些事情通常会带来一种自我效能感，让自身感到很强大。

第二，事前渴望。在做事之前，内心总是很渴望，表现为被某类活动自然而然地吸引，总是情不自禁地想要尝试，宁愿放弃休假时间，也要去做。一家全球知名连锁酒店想要招募一位餐厅管理人员。一位年轻的求职者来到招聘地点，他的简历看起来不错，但不是面试者中最好的，招聘人员让他回去等通知。就在他转身离开酒店大厅时，他看到旁边桌子上的花瓶位置摆放不太正确，所以他忍不住就把花瓶移到了正确的位置。这一举动恰好引起了招聘人员的注意，最终，酒店把这个工作机会给了这位年轻人。很多时候，自身的优势就藏在"忍不住"的时刻里，所以我们要在生活中保持觉察，倾听内心的声音，并且开始投入，从而不断地积累技能和资源。

第三，过程投入。在做这件事的过程中很投入，有心流体验，总是特别专注，完全感受不到时间的流逝。有的时候你是否发现自己学习技能的速度比别人快？能够更快地掌握要点？或者本能地知道该做什么？如果是，那要恭喜你自己，你在这个领域有强大的天赋和优势。

第四，事后满足。事情做完后，能够给我们带来成就感和满足感。

以SIGN模式中的四种条件为线索，记录优势觉察日记，我们可以由此发现和辨别自身的优势事件，挖掘出背后的才干。SIGN模式中符合的条件越多，越有机会发展成优势。

三、优势事件体验

当体验优势事件的时候，有人说那就像呼吸一样自然。奥普拉最开始的职业是一名新闻播音员，但她并不擅长，因为她的性格一点也不稳重，并且过于情绪化。后来她又尝试做访谈类的节目，虽然广受欢迎，但她依然不喜欢。当她最终做了自己的脱口秀节目时，她的不稳重、情绪化反倒成为优势，她说脱口秀对她而言就像呼吸一样自然。

在日常生活中，你有没有遇到一些让自己觉得"像呼吸一样自然""这件事情就是自己的回报"的事情？如果有，那么恭喜你，这背后可能就是你的才能与优势。如果你至今都还没有遇到这样的事情，原因可能有两种。第一，是时机未到。就像77岁才开始画画的摩西奶奶一样，一次偶然的疾病让她开始画画，从此一举成名。也许你生命中的优势事件还没有来到，你需要静静等待或者积极探索。第二，可能是因为你"活得太安全"。活得太过安全的人很少尝试，很少主动学习，也很少在过程中获得过快乐，因为他们要看到结果才会去做事。

第四节　如何用优势管理弱点

一、什么是弱点

弱点就是阻碍你达成目标的因素，在职场，弱点就是阻碍你实现工作目标的因素。弱点既可以表现在知识技能的短缺上，也可以表现在才干的短缺上。很多人容易陷入一个误区，认为弱点就是那些我们不擅长的领域，其实不然，我们不擅长的领域太多了，但是大多数不需要我们担心。生活就像是一艘船，优势就像是船上的帆，劣势就像是船上的洞。没有帆的船只能随波逐流，只有充分发挥优势和优点，这艘船才能在海上起航和乘风破浪。缺点相当于船上的洞，但洞也可分为致命性的洞（底部和船身上的孔）和非致命性的洞（船舷上的孔）。那些致命性的洞需要修补，而非致命性的洞往往只需要忽略。

积极心理学关于弱点有两个观点。第一，弱点（注：本章所述的弱点排除违背道德、违反法律这类伤害性行为习惯）常常是优势的另一种表达。在一种情境中作为优点出现的特质，很可能在另一种情境中成了弱点。第二，每个人身上都存在弱点，十全十美的人是不存在的。同时，人的时间、精力有限，因此，想改变所有的弱点也是不可能的。对于自己身上的一些弱点，教育者需要帮助学生接纳自己："我是个不完美的人，我有缺点，我会努力改正一些弱点，即使没能全部改正，我依然是可爱的，我是值得获得幸福的人。"

其实，优势与劣势在一定程度上是可以相互转化的。应用积极心理学中心首席执行官亚历克斯·林利博士说："只有在充分利用优势的基础上，我们才能克服劣势，最终取得成功。"我们要培养孩子用优势的视角面对弱点。

- 不和弱点死磕，而是借助优势的力量；
- 不和自己死磕，而是寻求外界的支持；
- 不是什么都要，而是学会放手与聚焦。

想象一下，一位销售专家从事财务工作，一位在线作家成为一名歌手，会是什么样的结果？做你不擅长和不喜欢的事是违反自然的，你会感到不舒服，而且会事倍功半。因此，每个人都有缺点，每个人也都有优势，与其每日盯着缺点，倒不如尽情发挥自己的优势。

二、学会用优势来管理弱点

每个人都不可能没有弱点，但可以用优势来管理自己的弱点。有三种方法可以将我们的优势应用到劣势场景中。第一，优势充电。利用我们的优势为劣势任务消耗的能量充电，例如，锻炼、听音乐、学习、与朋友聊天、阅读和写作。用优势把不喜欢做的事变成喜欢做的事。第二，找到合作伙伴。学会和他们合作，进行优势对话。找到一个人，可以是身边之人，对此人进行分析判断，总结他的突出优势与美德，也可以设计一个共同的项目，既能发挥自己的优势，也能够发挥别人的优势。两个人取长补短，共同进步。第三，学会放手，找到适合你的细分领域。

也许有人会问："我现在的工作好像并没有发挥出我的优势，那我就不做这份工作了吗？"不是这样的，在现有的工作中，也可以积极探寻"甜蜜点"。探寻甜蜜点，需要经历三个步骤。

第一步，充分发挥你的优势。列出你所擅长的事，想想自己在做什么事时一学就会，满足感很强。

第二步，找到让你有热情的部分。列出什么样的人和事情是你所热爱的。如果你不知道你所热爱的领域，可以借助一些测评工具（如霍兰德测评、DISC测评、MBTI测评）了解自己，也可以列出自己喜欢的、想做的30件事情。

第三步，积极主动地创造价值。试着解读一下与你有关的时代趋势，想想你能满足哪种社会需求。

通过以上三个方面的逐条盘点，你会无限接近甜蜜点。这个甜蜜点可能是一项事业、一种职业、一类岗位，也可能是一种状态。一旦你找到甜蜜点，你就会特别强烈地感受到自己的存在，因为你的甜蜜点里藏着你所有的激情和正能量，让你不仅在职场上勇往直前，也能面对复杂的生活。

总之，天赋不是天才的专属，人人都有天赋。每个人都有独特的才能，每个人最大的成长空间在于其最强的优势领域，每个人的最大空间不是弥补短板，而是把天赋发挥到极致。

小结

每个人都有与生俱来的优势与劣势，扬长避短，肯定自己，发现优势，实现蓬勃向上的人生。

自我分析

1. 想想你是否在学习、工作和爱好中发挥了个人优势？

2. 你怎么理解扬长避短是生活幸福和成功的重要因素？

推荐阅读

《给自己注入积极基因》刘翔平

《幸福的方法》（美）泰勒·本-沙哈尔

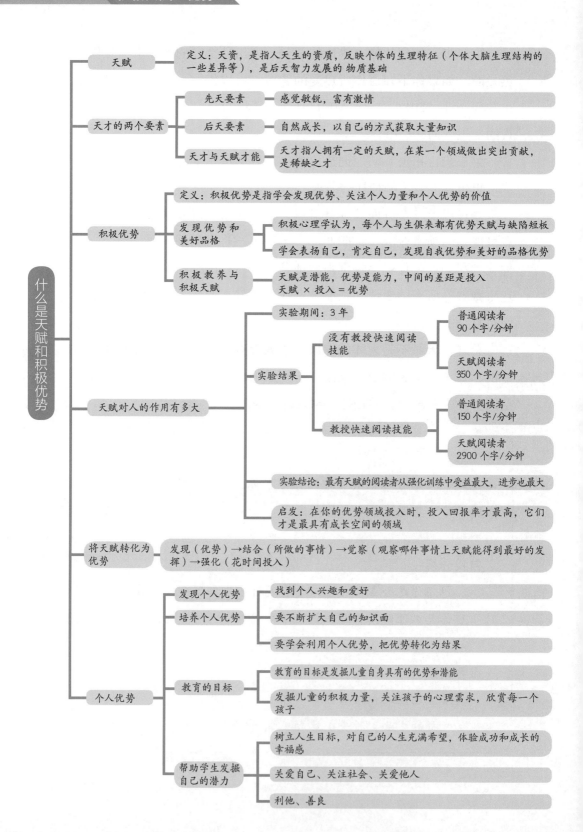

什么是天赋和积极优势

- **天赋** —— 定义：天资，是指人天生的资质，反映个体的生理特征（个体大脑生理结构的一些差异等），是后天智力发展的物质基础

- **天才的两个要素**
  - 先天要素 —— 感觉敏锐，富有激情
  - 后天要素 —— 自然成长，以自己的方式获取大量知识
  - 天才与天赋才能 —— 天才指人拥有一定的天赋，在某一个领域做出突出贡献，是稀缺之才

- **积极优势**
  - 定义：积极优势是指学会发现优势、关注个人力量和个人优势的价值
  - 发现优势和美好品格
    - 积极心理学认为，每个人与生俱来都有优势天赋与缺陷短板
    - 学会表扬自己，肯定自己，发现自我优势和美好的品格优势
  - 积极教养与积极天赋 —— 天赋是潜能，优势是能力，中间的差距是投入 天赋 × 投入 = 优势

- **天赋对人的作用有多大**
  - 实验期间：3 年
  - 实验结果
    - 没有教授快速阅读技能
      - 普通阅读者 90 个字/分钟
      - 天赋阅读者 350 个字/分钟
    - 教授快速阅读技能
      - 普通阅读者 150 个字/分钟
      - 天赋阅读者 2900 个字/分钟
  - 实验结论：最有天赋的阅读者从强化训练中受益最大，进步也最大
  - 启发：在你的优势领域投入时，投入回报率才最高，它们才是最具有成长空间的领域

- **将天赋转化为优势** —— 发现（优势）→结合（所做的事情）→觉察（观察哪件事情上天赋能得到最好的发挥）→强化（花时间投入）

- **个人优势**
  - 发现个人优势 —— 找到个人兴趣和爱好
  - 培养个人优势
    - 要不断扩大自己的知识面
    - 要学会利用个人优势，把优势转化为结果
  - 教育的目标
    - 教育的目标是发掘儿童自身具有的优势和潜能
    - 发掘儿童的积极力量，关注孩子的心理需求，欣赏每一个孩子
  - 帮助学生发掘自己的潜力
    - 树立人生目标，对自己的人生充满希望，体验成功和成长的幸福感
    - 关爱自己、关注社会、关爱他人
    - 利他、善良

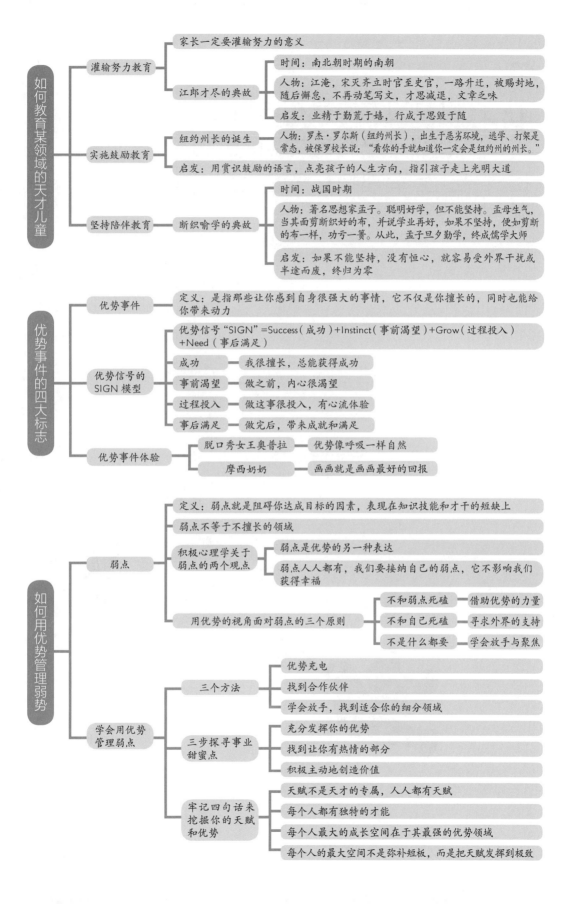

如何教育某领域的天才儿童
- 灌输努力教育
  - 家长一定要灌输努力的意义
  - 江郎才尽的典故
    - 时间：南北朝时期的南朝
    - 人物：江淹，宋灭齐立时官至史官，一路升迁，被赐封地，随后懈怠，不再动笔写文，才思减退，文章乏味
    - 启发：业精于勤荒于嬉，行成于思毁于随
- 实施鼓励教育
  - 纽约州长的诞生
    - 人物：罗杰·罗尔斯（纽约州长），出生于恶劣环境，逃学、打架是常态，被保罗校长说："看你的手就知道你一定会是纽约州的州长。"
  - 启发：用赏识鼓励的语言，点亮孩子的人生方向，指引孩子走上光明大道
- 坚持陪伴教育
  - 断织喻学的典故
    - 时间：战国时期
    - 人物：著名思想家孟子。聪明好学，但不能坚持。孟母生气，当其面剪断织好的布，并说学业再好，如果不坚持，便如剪断的布一样，功亏一篑。从此，孟子旦夕勤学，终成儒学大师
    - 启发：如果不能坚持，没有恒心，就容易受外界干扰或半途而废，终归为零

优势事件的四大标志
- 优势事件
  - 定义：是指那些让你感到自身很强大的事情，它不仅是你擅长的，同时也能给你带来动力
- 优势信号的 SIGN 模型
  - 优势信号"SIGN"=Success（成功）+Instinct（事前渴望）+Grow（过程投入）+Need（事后满足）
  - 成功 —— 我很擅长，总能获得成功
  - 事前渴望 —— 做之前，内心很渴望
  - 过程投入 —— 做这事很投入，有心流体验
  - 事后满足 —— 做完后，带来成就和满足
- 优势事件体验
  - 脱口秀女王奥普拉 —— 优势像呼吸一样自然
  - 摩西奶奶 —— 画画就是画画最好的回报

如何用优势管理弱势
- 弱点
  - 定义：弱点就是阻碍你达成目标的因素，表现在知识技能和才干的短缺上
  - 弱点不等于不擅长的领域
  - 积极心理学关于弱点的两个观点
    - 弱点是优势的另一种表达
    - 弱点人人都有，我们要接纳自己的弱点，它不影响我们获得幸福
  - 用优势的视角面对弱点的三个原则
    - 不和弱点死磕 —— 借助优势的力量
    - 不和自己死磕 —— 寻求外界的支持
    - 不是什么都要 —— 学会放手与聚焦
- 学会用优势管理弱点
  - 三个方法
    - 优势充电
    - 找到合作伙伴
    - 学会放手，找到适合你的细分领域
  - 三步探寻事业甜蜜点
    - 充分发挥你的优势
    - 找到让你有热情的部分
    - 积极主动地创造价值
  - 牢记四句话来挖掘你的天赋和优势
    - 天赋不是天才的专属，人人都有天赋
    - 每个人都有独特的才能
    - 每个人最大的成长空间在于其最强的优势领域
    - 每个人的最大空间不是弥补短板，而是把天赋发挥到极致

第十一章

自尊的本质是相信自己，相信自己有能力、有权利过上幸福快乐的生活。

11

积极自尊

修 养

第一节　自尊的意义与主要观点

一、什么是自尊

　　当我们坚持某个观点或行为时，有时候会被人贴上"自尊心太强"的标签。当我们看到一个非常谦虚、慷慨、善待他人的人时，我们会评价说这个人有着很高的自尊。对于自尊时而褒义时而贬义的运用，让我们对"自尊"这个概念总有些矛盾的看法。英国心理学家梅勒妮·芬内尔在《克服低自尊》中定义了自尊：个人看待自己的方式、看法、价值。维基百科将自尊定义为自我能力和自我喜爱程度。全世界自尊运动的先驱及哲学家纳撒尼尔·布兰登定义自尊：自尊的本质是相信自己，相信自己有能力、有权利过上幸福快乐的生活。

　　自尊就是自我尊重，就是不向他人卑躬屈膝，同时，自尊也体现在不允许他人不尊重自己，即不允许他人歧视和侮辱自己。自尊与自信在一定程度上是相似的，自尊心在正常范围内的高表达就表现出一个人的自信。自尊是一种健康良好的心理状态，它是个体对社会角色进行自我评价的结果。自信是一个人对自己力量的信心，是相信自己能够在某件事上取得成功，在追求目标的过程中保持信念。自信的人可以客观地看待自己，总结出自己的优点和缺点。而自尊过高则成了自负，自尊过低则成了自卑。自负的人往往高估自己，认为自己比他人都要更优秀，看不起别人。自卑的人往往低估自己，认为自己比他人都要差劲，即使他们能做好某件事，也不敢轻易尝试，没有自信心。自卑和自负处于一种以自我为中心的状态，这种状态影响人际关系，最终都会让人远离成功。

研究表明，自尊的程度对于我们生活的各个方面都有着深刻的影响。自卑的人通常有两种形象：一种是自伤的行为或态度，表现出自弃、自怜、自卑等，甚至可能放弃生命；另一种是自恋的行为或态度，表现出冷漠、敌对、攻击、不负责任、报复社会等行为。

二、自尊的意义

自尊很重要，因为它展示了我们看待自己的方式和个人价值感。自尊有许多现实意义。

首先，自尊的人知道如何尊重他人，不尊重他人的人无法赢得他人的尊重。人本主义心理学家卡尔·罗杰斯认为，许多人的问题根源在于他们鄙视自己，认为自己一文不值，无法被爱。这就是罗杰斯认为无条件接受来访者很重要的原因。人本主义心理学将自尊作为每个人不可剥夺的权利："仅凭事实，每个人都应无条件地尊重所有人。他应该得到自己的尊重和他人的尊重。"

其次，尊重他人有助于更好地了解自己。俗话说："当局者迷，旁观者清。"在认识自己的过程中，由于知识和经验的限制，经常会出现盲点和误解，而只有借助他人的善意提醒或者直白的袒露才会让我们认清自己，不断增强自己的力量，成为一个有尊严、有价值的人。

再次，自尊能增强人们在面对生活逆境时的抗打击能力，对身体健康有益。自尊也可以等同为一种自我肯定。有自尊的人即使面对逆境、困难，也不会过度否认自己，而是积极寻找自己的价值感。缺乏自尊会增加患抑郁症的概率。一个有较强自尊心的人，在面对困难的时候会有"我一定能解决问题"的信心，同时，在任何情况下都会知道自己被周围的人认可和接受。长期生活在低评价环境中的儿童，自我评价低，缺乏自尊。此外，如果成年人过于关注儿童行为的结果而忽视儿童努力的过程，也会对儿童自尊的获得产生负面影响。

最后，自尊可以增强自己的力量，有利于建立丰富的人际关系并避免破坏性的人际关系，有利于提升幸福感，激发人们更好地发挥创造力。

三、自尊的三个主要观点

观点一：自尊=成功÷抱负

这个公式是由心理学先驱威廉·詹姆斯在《心理学原理》一书中提出的。詹姆斯认为，自尊取决于成功和成功对个人的重要性（抱负）。增加成功的经验或者减少对于成功的期待都可以获得自尊。

观点二：自尊=自我抱负×社会尊重

自尊包括两方面的尊重，一是自我尊重，二是希望别人尊重自己。具体来说，自尊体现在两个方面：一方面，自尊和自爱（自我抱负）；另一方面，期望他人、集体和社会给予相应的尊重。

观点三：自尊来自自尊需求

自尊来自自尊需求，包括两个方面：一是对成就、优势和自信的渴望，二是对声誉、支配地位和欣赏的渴望。该观点认为个体要有对自尊的需求，才会拥有自尊，而自尊的需要都与个体的外部环境有关，包括对自我归属感、安全感、成就感等的需要。

第二节　自尊的三个层次

从心理学的角度来说，自尊是对自我的评价性和情感性体验。国外学者提出，自尊心包括两个基本维度，即个体在应对生活挑战时的能力和价值状态。基于这两个维度，自尊由低向高分为三种类型：依赖型自尊、独立型自尊和无条件自尊。

一、依赖型自尊

从价值感的角度来说，所谓依赖型自尊，是指通过别人的肯定和表扬产生自尊，属于一种低自尊的状态。依赖型自尊的人渴望他人的赞扬。比如：演讲的时候，观众的反应很强烈，演讲者就会很高兴；如果观众没有反应，演讲者就会觉得无聊，甚至难过。再如，一位家庭主妇做了一桌菜，如果大家都说好吃，她就很高兴，大家都说不好吃，她就悲伤，这就属于依赖型自尊。高自尊的人遇到负面评价时也会有悲伤和失望的感觉，但不会感到羞耻和耻辱，不会影响对自己的总体看法。积极心理学认为，高自尊的人在面对他人的评价的时候，并不会真正影响其自我价值。而依赖型自尊（低自尊）的人遇到负面评价时更多地感到悲伤、不悦，或者愤怒、沮丧，会十分羞耻，觉得自己没用，不受人喜欢，行动上会退缩，自我价值感降低。

从能力感的角度来说，依赖型自尊的人的能力感是通过与他人比较获得的。如果自己优于他人，则感觉良好，反之，则自我能力评价低。例如，若一个学校尤其注重分数排名，家长经常拿自己的孩子与他人比较，孩子长大后就可能发展成依赖型自尊人格，即有较低的自尊。

二、独立型自尊

从价值感的角度来说，独立型自尊的人的自我价值来源于其内心。他们在接纳他人意见的同时，自己主导自己的人生。比如，一位家庭主妇做菜，她会与从前的自己比较，做的菜是不是比以前更好吃。如果是，她会很开心；如果不是，她会很沮丧。独立型自尊的人很少在意别人对自己的评价，他们根据自己的感受来决定自己的价值和能力。独立型自尊的人的主要原动力是自己想追求的目标。

从能力感的角度来说，依赖型自尊的人容易受他人言行的影响，会想要通过机械性的工作得到他人的肯定和称赞。独立型自尊的人能够对自我能力进行判断，其能力感来源于自己的进步和发展，他们喜欢跳出固定的模式、迂腐的老路，选择走别人没有走的路去创造。

三、无条件自尊

无条件自尊使个人处于安定的状态，不依赖他人的看法，也不注重自己的评价。在能力感上，他们不与他人比较，也不与自己比较，而是处于某种状态，与他人互相依赖，同时又各自独立。比如，一位家庭主妇做菜，她既不重视他人评价，也不进行自我评价，仅仅就是想做菜，喜欢做菜，她能从中获得乐趣与满足。

无条件自尊型人格用古圣贤人的话来说就是"无我"或"无我执"，英文翻译成"detachment"。这类人的独立与依赖不相互冲突，而是自由转换，怡然自得。当我们无条件接纳自己时，我们的大脑会更清晰，我们更能从我们拥有的事物中感受到喜悦。我们能够活在当下，欣赏事物原本的样子。面对他人的评价，自我不再敏感，我们与他人的关系更加和谐。我们将变得更加关心他人，更加慈悲，对他人有更多的同理心。我们全然地与他人、周围成为一体。

每个人的自尊发展都经历了依赖型自尊、独立型自尊、无条件自尊这三个阶段，自尊的程度从低发展到高。自尊发展的第一阶段是依赖型自尊，自尊依赖他人获得；第二阶段是独立型自尊，这时候可以比较客观地认识、理解自己与周围世界；第三阶段是无条件自尊，这是一种接近"圣人"的状态，也是自尊的最高境界。自尊的培养过程其实是自我成长、自我实现的过程。

刚出生的时候，我们没有自尊心，过了几年，我们就通过别人的看法开始了解自己。然后，我们开始有自己的意识，可以和以前的自己比较。最后，如果独立型自尊很强，我们就会进入自然存在阶段。很多人到了50岁后，才不会再追求别人的肯定，而是让别人理解自己。著名心理学家马斯洛说，45～50岁是实现自我的最佳阶段。但是，这并不意味着要摆脱依赖型自尊，别人夸奖我们的时候我们高兴，别人否定我们的时候我们伤心，这是人之常情，是人性中的一部分。

第三节 高自尊和低自尊

一、什么是高自尊

自尊水平高的人，在行动与态度上更加主动，较其他人而言，更加乐观，也更容易感受到快乐，幸福指数较高。高自尊者关注自己的优势，寻找机会发挥优势，最终提升自我；而低自尊者则倾向于找出自己的缺点并加以纠正，避免失败。自尊心强的人有良好的自我认同感，有足够的安心感，可以承认与发现自己的优点，也能接受自己的弱点，表现为高价值感、高能力。

除了高自尊与低自尊以外，还有防御型自尊。这样的人在很多情境下与高自尊者表现一样，但在弱点受到挑战时，就会出现与高自尊者不同的表现。其一，自尊与能力感低、价值感高有关，这类防御型自尊者对批评极其敏感，他们觉得自己没有能力或者能力不足。为排除这个焦虑，他们就自吹自擂或者批评指责他人。其二，自尊与能力感高、价值感低有关。这类防御型自尊者对质疑自己价值的批评极其敏感，因为他们在内心深处觉得自己没有多大价值，他们会焦虑。为了排除这种焦虑，他们就会全身心地投入工作，去取得一系列杰出成就。当感觉自身价值受到威胁时，他们就会出现恃强凌弱或不当攻击等行为。

高自尊者无论在心理上还是在社会适应方面都会更为健康。一方面，自尊心强的人，心理健康程度高，心理抵抗能力和应对困难的能力强。对于焦虑、抑郁、不可避免的困境，他们可以更好地应对，从而改善人际关系。自尊心强的人可以很容易地消除冲突，迅速恢复心理平衡，保持心理协调和健康。另一方面，高自尊的人对自己很满意，很自信，在生活和工作中都表现出了社会所期待的良好形象。高自尊还与亲社会行为（旨在造福他人的行为，具有慷慨和移情等品质）、灵活性和积极的家庭关系有关。事实上，2014年的一项研究发现，自尊更高、与家人关系更亲密的大学生在学校更成功，更能适应新环境。

二、什么是低自尊

如果我们过去的经验整体上都是负面的，那么我们对自我的评价也可能是负面的，因此，自尊的高低与过去成功与否的经验是密切相关的。低自尊者往往是过去失败经验过多，对自己的能力与价值有负面的信念，不相信自己的价值。低自尊者在思想上过分重视自己的弱点和缺陷，无视优越性。他们经常自我批评、自我谴责、自我怀疑，对人际关系、社会过分敏感。低自尊者在个人社会教育和职业方面适应不良，有心理健康问题，比如压抑、焦虑、进食障碍，很难建立和维持稳定的情感。

低自尊者的负面自我信念体现在想法、动作、情绪、行为、身体状态等多个方面。在行为上，低自尊者把"对不起"挂在嘴边，无法表达自己的合理需求，总是避免挑战和机会。在情绪情感上，低自尊者往往表现出悲伤、焦虑、罪恶感、愤怒、沮丧等负面情绪。在躯体动作上，低自尊者往往会低着头、驼着背，避免与他人有过多的眼神接触，说话极为小声等。在身体状态上，低自尊者会经常出现身体不适，包括疲劳、恶心、疼痛、紧张等。

三、如何提升低自尊

低自尊	高自尊
我想要被爱	我正被自己和他人所爱
应对姿态：不一致	应对姿态：一致
我将做任何事情（讨好）	我会做最合适的事情
我要让你感到内疚（责备）	我尊重我们的差异性
我要从现实中分离出来（超理智）	你我都是整体当中的一部分
我要否定现实（打岔）	我接纳所处的环境
僵化的 评判性的	确证的 充权的 自信的
消极反应	积极响应
有家庭规则，被"应该"所驱使	能够意识到多种选择和责任
通过外部定义 防御 压抑感受 停留在熟悉的环境中	接纳自我和他人 信任 诚实 接纳我们的感受、完整性和人性 愿意为不熟悉的事物冒险
关注过去，希望维持现状	关注现在，愿意改变

低自尊心的状态是可以改变的，因为低自尊者的消极自我评价只不过是一些看法，而不是事实，这些看法可以改变。有一些方法可以消除负面的自我评价，从而树立更积极的自我信念，摆脱低自尊状态。

第一，打破焦虑预期。低自尊者常常会感到一种不自然的焦虑。比如，某人要参加一次演讲，感到有些焦虑、担心，这属于正常焦虑，但如果因为这次演讲而担心得一周都无法入睡，则是不健康的。再如，半夜突然醒来，会感到莫名其妙的焦躁，无缘无故在日常生活中会感到焦虑和恐惧，这通常是自尊心低下的表现。低自尊者往往对一件事的发展持悲观的态度，认为会有不好的事情发生，高估事情的严重性，低估自己的应对能力，因此，低自尊者要尝试对焦虑的状况提出疑问，不能将其作为事实接受，必须找到可以摆脱焦虑的替代想法。

第二，提高自我接纳。低自尊者往往只看到自己曾经的失败，认为自己一无是处，因此，低自尊者可以试着记录自己的优点，不论大小，记录的时候要在优点之后附上详细的示例。例如，自己很勤奋，这个假期学习了很多新技能。每当感到挫败、自责、愧疚、无助时，就拿出这个记事本，你将会发现自己能够做到很多厉害的事情，自己是有能力的，从这些记录中获得支持和力量。

第三，建立自我价值。李中莹在《重塑心灵》一书中指出，当我们察觉到自己偶尔会出现低自尊、不自信、没有力量的状态时，要记得以下两点。

一是言出必行，言出必准。言出必行就是指生活中的每一件事情都要"说到做到"，如果做不到，就不要说出来；如果说出来，却没有做到，就要主动为此承担责任。言出必准就是指没有把握的事情就不要做出承诺，你所说的和你内心的认知感觉一致。

二是有所不为，有所必为。一件事情如果符合三赢标准：你好，我好，世界好，就不妨做一做。反过来说，如果做一件事情，没有明显的好处，仅仅是因为好奇或者冲动，对自己或者他人有可能带来伤害，就不要做。

提升自尊心需要时间来不断练习与实践。在漫长的过程中状态会反复起伏，这时不要失望、灰心，要给自己时间。如果觉得自己克服不了，也可以适当寻求专家、朋友、家人的帮助。相信最终我们都会走出低自尊的深渊，用积极、乐观的态度拥抱生活。

第四节　自尊的发展及影响因素

一、影响自尊的因素

自尊是自我意识的重要组成部分，自尊心的影响因素主要有以下四点。

第一，家庭。自尊是个体社会化的一个重要方面，儿童接受社会化教育的起点就是家庭，比如习得道德规范、社会行为等。家庭中的几个因素，如经济收入、家庭结构和养育方式等，都将影响儿童自尊的发展和变化。

第二，行为反馈。对成功行为的反馈可以提高个人自尊，比如先把小事做成功，提高自尊心，接下来，逐步适当增加难度。

第三，发展优势，避免劣势。选择适合你并能取得成功的活动有助于增强自尊。生活中，有些人常常能力不足，却选择去做超出自己能力范围的事情，这样很容易受挫，以至于郁郁不得志，打击了自尊，也丧失了兴趣。所以，平日不要好高骛远，从一些力所能及的事情做起，再慢慢增加难度。

第四，进行正确的社会比较。在社会比较中，相似性比较是非常重要的原则。根据相似性原则，选择与自己具有相似地位、经济状况的人进行比较，才能把自己放在正确的位置，并提高自尊。

二、自尊发展及影响因素

自尊是个体成长过程中的重要组成部分，家庭和早期经验、学校和同伴关系、社会支持、身体形象及评价等因素都会对个体自尊的发展产生重要影响。

第一，家庭和早期经验。父母的一些行为有助于培养孩子的自尊。例如：对孩子友善，对孩子的活动表现出兴趣，接受和参与孩子的活动等；父母对孩子的要求是一致的；尊重孩子，给予自由；用道理和事实劝说孩子，而不是用暴力体罚等。

第二，学校和同伴关系。儿童进入学龄阶段后，学校对儿童的自尊有着越来越显著的影响，儿童的自尊与老师、同伴紧密地联系在一起。教师的关心、鼓励、表扬和严格要求将促进儿童自尊的发展。同时，教师不当的教育态度也会严重伤害儿童的自尊。此外，儿童在与同伴的交往中若受到同伴的欢迎，形成肯定自我的评价，其自尊水平也相对较高。

第三，社会支持。自尊是在特定的社会环境中产生的，社会性因素是自尊形成与发展不可避免的因素。社会支持是指个体生活中的来自外部（包括家人、朋友、社会）的支持，包括经济与情感支持。研究表明，社会支持高的个体会表现出高自尊，有更多的资源来应对困难。

第四，身体形象及评价。美丽的容貌和苗条的身材确实会在一定程度上提高自尊水平。身体形象及评价是自我认识的重要组成部分，青少年的自我评价首先与是否满足于自己的外表相关。

三、影响儿童自尊的因素

自尊高低与人的心理健康水平直接相关，同时，自尊也是儿童发展健康人格的必要因素之一，对儿童的认知、感情、情绪、动机与社会行为有着重要影响。对孩子来说，影响自尊心发展的因素主要有以下几点。

1. 父母的教养方式

父母的教养方式是家庭因素中最能影响儿童自尊发展的因素，它不仅影响自尊的整体水平，也影响自尊各方面的发展。高自尊儿童的父母的教养方式有四个特点：第一，以温暖、爱、积极的态度接受孩子的特点和需要，积极、热心地参加孩子的活动，例如游戏；第二，严格要求孩子，但不采取强制的方法；第三，给予孩子自由表达观点的权利，让孩子意识到自己也是家庭的一员，耐心听取，适当接受孩子的意见；第四，以身作则，为孩子的成长、成才树立榜样。

2. 同伴关系

同伴关系包括友情、集体关系等。建立朋友间的友情关系，被集体接受、尊重是自尊心的两大因素。与朋友、集体之间建立的亲密感有利于帮助孩子建立健康的依恋关系，增加社会支持，舒缓压力，减少消极情绪。

3. 年龄特点

根据研究，自尊心在幼儿期萌芽，在学龄初期稳定，到了青春期明显下降，又在成人期逐步上升，而到了成人后期会下降。自尊的稳定性与年龄的发展之间的关系呈倒U形：儿童阶段自尊的稳定性最低，青年和成人阶段自尊稳定性呈现不断增加的趋势，中年阶段自尊稳定性达到最高峰，老年阶段呈现逐渐下降的态势。

鉴于青少年时期自尊水平明显下降及其不稳定性，有一些策略可以提高青少年的自尊。从家庭与社会系统来看，第一，重视个人追求自尊心的过程中情绪性和动机性的结果；第二，通过行为干预与训练来增强应对威胁自尊的处境的能力；第三，重视亲密关系与社会支持的作用；第四，自尊要与现状保持动态平衡，积极客观地进行自我评价。从青少年自身来看，第一，知荣辱，不损害自己的人格；第二，摒弃虚荣心，正确对待自己的缺点；第三，虚心接受他人的批评，不断进步；第四，关心他人，维护集体，尊重他人。

小结：

　　一个人应该有自尊，应该用心保护自尊。自尊对一个人的心理生存至关重要。

自我分析：

　　1.你觉得自己属于哪一种自尊类型？

　　2.你善于肯定自己或他人吗？

推荐阅读：

　　《写给教育者的积极心理学》任俊

　　《自控力》（美）凯利·麦格尼格尔

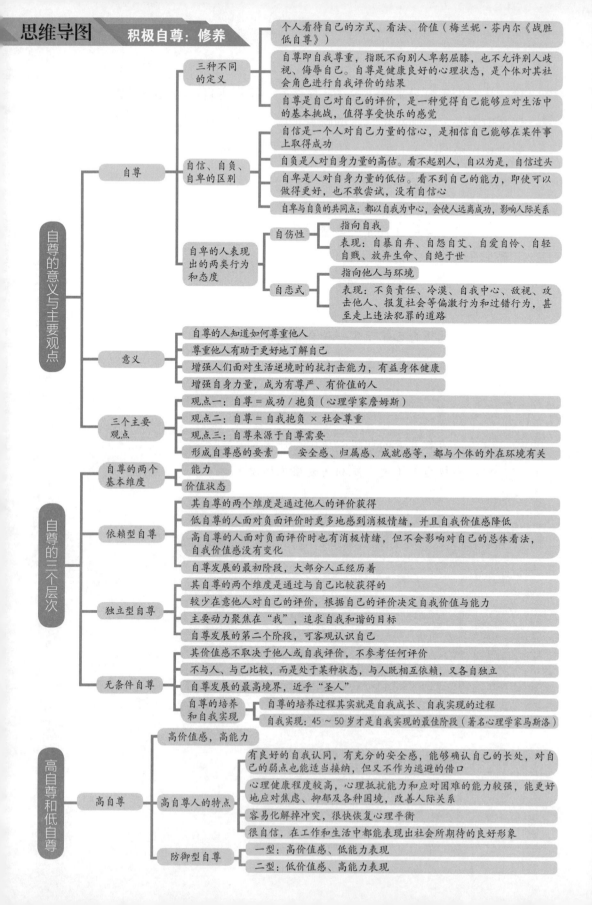

自尊的意义与主要观点

自尊

三种不同的定义
- 个人看待自己的方式、看法、价值（梅兰妮·芬内尔《战胜低自尊》）
- 自尊即自我尊重，指既不向别人卑躬屈膝，也不允许别人歧视、侮辱自己。自尊是健康良好的心理状态，是个体对其社会角色进行自我评价的结果
- 自尊是自己对自己的评价，是一种觉得自己能够应对生活中的基本挑战，值得享受快乐的感觉

自信、自负、自卑的区别
- 自信是一个人对自己力量的信心，是相信自己能够在某件事上取得成功
- 自负是人对自身力量的高估。看不起别人，自以为是，自信过头
- 自卑是人对自身力量的低估。看不到自己的能力，即使可以做得更好，也不敢尝试，没有自信心
- 自卑与自负的共同点：都以自我为中心，会使人远离成功，影响人际关系

自卑的人表现出的两类行为和态度
- 自伤性
  - 指向自我
  - 表现：自暴自弃、自怨自艾、自爱自怜、自轻自贱、放弃生命、自绝于世
- 自恋式
  - 指向他人与环境
  - 表现：不负责任、冷漠、自我中心、敌视、攻击他人、报复社会等偏激行为和过错行为，甚至走上违法犯罪的道路

意义
- 自尊的人知道如何尊重他人
- 尊重他人有助于更好地了解自己
- 增强人们面对生活逆境时的抗打击能力，有益身体健康
- 增强自身力量，成为有尊严、有价值的人

三个主要观点
- 观点一：自尊＝成功/抱负（心理学家詹姆斯）
- 观点二：自尊＝自我抱负×社会尊重
- 观点三：自尊来源于自尊需要
- 形成自尊感的要素 —— 安全感、归属感、成就感等，都与个体的外在环境有关

自尊的三个层次

自尊的两个基本维度
- 能力
- 价值状态

依赖型自尊
- 其自尊的两个维度是通过他人的评价获得
- 低自尊的人面对负面评价时更多地感到消极情绪，并且自我价值感降低
- 高自尊的人面对负面评价时也有消极情绪，但不会影响对自己的总体看法，自我价值感没有变化
- 自尊发展的最初阶段，大部分人正经历着

独立型自尊
- 其自尊的两个维度是通过与自己比较获得的
- 较少在意他人对自己的评价，根据自己的评价决定自我价值与能力
- 主要动力聚焦在"我"，追求自我和谐的目标
- 自尊发展的第二个阶段，可客观认识自己

无条件自尊
- 其价值感不取决于他人或自我评价，不参考任何评价
- 不与人、与己比较，而是处于某种状态，与人既相互依赖，又各自独立
- 自尊发展的最高境界，近乎"圣人"
- 自尊的培养和自我实现
  - 自尊的培养过程其实就是自我成长、自我实现的过程
  - 自我实现：45～50岁才是自我实现的最佳阶段（著名心理学家马斯洛）

高自尊和低自尊

高自尊
- 高价值感，高能力
- 高自尊人的特点
  - 有良好的自我认同，有充分的安全感，能够确认自己的长处，对自己的弱点也能适当接纳，但又不作为逃避的借口
  - 心理健康程度较高，心理抵抗能力和应对困难的能力较强，能更好地应对焦虑、抑郁及各种困境，改善人际关系
  - 容易化解掉冲突，很快恢复心理平衡
  - 很自信，在工作和生活中都能表现出社会所期待的良好形象
- 防御型自尊
  - 一型：高价值感、低能力表现
  - 二型：低价值感、高能力表现

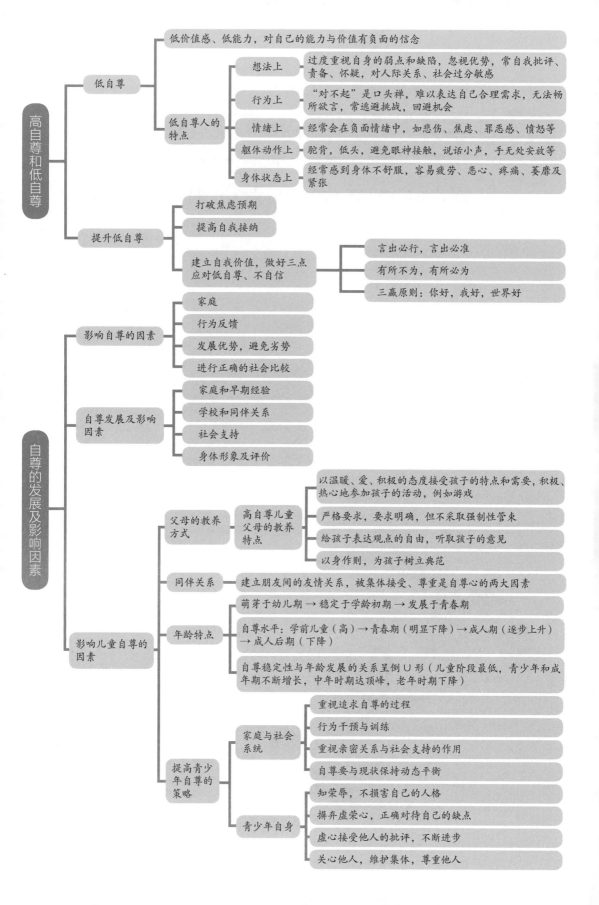

```
高自尊和低自尊 ── 低自尊 ── 低价值感、低能力，对自己的能力与价值有负面的信念
                         └─ 低自尊人的特点 ── 想法上 ── 过度重视自身的弱点和缺陷，忽视优势，常自我批评、责备、怀疑，对人际关系、社会过分敏感
                                          ├─ 行为上 ── "对不起"是口头禅，难以表达自己合理需求，无法畅所欲言，常逃避挑战，回避机会
                                          ├─ 情绪上 ── 经常会在负面情绪中，如悲伤、焦虑、罪恶感、愤怒等
                                          ├─ 躯体动作上 ── 驼背，低头，避免眼神接触，说话小声，手无处安放等
                                          └─ 身体状态上 ── 经常感到身体不舒服，容易疲劳、恶心、疼痛、萎靡及紧张
              └─ 提升低自尊 ── 打破焦虑预期
                            ├─ 提高自我接纳
                            └─ 建立自我价值，做好三点应对低自尊、不自信 ── 言出必行，言出必准
                                                              ├─ 有所不为，有所必为
                                                              └─ 三赢原则：你好，我好，世界好

自尊的发展及影响因素 ── 影响自尊的因素 ── 家庭
                                   ├─ 行为反馈
                                   ├─ 发展优势，避免劣势
                                   └─ 进行正确的社会比较
                  ├─ 自尊发展及影响因素 ── 家庭和早期经验
                                     ├─ 学校和同伴关系
                                     ├─ 社会支持
                                     └─ 身体形象及评价
                  └─ 影响儿童自尊的因素 ── 父母的教养方式 ── 高自尊儿童父母的教养特点 ── 以温暖、爱、积极的态度接受孩子的特点和需要，积极、热心地参加孩子的活动，例如游戏
                                                                      ├─ 严格要求，要求明确，但不采取强制性管束
                                                                      ├─ 给孩子表达观点的自由，听取孩子的意见
                                                                      └─ 以身作则，为孩子树立典范
                                     ├─ 同伴关系 ── 建立朋友间的友情关系，被集体接受、尊重是自尊心的两大因素
                                     ├─ 年龄特点 ── 萌芽于幼儿期→稳定于学龄初期→发展于青春期
                                                 ├─ 自尊水平：学前儿童（高）→青春期（明显下降）→成人期（逐步上升）→成人后期（下降）
                                                 └─ 自尊稳定性与年龄发展的关系呈倒U形（儿童阶段最低，青少年和成年期不断增长，中年时期达顶峰，老年时期下降）
                                     └─ 提高青少年自尊的策略 ── 家庭与社会系统 ── 重视追求自尊的过程
                                                                        ├─ 行为干预与训练
                                                                        ├─ 重视亲密关系与社会支持的作用
                                                                        └─ 自尊要与现状保持动态平衡
                                                          └─ 青少年自身 ── 知荣辱，不损害自己的人格
                                                                        ├─ 摒弃虚荣心，正确对待自己的缺点
                                                                        ├─ 虚心接受他人的批评，不断进步
                                                                        └─ 关心他人，维护集体，尊重他人
```

第十二章 | 良好的、亲切的、互惠的、平等的
和长久的人际关系
是一个人幸福的最好的预言师。

12

积 极 关 系

爱 商

第一节　人际关系与幸福

一、我与人际关系

　　美国著名人际关系学者卡耐基曾说，一个人的事业成功，只有11%是因为他的专业，80%都依赖于人际关系和处世方法。这充分说明了人际关系的重要性。人际关系是一种社会与心理关系，是指人与人之间的心理距离。在社会生活中，每个人的人际关系状况都会对其产生重要的影响。

　　各种人际关系的健康发展都可以为个体带来重大益处。首先，与爱人的关系带来了亲密感与自我认同。在与爱人的亲密互动中，对方给自己的正向反馈让自我认同感不断提高，同时，我们可以不断观察自己的行为，通过对方看到自己身上的问题。其次，与亲人的关系带给我们亲密的社会支持。社会支持通常是指社会各个方面向个人提供精神或物质帮助和支持的系统，包括父母和亲属。社会支持可以缓解个体的心理压力，促进个体心理健康，减少焦虑、痛苦、抑郁等负面情绪。再次，与朋友的关系带来了信任和归属感。高质量的友谊总是能够让彼此互相欣赏和尊重，让自己变得更有价值。最后，合作者带来了双赢与互惠。"独木易折，三木成森"这句话告诉我们合作的真谛：无论一个人多么优秀，他都会有一个短板，很容易被打破。个体只有与他人合作，才能最大限度地发挥自己的竞争力，实现双赢。良好的、亲切的、互惠的、平等的和长久的人际关系是一个人幸福的最好的预言师。

二、人际关系与幸福

人际关系对个人幸福、健康都有重要影响。将已婚人士与单身人士进行比较的研究发现，已婚人士活得更久，中风和心脏病发作的概率更小，抑郁的可能性更低，确诊晚期癌症的可能性较小，在更长的时间内存活下来的可能性较高。研究人员发现，终生单身的人比已婚者在以后的生活中患老年痴呆症的可能性要高42％。

来自家庭的社会支持与一个人的幸福感、身体健康状况、生活质量之间存在显著的正相关关系。有关人际支持与健康的关系的研究较少，大部分研究者赞同两者的关系可以用缓冲作用模型解释：社会支持在压力与健康之间起到了调节作用。人际支持缓冲了生活中的压力、负面事件对个人健康的消极影响，间接改善了个体健康状况。

友谊能够发挥重要作用的前提不在于朋友的数量，而在于朋友的质量。友情是我们获得快乐和支持的不可或缺的源泉，根据对年轻人的研究，36%的人认为友情是现在最亲密的关系。如果朋友和爱人都在身边是最美满的状况，但如果两者只能选择一个，朋友往往比配偶能够带来更多的快乐。

此外，研究表明，真正有用的关系并不是人们想象中的经常见面、相互了解的强关系，而是平时联系很少的弱关系。

三、人际关系之友情

友情是个体与个体之间的双向（或相互作用）关系，是双方共同促进的感情。友情的定义包含以下三点：友情是相对持久、稳定的关系；友情是个体与个体之间相互作用的关系；友情的基础是信赖，特征是亲密性。两个人能否成为好朋友不是因为对方的地位、金钱、身体状况、成就等客观条件，而是取决于朋友是否可靠、诚信、忠诚、乐观、幽默、风趣。

友情对我们的健康和幸福都至关重要，促进友情有六个方法。

- 加强交流，共同参与活动。好朋友之间不要因时间的流逝而失去联系，除了交谈之外还应时常一起参与活动，增进感情。

- 关心他人，相互帮助。每个人都会遭遇苦难，这时就更需要来自朋友的关心与帮助。能够为你雪中送炭的人，一定是自己应该珍惜的真正的朋友。

- 学会赞美别人。友情需要赞美来维持，赞美是友情的胶水，赞美不仅能使老朋友更加紧密地团结起来，还能把彼此不认识的人联络起来。

- 提升共情水平。理解朋友的情绪、想法，站在对方的角度思考问题，理解朋友的难处，这样彼此才能真正成为推心置腹的好朋友。

- 包容与接纳朋友的缺点。人与人在频繁的接触中难免会出现冲突，在这种情况下，大度与宽容可以为我们赢得良好的人际关系。

- 以积极态度和良好的应对策略来面对冲突。冲突是人际关系中不可避免的，不能让朋友之间的小问题发展成大矛盾。要给予对方足够的信赖，即使意见不统一，也要精心呵护友情。

第二节　和谐关系：爱与被爱的能力

一、亲密关系

哈佛大学进行了一项追踪研究，旨在探明人的一生中是什么让我们能够保持健康和幸福的生活。75年间，哈佛大学心理学家追踪了共计724位男性，得出的第一个结论是：决定人一生的健康与幸福的不是有没有豪车、豪宅，不是银行账户里有多少存款，不是功成名就，不是取得了多大的权力与名望，不是天赋、智商有多高，而是是否有良好的人际关系，这才是让一个人保持健康、快乐与幸福的关键所在。

这项研究的第二个重要结论是：在良好的人际关系中，起决定性作用的不是拥有的朋友的数量，而是亲密关系的质量（这里的亲密关系泛指亲情、友情和爱情）。而婚姻里的亲密关系又是最重要的核心关系，积极心理学之父马丁·塞利格曼对不同国家、不同阶层的民众展开了调查，即什么因素能够预测个人是否幸福。结果表明，比起工作、金钱、社会环境、地位、权利，婚姻是否令人满意对一个人的幸福有着更大的影响。在塞利格曼的幸福理论里，有五大支柱支撑着幸福，其中一大支柱就是关系。而良好的人际关系，尤其是高质量的亲密关系，是其中最重要的支柱。

人类有一些基本需求，人本主义心理学家马斯洛对人类的需求进行了归类，提出了需求层次理论。最下层是生理需求，如水、空气、睡眠等。第二层是安全需求，是人身安全与健康的保障。而第三层则是爱与归属的需求，人类有归属于一个集体的需要，这样才更有利于生存和繁衍。归属感一定要有情感的连接，在工作中通常是以解决问题、达成目标为主要形式的合作，而能给人归属感的关系大多是与亲密伴侣的关系，这是一种深入彼此内心的亲密关系，包括接受、分享、依赖、信任、支持、承诺、爱和关怀。拥有一位真正值得爱、与你深深相爱的伴侣，将会使你更成功、更健康、更长寿、更幸福。

心理学家罗伯特·斯滕伯格在1986年提出了爱情的三元论，认为爱情有三个核心要素：亲密、激情、承诺。亲密包括热情、理解、交流、支持、共享等内容，激情主要是指对对方的性欲望，承诺意味着要积极地维持感情。真正的爱情，即完美式爱情，它组合了三个元素，代表着人们所向往的理想的爱情状态。拥有完美式爱情的双方能长期保持着良好、和谐的关系。他们一起解决了一系列的困难，享受了在一起的幸福时光。真正的完美式爱情是很少的，大多数存在于人们的想象之中。若激情随时间流逝，感情将会变成伴侣式爱情。所以斯滕伯格强调了将爱的元素转化为实际行动的重要性。判断一对夫妻的感情如何，一是看亲密程度，二是看默契程度，三是看彼此间的关爱程度。真正的亲密是指两个人之间有呼应，情感能量可以流动的状态。而维系亲密关系的重要因素就包括积极分享、承诺、分担、乐于付出、随和、宽容等。

二、亲子关系

要建高楼，首先要打好牢固的地基。同样，想要有效地教育孩子，首先必须构筑和孩子建立亲密关系的坚固基础。在和孩子建立亲密关系之前就想教育孩子的话，就像没有打好地基的大楼，是极其危险的。亲子关系有四个特征：亲子关系是最长、最普遍、最稳定的关系；亲子之间在生活上有十分直接、密切的联系与相互作用；亲子关系是由血缘决定的，不能随便选择和改变；亲子关系是否良好，是影响孩子人格形成与发展的要素。

幸福心理学建议构建父母共同培育孩子的积极模型，避开消极模型。

首先，夫妻关系应该亲密无间，家庭氛围和谐、乐观。父母关系和谐，会让孩子感受到更多的爱，孩子在探索自己和家人的关系时，会意识到父母之间才是最亲近的，自己不是家庭的中心。孩子长大后，才有追求自己喜欢的人，建立自己的家庭的动机。

其次，父母教育理念和谐、一致。如果父母的家庭教育观念不同，那么，孩子再次遇到同样的问题与情况的时候，就不知道自己该如何处理。因此，家庭教育的重要前提是教育观点、方法等方面的一致性。

再次，父母双方要以身作则，不断成长，完善自己。父母是陪伴孩子一生的老师，家庭教育应排在首位，父母能以身作则，树立榜样尤为重要。良好的家庭氛围对孩子的成长是一种积极力量。

最后，积极而有利的教养方式。例如，父母应该平等地和孩子交流，父母双方要营造倾听的氛围，及时关注孩子的精神世界，及时指导。此外，父母应该提高共情能力，多换位思考，从孩子的立场观察、考虑问题。这样的话，就可以真正走进孩子的内心，建立亲密的亲子关系。

亲子关系是人一生中的第一个人际关系，这种关系模式会深深地烙印在孩子的心里，成为其人生中一切人际关系的原型，特别是较为亲密的人际关系，如夫妻之间、恋人之间、朋友之间的相处模式都一直在重复亲子关系模式。积极的亲子关系对孩子的发展十分重要，利于培养孩子积极的人格与性格，如感恩、乐观、友好、合作、创造、坚持、公正、宽容、幽默。积极亲子关系追求亲子间的双向互动，并且把孩子放在主要位置。儿童发展心理学家皮亚杰认为，孩子的心理发展过程是孩子自我选择、调节的过程，父母应发挥孩子的主导性，为孩子提供和谐、温暖、丰富、有爱的环境，以帮助孩子成长。

第三节 爱情及积极关系

一、什么是爱情和爱商

什么是爱情？这是一个古老的话题。关于爱情，很多心理学家、哲学家给出了不同的定义。华生定义爱情是由于性刺激而产生的自然感情；斯柯尼克认为爱情是感情、思考、文化特征所构建的体验；弗洛姆主张爱情是克服孤独感的持续感情；鲁宾——爱情量化研究的先驱者，首次将态度引入爱情，爱情包括认知、感情、行为等因素。关于爱情的定义还没有统一的说法，但爱情所包含的情感联结是每个人都无法否认的。爱情里的美好情感联结带给双方力量，是每个人都向往的。

那么，什么是爱商呢？爱商首先是由美国心理学家提出的，是指爱的商数、智慧。最初，这个词主要是指对恋爱关系和爱情的态度；到后来，爱商演变为个体处理夫妻关系、朋友关系、家人关系中的能力，具体包括个人理解爱、接受爱、表达爱的能力。爱商作为情商、智商的补充，是现代社会个体在追求幸福过程中不可缺少的重要能力。爱商就是要懂得关爱、理解、呵护别人，让你的爱得到别人的认可，时间久了，别人就会愿意和你交往。爱商也是社交的一门学问，提升爱商，才会创造属于自己的真正幸福。

想要发展人际关系，人际吸引是其根本。只有在相互吸引的前提下，彼此的关系才有可能从普通关系发展为亲密关系。亲密关系包括朋友、恋人、夫妇、家人等，是每个人的生活中不可缺少的因素。人与人之间关系的发展需要经历四个阶段：第一，零接触，双方没有任何关系，都不知道对方的存在；第二，知晓，双方都知道彼此的信息，但是没有直接接触；第三，表面接触，两人开始交往，但这样的交往是浮于表面的，没有过多的感情介入；第四，共同关系，两个人形成了亲密关系，双方开始互相依赖。

二、为什么会爱上一个人

加拿大有一处风景名胜地——卡布兰诺大峡谷，1889年，峡谷上建了一座吊桥。桥宽5英尺，跨度450英尺，距地面230英尺。山风在峡谷之间呼啸，吊桥飘摇，桥上的人腿脚发软，觉得随时都有可能掉进山谷里。过了几年，峡谷上游建了一座十分坚固的石桥，在这座木桥上，人们可以放松快乐地走完全程。1974年，英国哥伦比亚大学的心理学家达顿利用这两座不同的桥进行了著名的心理实验。他安排女助理在两个桥头等待过桥的男性，她要努力接近刚过桥的男性，让他们填写一份简单的调查表，留下自己的名字和电话。

后续，研究者给每一位男性打了电话，调查他们对于见到女助理的感觉。从反馈来看，走危险吊桥的男性相比于走坚固石桥的男性，普遍对女助手有更多的好感。达顿教授解释实验结果：我们的感情由两种因素左右，一是生理反应，二是我们对自己生理反应的认知。颤抖着穿过危险的吊桥，男性感觉到呼吸急促，心跳加速，激素大量分泌，而这时一位优雅的女士出现在他面前，微笑着把手机号码留给了他时，他们会对这一瞬间心动不已，相信这一定是一见钟情！由此可见，人类的爱既有高级的认知水平，也有本能的生理水平。

三、积极爱情与婚姻关系

斯滕伯格认为，爱情有喜欢式、迷恋式、空洞式、浪漫式、伴侣式、愚蠢式与完美爱情，共七种类型。

- 喜欢式爱情。只有亲密，没有承诺和激情。双方在一起时心情会很好，但是激情不够，不一定想一辈子在一起。
- 迷恋式爱情。这种爱情里没有亲密和承诺，只有激情。双方都认为对方有很强的吸引力，但并不了解对方的灵魂与心理，也不会考虑未来。
- 空洞式爱情。双方之间缺乏亲密和激情，只有彼此的承诺，纯粹为了结婚而结婚，类似于古代的包办婚姻。
- 浪漫式爱情。双方之间有亲密感和激情体验，没有承诺。这种爱情倡导过程，并不在乎结果。
- 伴侣式爱情。双方之间有亲密和承诺，但缺乏激情，类似于空洞的爱。
- 愚蠢式爱情。双方之间只有激情和承诺，没有亲密。没有亲密的激情只是一时的生理冲动，激情过了就只剩脆弱的承诺，就像一张空头支票。
- 完美爱情。同时具备三个要素，即激情、承诺和亲密。

斯滕伯格认为，前六种都只是类爱情或非爱情，只有第七种才是真正意义上的爱情。激情、承诺和亲密共筑了爱情，其中任何一个要素缺失，都不能称为爱情。斯滕伯格把具备这三种要素的爱称为完美爱情，为了构筑安定的、持续的爱，恋爱双方需要竭尽全力培养、保护爱情。但是，具备这三个要素并不意味着爱情就会变成现实，爱情需要更多的努力来调节这三个要素的关系。

第四节 影响积极关系的重要品质

积极关系（包括与配偶、子女、朋友的关系）是一种良好的人与人之间的状态，是一种让自己和他人都舒服和自如的关系。在积极关系中，彼此之间能相互理解、尊重、接纳和包容，并通过交流来积极面对不和谐的因素，以此获得改进和提高的契机。

一、利他与共情

生活中会有这样的夫妻：丈夫喜欢看武打片，但妻子觉得武打片太无聊，不值得看；妻子喜欢吃海鲜，但丈夫无法忍受海鲜的腥味。然而，他们生活在一起时却是非常和睦、幸福的。我们会感到不可思议，差异这么巨大的双方，是怎么收获幸福婚姻的？他们幸福的秘诀就是共情。它与同情不同，同情意味着怜悯；共情则意味着换位思考，站在别人的位置上考虑事情。同情是一个人对他人的遭遇感到抱歉，共情是一个人能感受到对方的痛苦。

共情是一种情感能力，指能够识别、理解、感受他人的情绪、情感状态、思想、意图，对此做出适当反应，并感同身受的能力。比如当人们感觉到他人的情绪，会引发情绪共鸣，从而明确他人的处境和心绪，促使他人消除困扰。

心理学家认为，共情能力不仅是心理咨询师要具备的必要特质，也是每一个人都需要具备的能力。拥有了良好的共情能力，个人就能够更加游刃有余地处理家庭、朋友、同伴、亲子的关系。另外，共情能力的发展对于儿童也非常关键，它能帮助儿童更好地与人沟通，有效地调节自己和他人的情绪。

二、信任与背叛

"信任"这个词在14世纪首次出现，意味着"本质上的确定，以及根深蒂固的希望"。只有在我们需要他人的时候，当对方有可能违背我们意愿的时候，当风险和坏的可能存在的时候，对方仍然做出了维护我们的举动，此时信任才会产生。双方互相信任，能感受到陪伴感和安心感。信任可能存在于家庭、亲密的关系中，也可能存在于深厚的友情中。而背叛一般发生在重要的亲密关系中，是一种辜负对方信任的行为。

一段良好的亲密关系应该是双方相互信赖，没有背叛行为，双方都感到幸福。研究发现，信任感高的人主观幸福感强，更值得交往（不论是友情，还是爱情）。同样，背叛感低的人有很强的自制力、主观幸福感、责任感、大度等积极特质。

三、宽容与赎罪

宽容是一种胸怀、一种睿智，是一种乐观面对生活的勇气。《大不列颠百科全书》将宽容定义为允许他人自由地做出任何行动，允许他人有任何想法，并且能不带偏见地接纳不一致的观点。《现代汉语词典》对宽容的解释是：宽大有气量，不计较或追究。人们的价值观是不同的，由此产生的幸福价值评估标准也不同。宽容是一种无形的幸福，面对生活中别人的一些对与错，我们应该学会宽容。

宽容的人有独特的性格特征，例如，随和、情绪稳定、虔诚、高自尊但不自恋、没有特权感。宽容的人身心更健康，婚姻满意度更高，犯罪行为概率更低，并且在面对生活中的负性事件（如丧亲、丧偶）时适应能力更强。

四、感恩

个体通过感恩来回应他人的善良，并获得积极的结果。生活中有许多值得感恩的事，我们经常在心里感激父母和家人，经常为生命中所拥有的而感到幸运。当我们感受到自己是他人亲社会行为的受益者，并且承认这种恩惠的时候，我们就会心存感激，即感恩。

感恩有许多益处。首先，懂得感恩的人本身就会具有许多积极特质，包括乐观、愉快、情绪稳定、高自尊、不自恋。其次，在身体健康方面，感恩的人有更高的健康水平。在心理健康方面，感恩有助于我们建立积极的人际关系，拥有更高的主观幸福感。懂得对父母、配偶、孩子、朋友、自然、社会甚至陌生人感恩，都能极大地促进我们身心健康，尤其是减少抑郁症状。感恩、满足、快乐和其他由感恩产生的积极情绪可以促进大脑加速释放让人感到快乐的激素与神经递质，包括多巴胺、血清素、催产素。就催产素来说，催产素是一种典型的"亲社会"激素，催产素的分泌可以缓解紧张、焦虑、抑郁等负面情绪。感恩的人会大量分泌催产素，进一步促进自己长期保持积极、平稳的情绪以及提高人体免疫功能。

第五节　白头到老的黄金比例

一、白头到老5:1黄金比例

什么样的夫妻能够白头到老？西雅图大学著名情感专家、教授约翰·戈德曼观察并研究了700对夫妻在10年间每天15分钟的随机对话内容。然后，他的研究团队评估了这些夫妇之间的情感互动，并根据积极和消极情绪的5:1比例预测了哪些夫妇会离婚，哪些夫妇不会。10年后，结果表明，预测准确度高达94%！戈德曼教授的分析如下：如果在婚姻或爱情关系中，积极的情感互动和消极的情感互动之间的比例是5:1，夫妻俩就能白头到老；如果低于这个比例，或者如果积极和消极的情感互动比例接近1:1，他们很可能会离婚。

当你在生活中与爱人沟通、交谈时，是有更多积极和赞美的语言，还是有更多消极和质疑的语言？5:1的比例是男女之间交往的黄金比例。愤怒是负面情绪的代表，愤怒不仅会伤害身体，影响和谐、稳定的人际关系，在婚姻中，还会破坏夫妻感情。积极的话语使婚姻充满温暖的气氛，促进情感；而消极的话语让夫妻关系冷漠，甚至互相为敌。因此，夫妻之间应该积极地进行语言沟通。

二、破坏婚姻的三个矛盾

第一，情绪矛盾。我们在与爱人的相处过程中，可能会因为一些小事而愤怒、伤心、难过、情绪失控，若负面情绪不断累积，将会导致矛盾不断升级。在生活中，我们经常因为负面情绪而伤害他人，或者出口伤人。《欲望山庄》里说："柔软的舌头也会挑断筋骨，有时语言比身体暴力更让人痛苦。"当我们处于消极情绪中时，我们彼此之间的交流往往是无效的。所谓无效沟通，是指不表达或隐藏核心意思，只发泄自己的情绪。当我们忽略了他人的情绪，只发泄自己的情绪，我们表达的内容就是责备和抱怨。此时，两个人之间的交流不再是关于某件事，而是变成了一场情感斗争。

第二，沟通矛盾。"我不知道该怎么说。""当我生气时，我无法控制我的情绪。""他不知道我在想什么，他不够在乎我。"有的人喜欢"被动"，让另一半去猜测自己的想法，总是压抑自己的情绪与感受，受了委屈也不表达，逐渐被对方忽略。因此，建立一个健康的沟通模式很重要。在婚姻中，夫妻双方不可避免地会发生争吵，但争吵绝不是没有底线的伤害。想要幸福的婚姻，那么夫妻两个人就都要好好说话，而不要当糟糕的批评者。错误的沟通实际上会消耗两个人之间的感情。请记住，永远不要把伤害留给你最爱的人。

第三，需求矛盾。当我们指责对方不够好时，实际上是因为婚姻中自己的需求没有得到满足，想法没有被理解，想让对方更懂自己，自己却从未试着先懂对方。如果自身有需要，就要说出来，但有些时候人们对需要的表达是无效的，例如，"我需要你做……"是一种要求或命令，而真正有效的是表达自己的需要，例如，"我需要……"。

情侣们争论什么？2009年，帕普·卡明斯和戈克·莫雷找到了100对夫妇，实验人员要求这些夫妇记录未来15天内的每一次争吵。根据记录本上的内容，研究人员细化了争议的数量和主题。结果发现，除了肢体冲突外，这些夫妇在15天里一共进行了748次激烈的言语争吵，排名前七位的争吵理由分别是孩子、家务、交流、休闲、工作、钱、爱好。国内的研究也发现，夫妻发生冲突排名前四位的理由是习惯、家务、沟通、孩子。金钱也是发生冲突的理由，但排名相对靠后。亲密关系越深，人们就越容易争论，因为随着亲密关系的发展，人们逐渐进入更多容易引发矛盾的领域。有研究发现，大部分夫妻在成为父母之后，满意度都会有所下降；也有研究发现，在孩子读大学离开家以后，夫妻满意度又会回升。即便如此，是不是就意味着要为了避免压力、争吵，就疏远彼此，抹杀需求呢？当然不是。尽管恋人之间的冲突、争吵短期内会影响关系的满意度，但只要处理得当，冲突反而可以成为平衡彼此需求的调和剂。

三、亲密关系的三个特点

真正的亲密关系建立在双方相互影响、相互依赖的基础上，研究者在此基础上提出了相互依赖模型，认为亲密关系具有三个特点。第一，两个人之间有长时间的频繁互动；第二，共同参与感兴趣的活动；第三，双方相互的影响力很大，一方的意见被另一方采纳，包括提出建议、给予帮助、协作协同。

婚姻是一种长期的伙伴关系。要管理好婚姻，不仅需要爱情作为基础，还需要共同的目标、愿望及双赢的合作精神。那么，维持良好的婚姻关系就需要双方巩固婚姻基础，打造和谐的夫妻生活，互相扶持事业，共同分担家务，彼此保持忠诚和信任等。世界著名的演说家和作家巴斯卡里亚在他的著作《爱，生活，学习》中写道："完美的爱情确实少之又少，要想成为一个优秀的爱人，需要有智者的敏锐、儿童的灵活、学者的宽容、笃定者的刚毅、圣人的宽容、艺术家的感性和哲学家的思考。"唯有爱，能慰藉成长的伤痛与艰辛；唯有生活，能磨砺心智的清明与练达；唯有学习，能让我们的爱与生活圆融和睦，度过美满的一生。爱情需要呵护，婚姻需要经营。无论男女都要对爱有充分、深刻的认识，才能更好地经营自己的婚姻。

小结

　　亲密的关系就像银行的账簿，必须持续存款。如果不持续存款的话，总有一天会被透支。

自我分析

　　1. 你对于婚姻和配偶的想法是什么？

　　2. 你希望婚姻中拥有哪些亲密沟通？

　　3. 你无法忍受哪些事情？

　　4. 你愿意做出妥协的部分是什么？

　　5. 你的哪些愿望是难以实现的？

推荐阅读

　　《积极心理学》（美）克里斯托弗·彼得森

　　《世界再亏欠你，也要敢于拥抱幸福》汪冰

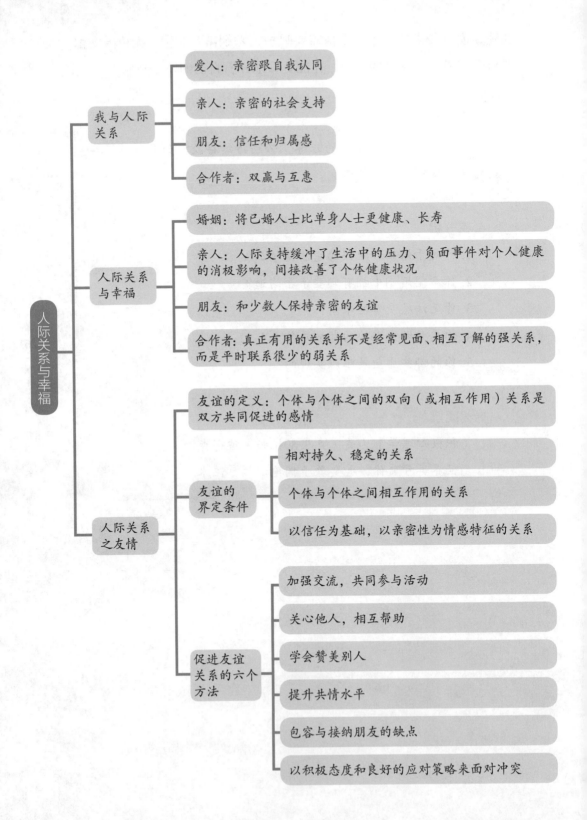

人际关系与幸福

我与人际关系
- 爱人：亲密跟自我认同
- 亲人：亲密的社会支持
- 朋友：信任和归属感
- 合作者：双赢与互惠

人际关系与幸福
- 婚姻：将已婚人士比单身人士更健康、长寿
- 亲人：人际支持缓冲了生活中的压力、负面事件对个人健康的消极影响，间接改善了个体健康状况
- 朋友：和少数人保持亲密的友谊
- 合作者：真正有用的关系并不是经常见面、相互了解的强关系，而是平时联系很少的弱关系

人际关系之友情
- 友谊的定义：个体与个体之间的双向（或相互作用）关系是双方共同促进的感情
- 友谊的界定条件
  - 相对持久、稳定的关系
  - 个体与个体之间相互作用的关系
  - 以信任为基础，以亲密性为情感特征的关系
- 促进友谊关系的六个方法
  - 加强交流，共同参与活动
  - 关心他人，相互帮助
  - 学会赞美别人
  - 提升共情水平
  - 包容与接纳朋友的缺点
  - 以积极态度和良好的应对策略来面对冲突

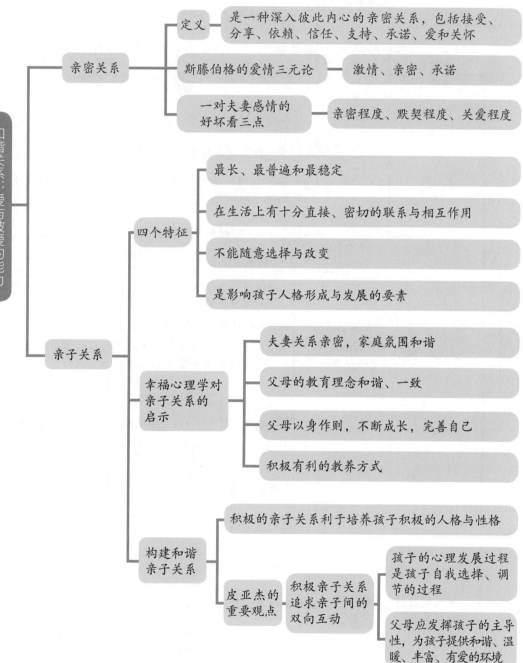

和谐关系：爱与被爱的能力

亲密关系
- 定义：是一种深入彼此内心的亲密关系，包括接受、分享、依赖、信任、支持、承诺、爱和关怀
- 斯滕伯格的爱情三元论：激情、亲密、承诺
- 一对夫妻感情的好坏看三点：亲密程度、默契程度、关爱程度

亲子关系
- 四个特征
  - 最长、最普遍和最稳定
  - 在生活上有十分直接、密切的联系与相互作用
  - 不能随意选择与改变
  - 是影响孩子人格形成与发展的要素
- 幸福心理学对亲子关系的启示
  - 夫妻关系亲密，家庭氛围和谐
  - 父母的教育理念和谐、一致
  - 父母以身作则，不断成长，完善自己
  - 积极有利的教养方式
- 构建和谐亲子关系
  - 积极的亲子关系利于培养孩子积极的人格与性格
  - 皮亚杰的重要观点：积极亲子关系追求亲子间的双向互动
    - 孩子的心理发展过程是孩子自我选择、调节的过程
    - 父母应发挥孩子的主导性，为孩子提供和谐、温暖、丰富、有爱的环境

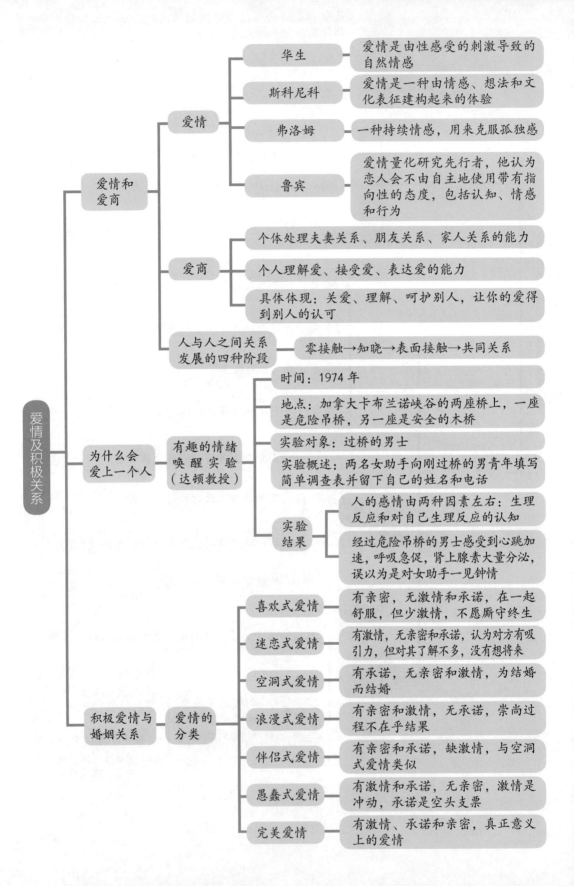

爱情及积极关系

- 爱情和爱商
  - 爱情
    - 华生 —— 爱情是由性感受的刺激导致的自然情感
    - 斯科尼科 —— 爱情是一种由情感、想法和文化表征建构起来的体验
    - 弗洛姆 —— 一种持续情感，用来克服孤独感
    - 鲁宾 —— 爱情量化研究先行者，他认为恋人会不由自主地使用带有指向性的态度，包括认知、情感和行为
  - 爱商
    - 个体处理夫妻关系、朋友关系、家人关系的能力
    - 个人理解爱、接受爱、表达爱的能力
    - 具体体现：关爱、理解、呵护别人，让你的爱得到别人的认可
  - 人与人之间关系发展的四种阶段 —— 零接触→知晓→表面接触→共同关系

- 为什么会爱上一个人
  - 有趣的情绪唤醒实验（达顿教授）
    - 时间：1974 年
    - 地点：加拿大卡布兰诺峡谷的两座桥上，一座是危险吊桥，另一座是安全的木桥
    - 实验对象：过桥的男士
    - 实验概述：两名女助手向刚过桥的男青年填写简单调查表并留下自己的姓名和电话
    - 实验结果
      - 人的感情由两种因素左右：生理反应和对自己生理反应的认知
      - 经过危险吊桥的男士感受到心跳加速，呼吸急促，肾上腺素大量分泌，误以为是对女助手一见钟情

- 积极爱情与婚姻关系
  - 爱情的分类
    - 喜欢式爱情 —— 有亲密，无激情和承诺，在一起舒服，但少激情，不愿厮守终生
    - 迷恋式爱情 —— 有激情，无亲密和承诺，认为对方有吸引力，但对其了解不多，没有想将来
    - 空洞式爱情 —— 有承诺，无亲密和激情，为结婚而结婚
    - 浪漫式爱情 —— 有亲密和激情，无承诺，崇尚过程不在乎结果
    - 伴侣式爱情 —— 有亲密和承诺，缺激情，与空洞式爱情类似
    - 愚蠢式爱情 —— 有激情和承诺，无亲密，激情是冲动，承诺是空头支票
    - 完美爱情 —— 有激情、承诺和亲密，真正意义上的爱情

影响积极关系的重要品质

- **积极关系**
  - **定义**：是一种良好的人与人之间的状态，是一种让自己和他人都舒服和自如的关系
  - **体现**
    - 彼此能相互理解、尊重、接纳和包容
    - 通过沟通、交流来积极面对不和谐的因素，获得改进和提高的契机
- **利他与共情**
  - 共情能力强的人都能处理好不同的人际关系
  - 有助于儿童形成良好的社会沟通能力，调解自身和他人的情绪
- **信任与背叛**
  - 信任感高的人主观幸福感强，更值得交往（不论是友情，还是爱情）
  - 背叛感低的人有很强的自制力、主观幸福感、责任感、大度等积极特质
- **宽容与赎罪**
  - 宽容的人有独特的性格特征，如随和、情绪稳定、虔诚、高自尊但不自恋、没有特权感
- **感恩**
  - 承认自己是他人亲社会行为的受益者时，就会感恩
  - 感恩有助于促进身心健康

白头到老的黄金比例

- **白头到老5:1黄金比例**
  - **预测夫妻白头偕老的实验**
    - 实验对象：在实验室交流15分钟的700对夫妻
    - 实验期间：10年，开始于1992年，止于2002年
    - 实验过程及结果：听700对夫妻的谈话录音，根据5:1的情绪比例，判定白头偕老、关系尚可、将会离婚三类夫妻，10年后再回访，发现准确率高达94%
    - 实验启发：夫妻间的语言沟通很重要，有话好好说
- **破坏婚姻质量的三个矛盾**
  - **情绪矛盾**：情绪要适时、适当地抒发
  - **沟通矛盾**：主动表达自己的情绪和感受，建立健康的沟通模式
  - **需求矛盾**：彼此通过健康沟通模式，了解对方需求并给予满足
  - 说出你期望和需要的有效句式："我需要……"
  - **关于婚姻冲突的研究**
    - **国外研究**
      - 时间：2009年
      - 对象：100对夫妇，15天内发生冲突748次
      - 研究内容：发生婚姻冲突的原因是什么
      - 结论：发生矛盾的原因排名是孩子、家务、交流、休闲、工作、钱、爱好
    - **国内研究结论**：习惯、家务、沟通、孩子、金钱
- **亲密关系的三个特点**
  - 两个人长时间的频繁互动
  - 共同参与感兴趣的活动
  - 两个人相互影响力很大：彼此提出建议、给予帮助、协作协同
  - **好夫妻：婚姻高级合伙人**
    - 巩固婚姻基础
    - 打造和谐夫妻生活
    - 互相扶持事业
    - 共同分担家务
    - 彼此保持忠诚信任

第十三章

人只要想，就能做成
任何他想完成的事情。

13

积极改变

勇气

第一节 改变与神经可塑性

一、改变与神经可塑性

1970年，科学家休布尔和威塞尔进行了视觉神经机制的实验。他们把一只小猫的一只眼睛缝合起来，让这只小猫只能用另一只眼睛看世界。等这只猫长大后，他们检查猫脑的视觉处理区域是否发生了变化。结果，那只被缝合的眼睛对应的脑内视觉区域几乎消失了，并被分配给最初没有缝合的眼睛。这项研究无懈可击地证实了神经系统或者说大脑的确可以在发育过程中发生改变。在这项实验之后，科学家又做了许多实验，创造出了"神经可塑性"一词，以表示神经元在人一生发展的过程中都有变化的潜力。神经可塑性是指我们的大脑实际上会改变和转变，在我们的一生中其形态都在改变。

你是否经常觉得自己容易产生很多负面的想法，容易悲观失望，感觉你的人生毫无希望？很多时候你的思想决定了你的人生，如果你有"它们永远不会改变"的想法，就会扼杀许多可能性。随着神经科学的发展，科学家普遍认同情绪、情感、思维、意识等心理活动只不过是大脑中的神经元、神经、神经递质、激素等的相互作用，或者是神经系统之间的相互协调，或者是大脑皮层区域之间的联系等复杂的大脑活动。神经可塑性的发现证明了我们的大脑可以改变，我们的思想与行为也是可以改变的。如果你讨厌自己的生活或思维方式，你完全可以改变这一切。

因此，不管有多难，我们的意识、性格、思维、感情，以及对行为、运动的控制能力都可以通过我们的自主行为和意识来改变，反过来它们也会对我们的大脑构造带来一定的影响。但是改变是极其困难的，"冰冻三尺，非一日之寒"，这个过程是持久的。改变认知是不够的，还必须有行为，行为的改变需要强大的勇气。

二、如何干预40%的后天因素

研究发现，就快乐这一特质而言，50%是天生的（快乐体质）；外部环境占10%，比如收入、天气；40%是由意向活动和后天的努力所决定的，是我们自己可控的。例如，对于成功的运动员，肌肉中有多少肌肉纤维，协调性怎样，弹跳力如何，身高多少等基因因素占50%。然而，即使他们有最好的遗传基因，如果不努力训练，也比不上那些虽然基因不够好但努力向上的人。因此，后天的努力很重要。意向活动，即我们朝着目标的所作、所为、所想，是产生有意义的变化的根源。

人类学家玛格丽特·米德说："永远不要怀疑一小群坚定的人能改变世界。"爱默生曾经说过："人类历史是少数派和一个人的少数派的权力记录。"实际上，正是这些群体改变了世界。我们需要去改变，我们的愿望有多强烈，我们改变的决心有多坚定，很大程度上决定了我们能不能真正改变。比如，我们是因为想吃苹果才去寻找苹果，但不想吃苹果的时候，即使苹果就在我们身边，对我们来说也是没有任何吸引力的。每一个人一生最大的机遇一定是遇见更好的自己，我们强烈想要改变的愿望会帮助我们去寻找路径和方法。

三、改变的两种回馈假说

改变有两种回馈假说，即面部回馈假说与身体回馈假说。

面部回馈假说是戴维·迈尔斯在研究中发现的，很多时候，我们即使是装作很开心，情绪也会有所变化。这个实验的参与者共60名学生，他们对愉快、痛苦、惊奇、讨厌、生气、愤怒六种情绪的微表情作出了反应，研究的目的是分析增强与控制面部反馈对微表情的影响。结果发现，皱眉或轻轻微笑两种动作会引发体内分泌不同的化学物质，反映出面部表情的变化。"有时快乐是微笑的原因，有时微笑也可以是快乐的原因。"事实上，不仅是情绪影响了面部表情，很多时候我们的面部表情的变化也会影响我们的身体和情绪的变化。

身体回馈假说的发现者威廉·詹姆斯曾说："吹口哨壮胆绝对是有科学依据的，就像闲坐一天，叹息和忧郁的语气会加剧抑郁的情绪。请伸展你的眉毛，明亮你的眼睛，大声地、和善地赞美别人。"威廉·詹姆斯所说的不仅是面部回馈假说，而且是身体回馈假说。当一个人走在路上的时候，总是挺直腰板，抬头挺胸，这不仅向路人传达这个人坚定、乐观的性格，也传达这个人坚定有力的态度。当有人和你握手时，你的手是软绵绵的还是坚硬有力的，向外界传达的信息也不一样，这种信息最终会回馈到自身，并产生自我回馈。这就是简单地改变表情、身体的影响力，从自身情绪到自我认知，再到他人对自己的态度与感受，都有着改变的力量。

第二节　两种类型的改变

有两种不同的改变方式，即渐进式改变与突发式改变。渐进式改变像是水滴石穿，是最常见的、健康的改变。突发式改变就像用大锤凿石，挖出一条路和一条隧道。无论是什么样的变化，都需要时间，即使是突发式改变也必须培养劈开山的力量。成功的改变是没有捷径可以走的。

一、渐进式改变

改变能发生，贵在坚持，例如，读了一本书或听了一个故事之后，自身感到非常感动，但大多数人不会立刻采取行动，而是选择等待一段时间。然而，也有人会立即做出行动，达成改变。行为影响态度，态度反过来也会影响行为，二者相辅相成。行为是我们的外在世界，态度是我们的内在世界。大脑不喜欢内心和外在的不一致，因为行为更强大，当行为和态度不一致时，态度会改变，争取与行为达成一致。

渐进式改变是一个长周期的改变方式，比如专注冥想可以带来安宁、沉静。专注于呼吸和身体的某个部分，能改变我们的思维方式和此时此刻全神贯注的能力。改变的过程和结果一样让人享受，会在大脑里创造新的神经通道。例如，许多科学家在专注力领域做了很多重要实验，他们发现，通过长期专注的冥想，我们可以引导自己进入身心放松、自我休息和洞察的最深境界，而通往这一最深境界的道路在于我们自己：身体、大脑、呼吸。研究也发现，我们只需要8周的冥想，大脑就将改变，免疫系统也将得到加强。

二、突发式改变

大锤凿石是一种典型的突发式改变，虽然改变在一瞬间，但它不是一步奏效，需要精力，也需要时间。改变不是凭空产生的，而是经过长时间的磨炼和准备后产生的。大多数人在大部分时间都蜷缩在舒适区，舒适区非常舒适，但就像冻结的水那样，毫无变化。变化实际上发生在伸展区，也被称为最佳不适区。过度不适就进入了恐慌区，让人躁动不安。以运动为例，一个人每天坐在办公室，这是这个人的舒适区。某天他一下子跑了20千米，则就进入了恐慌区。适度的不适感是伸展区的特征，例如，最开始只跑1 000米，下次跑2 000米，每次都只有轻微的不适。突发式改变的重点是要将变化保持下去，而不是突变之后又恢复原状。

突发式变化通常伴随着创伤，例如，创伤后应激障碍是一种消极的突发式变化。80%的海湾战争士兵都患有创伤后应激障碍。"9·11"恐怖袭击事件发生后，纽约110街以南，患有创伤后应激障碍的人由2万人增加到6万人。巨大创伤或战争恐怖的影响往往是终生的。那么，有没有办法产生积极的突发变化呢？

马斯洛的高峰体验理论是一种积极的突发变化。高峰体验是人生中最美好、最幸福的时刻之一，这种体验通常来自深刻的审美体验、创造性的快乐或爱、完美的性体验或生活体验。每个人都有不同的高峰体验，坠入爱河、阅读、听音乐、感受天人合一、禅修等。这种高峰体验不会持续很长时间，只能存在片刻。有些女性在生孩子时，会经历高峰体验，这对于她们来说意义非凡，改变了她们的人生，她们会在此后变得更自信、更宽容、更坚强、更友善、更快乐。

三、相信改变的可能

积极心理学之父马丁·塞利格曼指出，积极心理学的目标是改变以往心理学界只关注人们的消极特质，例如抑郁、焦虑等，将心理学的视角从改变生活中最糟糕的事情转变为帮助人们提高生活质量。科学发现人类的神经具有可塑性，并且终生都有。阿尔贝蒂说，人只要想，就能做成任何他想完成的事情。这不是心灵鸡汤，是科学结论，经过了科学理论和重复实验的考验。改变是好的，然而改变也经常会失败，行动与理论更好地结合，才能做出成功的改变。改变需要勇气，改变意味着走出舒适区，这会让你感到不适，但慢慢地你会喜欢上这种感觉。

第三节　改变的健康方式

一、SWOT分析：在逆境中找转机

遇到难题时，当下不一定可以立刻解决，但是肯定得有一个清晰的解决问题的思路。SWOT分析法可以帮你在找不到思路的时候分析问题。SWOT分析，即态势分析，是指通过调查总结出与研究对象密切相关的主要内部劣势与优势、外部机会与威胁，然后运用系统分析的思想，将各种因素综合分析，得出结论。

SWOT分析法通常用于企业，也可以用于自我分析。首先，识别个人优势。例如，问问自己有什么天赋，过去哪些特质或者技能让自己取得了成功，别人认为我有哪些优势，我有哪些专业技能等。其次，分析个人弱点。问问自己哪些方面需要改进，自己在该领域遇到的困难有什么，成功的障碍是什么等。再次，发现机会。这个行业做得怎么样？它是在增长和扩大，还是在急剧下降？对于你梦想的工作来说，就业市场是什么样的？最后，识别威胁。哪些障碍阻碍了你实现目标？你能确定对自己成功的最大威胁吗？

当完成自我分析之后，就需要分析结果。有两种方法来分析结果：匹配和转换。匹配是将你的优势与机会进行比较，在优势和机会重叠的地方采取积极的行动。将弱点与威胁相匹配会告诉你要最小化或完全避免哪些区域。转化是指将弱点转化为优势，将威胁转化为机遇的过程。使用转换方法的缺点是需要花费很多时间和很大精力。

二、我想要怎样的生活

无知的人不是没有学问的人，而是不了解自己的人。了解源于自我认识，自我认识是一个人理解自己的整个心理过程。首先你要在心里明确一件事：寻找答案是一个需要不断刷新认知、推倒重来的过程。在这个过程中，你要不停地质问自己，根据你的阅读、思考、经历、体验、自我观察等去修改自己最初那个可能并不成熟的想法，在这个修改的过程中，你才可以明确自己想要的东西。这个感觉就像拆开一团乱七八糟的毛线球一样，你要一点点地去找它的源头。这个过程需要时间，更需要实践和大量的反思及自我观察。

英国威斯敏斯特大教堂地下室的一块墓碑上写着："当我年轻时，我的想象力是无限的，我的梦想就是改变世界。当我逐渐成熟后，我发现我无法改变世界，决定改变国家。当我年事已高时，我发现我无法改变我的国家，我的愿望变成了改变我的家庭，然而，我发现这也是不可能的。当我躺在床上奄奄一息时，我突然意识到，如果在一开始先从改变自己开始，我就可以改变我的家庭，伴随着家人的帮助和鼓励，说不定可以为我的国家做点贡献。我甚至可能改变这个世界！从现在开始改变自己吧！"时常问问自己："现在的生活是我想要的吗？""我对于未来有什么打算？""未来十年我要成为怎样的人？"时刻想着十年后的自己，你会朝着自己的梦想越走越近。

第四节　积极改变与勇气

一、什么是勇气

勇气（也被称为勇敢或英勇）是指主体在直面苦恼、痛苦、危险、不确定性或威胁时依然可以意识到内在的力量，保持自信，泰然处之。积极心理学的二十四个优秀品格中的"勇气"是指不怕危险和困难，果断向前。勇气并非没有恐惧，感受恐惧并趋利避害是人的原始本能之一。勇气的反面不是恐惧，而是逃避。勇气就是在面对恐惧的时候做出比退缩与偏安一隅更能够使自己长久幸福的选择，在当下的时刻宁愿去面对和承受恐惧，承担未知的风险。勇气既可能是天生的，也可能是后天锻炼出来的。

勇气分为两种：莽勇和真正的勇气。苏轼曾说："古之所谓豪杰之士者，必有过人之节。人情有所不能忍者，匹夫见辱，拔剑而起，挺身而斗，此不足为勇也。天下有大勇者，卒然临之而不惊，无故加之而不怒。此其所挟持者甚大，而其志甚远也。"丘吉尔说过："成功并不是终点，失败并不是终结，只有勇气才是永恒。"伯纳德·韦伯在他的绘本《勇气》中细心留意生活中的小片段，用生动的画面和优美的语言告诉人们，用勇气去面对未来。勇气是骑自行车的时候卸下辅助轮子，是晚上由你负责查看房间的动静，是搬到新地方之后能大胆与人打招呼，是勇尝不喜欢的蔬菜……绘本上列举的勇气有的令人肃然起敬，有的平平常常，却包含深刻的道理。一个个的小故事告诉我们学会抑制自己的欲望，承认错误，克服惰性，正视缺点，这些才是生活中真正的勇气。

二、为什么有的人可以成功

心理学家从20世纪40年代末开始研究社会高危人群，包括青少年犯罪、辍学等情况，为其所在地区投入大量资金。然而儿童辍学、青少年犯罪、少女怀孕等事件并未减少，研究所带来的变化简直微乎其微。心理学家们很困惑："我们已经带去了资金和帮扶，为什么还是失败了？"直到20世纪80年代，学者们改变了研究范式，他们提出了不同的问题：同处逆境，为什么有的人却可以成功？他们随后进行深入分析，终于找到那个成功的要素——适应力或弹性（resilience），它类似于勇气，是面对重大逆境或风险而能积极适应的能力，它具体包含乐观主义、信仰或意义感、亲社会行为（愿意助人）、关注优势、设定目标（未来导向）等。

《被讨厌的勇气》里提出了一种观点，叫作"目的论"：你并不是因为经历了过去某件事情才成为现在的样子，而是你先有了要成为某个样子的目的，然后再从过往经历中找符合当前生活目的的证据。你要搞清楚，你维持现状，不改变，对你来说究竟有什么好处？所以，时常问问自己"我对现在满意吗？""我真的想改变吗？""我能改变的是什么，不能改变的又是什么？"。

三、终身学习和成长

我们应该相信，如果足够努力，没有什么事情是两年内不能改变与实现的。要勇于开始做你一直想做的事。不要让你的过去决定你是谁，你也不必一直和以前一样。我们所有人都应赋予自己独特性，并与自己的局限做斗争。每天去做你喜欢做的事情，哪怕只有几分钟，你也会享受这个过程。每天会变得更有意义，不会虚度光阴，你也会看到自己的进步。

第五节　积极改变的力量

无论是好的情绪还是坏的情绪，都是人性的一部分。我们应该同时开启积极与消极通路，接受它们的存在。当我们允许自己感受痛苦的情绪，就会更容易感受到积极的情绪。另外，关注当下，找到有意义的目标并为之努力。改变最重要的是付诸行动，积极地去感受，相信改变的可能。

一、准许自己为人

快乐的人和不快乐的人之间最大的不同不是是否会经历悲伤的事情，而是他们从痛苦中恢复的速度有多快。通常我们都认为，负面情绪是消极的，应该避免的，我们压制了"为人"的自然现象，不允许自己自由感受痛苦的情绪。然而，当我们试图压制一种自然现象时，结果只会适得其反。痛苦情绪是人类共有的一种自然情绪，你越是试图抑制它，它积累得越多，并且会越加剧烈，甚至会在某个时间点集中爆发，造成严重的后果。

如果我们不能接受痛苦的情绪，就会阻塞情绪的流动路径，但是所有积极的和痛苦的情绪都会流入同一条情绪路径。因此，我们要敞开情绪的大门，允许自己哭泣，允许自己有负面情绪，这样才能使我们更容易感受到积极情绪，但是不要让自己在负面情绪中逗留太久。

二、专注于当下

为什么我们总是觉得不够快乐，烦恼的事情那么多？其实这可能是因为我们没有专注于当下的事情，而牵挂太多未来的事情。在身心灵领域里，有"活在当下"这一句至理名言。人生的问题，其实并不怕多，怕的是混乱，如果把有限的精力分配到太多的事情上，我们就会疲于奔命，效率低下，徒增无穷烦恼。

一次只做一件事，是成功人士的一贯做法，我们要将有限的精力投入到最重要的事情上，并一丝不苟、全心全意地做好。人生要做的事情有很多，但我们需要一件件地做。每做完一件事情，我们就会感到快乐，然后继续做好另外一件事情。然而，在实际的生活中，我们常被一些意想不到的事情所困扰，各种各样的冗余信息会进入我们的视线和耳朵。我们可以试着培养一些工作兴趣，快乐地工作，就会避免一切浪费精力的因素。做好今天该做的事情，不急于求成，要踏踏实实，把脚下的每一步走好，这样才能走得更远。

三、培养幸福力

著名心理学家、哲学家威廉·詹姆斯曾说过幸福是人生最重要的事情之一。幸福感与幸福力不同，幸福感是以物质财富为基础，对生活满意度的一种心理体验；而幸福力是个体获得幸福的能力和内在心理素质，是一种软实力。幸福感是一种短暂的情绪体验，而具有幸福力的人才能拥有长久和持续的幸福。一个有幸福力的人具有七种能力：微笑力、情感力、健康力、认知力、抗挫力、意志力、德行力。这说明越努力就会越幸运，越幸福就会越成功。让幸福成为一种能力，知道自己需要什么，知道自己要做什么，同时，爱自己，对自己负责，让自己快乐起来。

小结

　　幸福心理学研究中的两个重要理念：一是研究可行的事，人是可以改变的；二是研究优秀个体，从他人的优点中获益、学习。

自我分析

　　1. 你想成为怎样的人？

　　2. 你的梦想是什么？

　　3. 你的现状是怎样的？与梦想之间还有哪些差距？

　　4. 目前你的困惑是什么？

推荐阅读

　　《改变命运90%靠意志》（美）詹宁·哈德克

　　《勇气》（美）伯纳德·韦伯

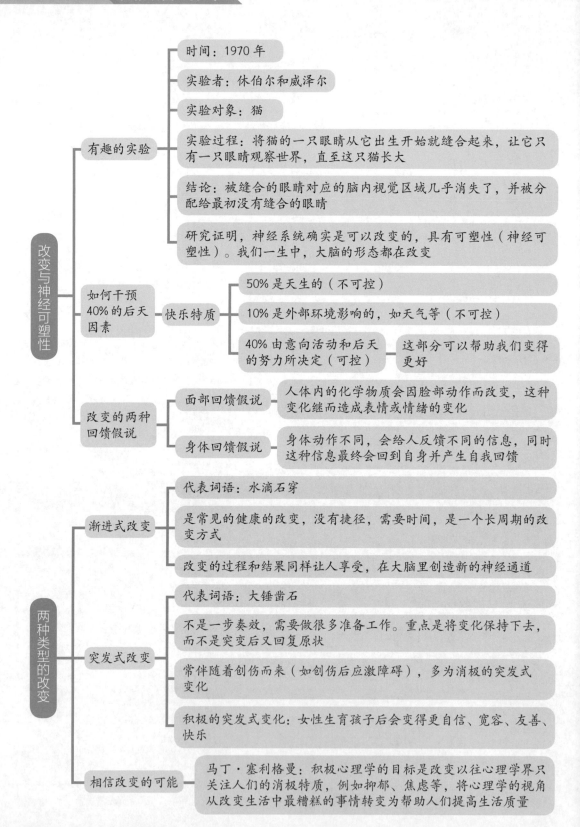

改变与神经可塑性

有趣的实验
- 时间：1970 年
- 实验者：休伯尔和威泽尔
- 实验对象：猫
- 实验过程：将猫的一只眼睛从它出生开始就缝合起来，让它只有一只眼睛观察世界，直至这只猫长大
- 结论：被缝合的眼睛对应的脑内视觉区域几乎消失了，并被分配给最初没有缝合的眼睛
- 研究证明，神经系统确实是可以改变的，具有可塑性（神经可塑性）。我们一生中，大脑的形态都在改变

如何干预 40% 的后天因素
- 快乐特质
  - 50% 是天生的（不可控）
  - 10% 是外部环境影响的，如天气等（不可控）
  - 40% 由意向活动和后天的努力所决定（可控）── 这部分可以帮助我们变得更好

改变的两种回馈假说
- 面部回馈假说：人体内的化学物质会因脸部动作而改变，这种变化继而造成表情或情绪的变化
- 身体回馈假说：身体动作不同，会给人反馈不同的信息，同时这种信息最终会回到自身并产生自我回馈

两种类型的改变

渐进式改变
- 代表词语：水滴石穿
- 是常见的健康的改变，没有捷径，需要时间，是一个长周期的改变方式
- 改变的过程和结果同样让人享受，在大脑里创造新的神经通道

突发式改变
- 代表词语：大锤凿石
- 不是一步奏效，需要做很多准备工作。重点是将变化保持下去，而不是突变后又回复原状
- 常伴随着创伤而来（如创伤后应激障碍），多为消极的突发式变化
- 积极的突发式变化：女性生育孩子后会变得更自信、宽容、友善、快乐

相信改变的可能
- 马丁·塞利格曼：积极心理学的目标是改变以往心理学界只关注人们的消极特质，例如抑郁、焦虑等，将心理学的视角从改变生活中最糟糕的事情转变为帮助人们提高生活质量

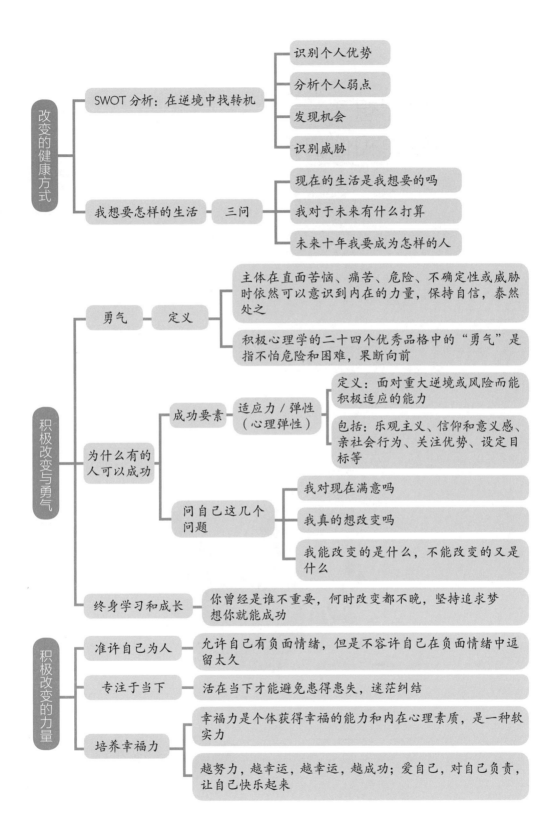

改变的健康方式
├─ SWOT 分析：在逆境中找转机
│   ├─ 识别个人优势
│   ├─ 分析个人弱点
│   ├─ 发现机会
│   └─ 识别威胁
└─ 我想要怎样的生活 ── 三问
    ├─ 现在的生活是我想要的吗
    ├─ 我对于未来有什么打算
    └─ 未来十年我要成为怎样的人

积极改变与勇气
├─ 勇气 ── 定义
│   ├─ 主体在直面苦恼、痛苦、危险、不确定性或威胁时依然可以意识到内在的力量，保持自信，泰然处之
│   └─ 积极心理学的二十四个优秀品格中的"勇气"是指不怕危险和困难，果断向前
├─ 为什么有的人可以成功
│   ├─ 成功要素 ── 适应力／弹性（心理弹性）
│   │   ├─ 定义：面对重大逆境或风险而能积极适应的能力
│   │   └─ 包括：乐观主义、信仰和意义感、亲社会行为、关注优势、设定目标等
│   └─ 问自己这几个问题
│   ├─ 我对现在满意吗
│   ├─ 我真的想改变吗
│   └─ 我能改变的是什么，不能改变的又是什么
└─ 终身学习和成长
    └─ 你曾经是谁不重要，何时改变都不晚，坚持追求梦想你就能成功

积极改变的力量
├─ 准许自己为人
│   └─ 允许自己有负面情绪，但是不容许自己在负面情绪中逗留太久
├─ 专注于当下
│   └─ 活在当下才能避免患得患失，迷茫纠结
└─ 培养幸福力
    ├─ 幸福力是个体获得幸福的能力和内在心理素质，是一种软实力
    └─ 越努力，越幸运，越幸运，越成功；爱自己，对自己负责，让自己快乐起来

第十四章

如果你想飞，
你就要相信自己能飞。

14

积极信念

希望

第一节　什么是希望

一、概述

　　关于什么是希望，希望到底有什么用处，心理学家曾经拿小白鼠做过一个实验。首先，设置了一组对照小白鼠，将两只小白鼠放进装满水的容器中，小白鼠们拼命挣扎着，想要逃出容器，它们挣扎了8分钟，之后便放弃了。然后，实验者又把另外两只小白鼠放在另一个同样装满水的容器中，当它们挣扎了5分钟之后，实验者在水中放了一块跳板，将它们从水中救了出来，这两只小白鼠活了下来。几天后，这两只幸存的小白鼠再一次被放在同一个盛满水的容器中，实验结果令所有人惊讶。与对照组小白鼠仅仅能坚持8分钟相比，这两只曾经"死里逃生"的小白鼠竟然能坚持24分钟，整整增加了2倍的时间！

　　心理学家认为发生这种变化是因为一种强大的精神力量：希望的力量。对照组的两只小白鼠因为没有逃跑的经验，它们只能用自身仅有的体力来挣扎；而曾经"死里逃生"过的小白鼠则有一种强大的精神力量，即希望，它们在濒死的境界会始终相信在某个时候跳板会拯救它们。心理学家解释：这种精神力量使得它们能够坚持更长时间，这种精神力量就是积极的心态，即内心对积极结果充满希望。希望指的是寻求相应的方式以实现预期目标和消除障碍的能力及相应的动机。希望是一种力量，希望的力量甚至比知识的力量更强大，因为只有在有希望的前提下，才能更好地利用知识。即使一个人一无所有，只要他有希望，他就能拥有一切；如果一个人拥有一切，却没有希望，他可能会失去他所拥有的一切。

二、希望、梦想、愿望

希望与梦想、愿望都不同。梦想是对未来的一种期望，是指在现在想未来的事或必须通过努力才可以达到的情况，例如，小明从小的梦想就是做一名教师。愿望是指对特定对象或情感的欲望、渴望或强烈倾向，例如，小明的生日愿望是拥有一辆玩具汽车。希望是指愿望或理想所寄托的对象，例如，青少年是初升的太阳，是国家和社会未来的希望。当我们面对的生活或环境压力很大，以至于威胁到我们的正常生活时，我们本能地想要逃离，找到一个相对安全舒适的地方，而心中的希望能让我们在艰苦的处境中表现出难以置信的耐力和毅力。

希望是一种巨大的力量，可以在身体和精神上发挥作用。它似乎能立即给焦虑不安的人带来安慰，这也是治疗心理问题的好方法。在欧·亨利的小说《最后一片叶子》中，在深秋，有一位病情严重的男人看着窗外的一棵大树，树叶在一片一片地落下。"当所有的叶子都掉下来的时候，我会死的。"他说。当一位老画家听说这件事时，他为了让病人拥有希望，在纸上画了一片绿叶，把"绿叶"挂在那棵树的树枝上。病人一天天看着这最后一片一直未落下的绿叶，竟然奇迹般地活了下来。是最后的那片树叶让病人活下来的吗？不是的，是他自己，是他看到树叶，有了活下去的希望，并最终战胜了病痛。

三、希望的研究和发展

希望是一个多么美丽而生动的词。存在主义哲学家萨特曾经说：

"希望是人的一部分。"一方面，人的行为总是处在当下，从当下走向未来的目标，并试图在当下实现它。另一方面，人们总有希望在未来实现它。诗人但丁说："生活在无望的欲望中是人生最大的痛苦。"希望有很多同义词，比如期望、梦想、理想、转机、突破和美好等。希望在心理学中被视为一种精神力量，心理学家也对希望进行了科学探索。尤其是在积极心理学兴起后，希望心理学的研究越来越受到心理学家的重视。

自20世纪末至今，在社会科学领域已经有20余种关于希望的观点与理论。这些关于希望的观点与理论大致可以分为希望的情感和认知观点。有的研究者认为，对希望的积极预期直接指向目标的实现，而乐观的积极预期更多的是对积极事件的总体预期。希望和乐观都会影响人们的目标导向行为、目标实现、身心适应、主观幸福感等。一些学者还认为，希望是对未来的一种良好期待，是一种能力。也就是说，希望是一种能够摆脱困难的能力感、一种精神和心理上的满足感、一种对人生目标的体验感。希望是一种多维的、积极的生活力量，希望是随着时间的改变能不断变化的、众多复杂的思想、感觉和行为。

第二节　希望的理论模型

一、斯奈德对希望的定义

斯奈德教授是研究希望的专家，他认为希望是人类普遍的心理现象，希望可以解释和预测人类许多复杂的行为。斯奈德教授认为前人对于希望的研究只关注希望的目标的客观取向性和适应性，并没有解释有希望的人是如何实现目标的。因此，斯奈德教授指出希望不是天生的，而是通过后天学习培养的一种思维和行为倾向，同时，希望不仅具有认知特征，也具有持续的动机状态。

二、希望的结构

一个真正珍贵的希望应该包含三个组成部分：目标、路径思维和动力思维。斯奈德总结出，希望具有目标导向的思维特征与行为状态，这包括个体有能力寻找目标、对实现目标过程中的有效途径的认知和信念（路径思维），以及个体对能够朝着既定目标前进的动机的认知和信念（动力思维）。目标是我们想要实现的事情，为我们指明方向；路径思维则帮助我们思考如何才能达到目标，以及当计划失败时积极寻找替代方法；而动力思维是我们追求目标的勇气和在困境中坚持的力量。包含目标、路径和动力的希望，是能够把意愿和行动相联系、把现在和未来相联系、把期待和现实相联系的希望。

目标是希望理论的核心概念。斯奈德认为人类日常生活中的许多活动具有一定的目标指向，目标是人们精神活动的支点。目标可以分为时间目标、具体目标和抽象目标。人们对于目标的态度可以分为积极的"接近"目标和消极的"避免"目标。他还强调，实现目标的可能性与希望的程度没有多大关系。事实上，即使实现目标的概率很低，也可能有希望，也需要有希望。

目标将促进行为的生成，其是否能实现在于路径思维和动力思维。路径思维是实现目标的具体方法和计划，是希望的认知组成部分。总的来说，希望感高的人探寻的道路比希望感低的人更具体、更可行，他们也擅长找到替代道路。动力思维是指实现目标的动力，属于希望的激励成分，即个体有根据现有路径实现预期目标的动力。当人们遇到困难时，希望感高的人普遍会有足够的毅力与韧性来克服困难，并将困难与挫折视为成长的机会，而希望感低的人面对困难则会屈于困难，被困难打败。

三、希望理论的模型

1991年，斯奈德和他的同事提出了希望理论模型，即以达成目标为焦点的认知动力理论模型。希望理论模型认为希望具有很明显的认知特征，以目标为核心，同时伴随着实现目标所需要的路径思维与动力思维。希望是目标、路径思维和动力思维的有机融合，路径思维让个体有能力寻找实现目标的适当方法，动力思维为个体带来目标达成所需的心理、精神和力量。想要获得希望，三者都是不可缺少的。三者在追求目标的过程中紧密结合，相互合作，并且路径思维与动力思维"不仅反复出现，而且相互补充"。

另外，斯奈德认为希望也有一定的情绪成分，但并没有被视为希望的必要成分之一。在斯奈德看来，情绪是个体在行为过程中的目标认知过程的附属存在，在行为过程中，情绪起到的是反馈和调节作用。

第三节　怎么提高希望水平

一、希望疗法的干预方法

随着积极心理学研究的兴起，人们日益开始在改善心理健康方面个体精神的力量和潜力的潜在巨大作用。斯奈德及其同事对希望感这一积极心理品质进行了一系列研究，结果发现希望感与人们的心理健康密切相关。希望感高的人，其生活满意度、主观幸福感、应对能力和积极情绪体验都普遍较高。原因可能在于，希望可以调节和缓冲生活中的负面事件对心理健康产生的消极影响。希望感高的人即使面对生活中的困难，也会较少感受到抑郁和焦虑，并且他们有能力采取更积极的应对方式来摆脱困难与逆境。希望疗法是在上述研究基础上发展起来的，能有效改善心理健康状态，尤其是针对学生群体的治疗。希望疗法首先引导对象设定适当的目标，指导其寻找更加丰富的、实现目标的方法与途径，提高其实现目标的内在动机，最终致力于提高对象的希望感。希望疗法可以应用于个人或团体。

第一，关于目标的选择与制定有四项要求。首先，选择与自己相关的、有意义的目标，只有当这个目标真正符合目标设定者的价值观、兴趣时，才能激发其实现目标的内在动机。其次，选择主动接近目标，而不是被动地回避目标，这样更容易成功地实现目标。再次，选择明确的目标。明确的目标具有清晰的实现路径，可以激发个体的内在力量，提高路径思维能力。最后，选择有足够难度的目标，中等难度的任务最能激发内在动机。

第二，丰富路径思维。首先，应该尝试将时间跨度大的目标分解成一个个小目标，这些小目标之间要有联系和递进关系。当一个小目标实现时，应该奖励与称赞自己，体会成功带来的自我效能感。小目标带来的快乐和力量能够逐渐增强自信和动力，进而一步步地实现大目标。其次，寻找实现目标的替代方法。在实现目标的过程中遇到问题时，要积极地从多角度思考解决问题的方法，积极、灵活地寻求其他解决方法。如果目标不够恰当，必要时还要调整目标。再次，预演目标实现过程。在展开具体行动之前，不妨在脑海中想象一遍实现目标的过程，尽可能具体地想象在这一过程中可能遭遇的困难，并提前找到克服困难的方法。最后，在想象的过程中，体会到成功的快乐，以提前为自己储蓄积极的力量与信念。

第三，积极行动。实践与行动才是检验方法是否有效的途径。行动可以分为参照他人以及参照个体经验两种。一方面，和你的朋友谈论目标，或者通过书籍、电影等了解其他人是如何成功的；另一方面，回顾自己过去的成功经验。希望感与过去经验相关，过去的成功经验少，自我效能感就低，希望感也会低；成功经验多，自我效能感也相应会高。将注意力转向积极方面，从成功经验中看到自己的能量，从而强化实现目标的动力思维。

二、希望的发展

希望是人类适应、应对环境的一种重要能力，希望在孩子成长过程中不断发展。

0～12个月：孩子的主客体思维萌芽，因果关系的逻辑初步形成，孩子由此产生了探究如何实现目标的想法。

1～2岁：学会制定目标，并探索具体能够实现目标的行动。孩子这时开始学会用自己的努力行动去达成目标，在实现目标的过程中遇到障碍时，能找到克服困难的路径和方法，并积极采取措施。当然，这个过程中不能缺少大人的帮助，孩子克服困难的能力是有限的，大人需要帮助孩子找到克服困难的方法。久而久之，孩子就会在这一阶段形成坚韧不拔、充满希望的优秀品质。

　　3～6岁：孩子的身心发展影响其是否有能力自己找到解决问题的途径和方法的能力。同时，孩子的他人意识也会增强，开始考虑别人的愿望和想法，因为他们逐渐意识到自己的目标有时会帮助或阻碍别人的目标。因此，他们会将这一因素考虑在实现目标的计划中。

　　到了初中阶段和青年初期，孩子的身心进一步发展，他们的计划具有一定的复杂性与社会性。孩子自我意识、自尊的发展增强了其沿着目标路径前进的能力，有助于实现目标。到了青春期，孩子的抽象思维能力不断发展，帮助孩子顺利解决复杂问题。孩子在此期间自主性、亲密关系、职业规划等方面的发展与形成也为克服困难、实施计划提供了机遇与前提条件。此外，父母的修养和家庭环境对于儿童发展希望特质的每一阶段都具有重要作用。

三、人生的黄金法则

　　心智是拉开人与人之间距离的关键因素，心智的发展与人的心理成长是基本同步的，分为六个阶段。古人云："二十弱冠，三十而立，四十不惑，五十知天命，六十花甲，七十古稀……"

　　二十弱冠，这时候心智还未成熟，凡事以"小我"欲望为中心，对自己的本能反应和行为毫无察觉，完全是靠本能行事。"大我"未被发掘（或者是已被压制下去），处于一种完全没有觉察力的状态。三十而立，开始意识到自己的不足，有时会思考，有时不会，对于自己给别人带来的伤害有感觉，但自认为找不到解决的方案，自己和身边人的关系也苦不堪言。四十不惑，这是一个分水岭，逐渐接纳自己，对情绪有觉知能力，能控制自己，懂得换位思考，不再过分内耗，减少了对别人的伤害。五十知天命，长期觉察生活与自身，已经悟出了一些生活的真谛，行为与认知慢慢趋于知行合一。六十花甲，生活与自我已经进入稳定的状态，外界任何的纷乱很难再干扰自己。七十古稀，创造力、生命力不断增强，内心开始涌出悲天悯人的感情。随着幸福感和创造力的不断提升，能掌控的东西也越来越多，展现"大我"情怀，很有生命力和慈爱之心，主动给予，有了利他精神。这时是真正的开悟阶段，找到了自己的终极使命和人生目标。

第四节 积极信念的作用

一、希望：追寻生命的意义

1905年，维克多·弗兰克尔出生于一个犹太家庭。他在25岁时取得了维也纳大学的医学博士学位。1938年，德国纳粹占领了他的国家奥地利，弗兰克尔被拘捕了，关押弗兰克尔的地方正是奥斯威辛集中营。在奥斯威辛集中营里，弗兰克尔被百般折磨，但是他始终没有放弃"生"的信念。1945年，苏联红军冲进集中营，德国纳粹战败，弗兰克尔终于被释放。

出狱后，弗兰克尔发现他的父母、兄弟、妻子都被纳粹送到了秘密毒气室。听到这个消息后，弗兰克尔几乎崩溃，但是，残酷的命运并没有打败坚韧的弗兰克尔。他忍受着痛苦，写了一本书——《活出生命的意义》，讲述了他在集中营里短短九天的经历，开创了意义疗法。弗兰克尔相信集中营里的囚犯会经历三个心理阶段：第一阶段是恐慌，第二阶段是麻木，第三阶段是坚持。而绝大多数人，很难在第三阶段之后生存下来。同样是被关在集中营，弗兰克尔却和他们有所不同。弗兰克尔每天都只有一个想法：活下去！好好活下去！无论面对什么境遇，他都不曾放弃这一信念。他凭借这一信念挺过一关又一关。有时，弗兰克尔还会主动给狱友们讲笑话，逗大家开心，苦中作乐，消解内心的痛苦。

弗兰克尔说："在任何环境中，人们都有最后一个自由——选择自己的态度的自由。""活着就是痛苦。活着，我们必须从痛苦中找到意义。知道为什么活着的人几乎可以忍受任何痛苦。"人生在世，总会身处迷茫，经历坎坷，遭遇挫折，承受打击，但无论生活多么痛苦，我们都需要挺直腰杆，向着远处的光亮奋勇前行。物随心转，境由心造，烦恼皆由心生。只要有明确的目标，努力提升自己，积极解决问题，那么在道路尽头等着我们的，一定不会是坏的结果。

二、积极信念的作用

美国著名心理学家罗伯特·艾普森认为，信念是一种驱动力，而坚定的信念是一种更有价值的驱动力，使一个人能够不懈地努力实现与公众或个人有关的理想、计划、愿望或目标。

希望水平影响个体的生活意义感。希望水平与个体的生活满意度密切相关，心存希望的人会更容易找到生活的意义与价值，就像弗兰克尔在纳粹集中营时的生活一样，只有心存希望的人，才能在恶劣的环境中始终坚持活下去，找到生活的意义。压力心理学家凯利·麦格尼格尔发现，压力对人有一定的损害，但这种损害主要在那些以消极的心态面对压力的人中存在（表现为易患身心疾病），与普通人群相比，那些以积极心态看待压力的人，压力并未给他们带来明显的损害。相反，这些人在应对压力的过程中，提升了能力，拓展了人际关系，增加了幸福感。希望理论创始人斯奈德研究发现，希望是心理治疗项目中的变化因素。有一项治疗计划针对146名被诊断为创伤后应激障碍的退伍军人，并持续了6周。在这个治疗计划中，希望不是目标因素，但在治疗开始、中期和结束时也对希望进行了测量。结果表明，虽然从治疗一半到治疗结束，希望本身并没有改变，但它与创伤后应激障碍和抑郁症状的减轻有关。

充满信念与希望的人生是不会被击垮的。尼克·胡哲于1982年出生于墨尔本，他从出生就没有手脚。尼克在上学期间饱受同学们的嘲笑与侮辱，在他10岁时曾想把自己淹死在水底。尼克的父母却不放弃对儿子的培养，希望儿子能像普通人一样生活、学习。尼克最终取得了金融理财和房地产的双学士学位，还能够打高尔夫、游泳、射击。由于尼克的勇气与坚持，他被授予"澳大利亚年度青年"称号。尼克的故事充分说明了生活就算对我们不公，我们也要永不放弃。只要不放弃，生活就还有希望。我们每个人都应该在自己心灵的旅程中做一个强者。

三、培养孩子充满希望

充满希望是每个人幸福生活的动力，可以调动人所有的精力，实现成功的人生。希望的能力从很小的时候就可以发展起来。父母如何培养孩子成为一个有希望的人？

第一，父母本身应该充满希望。父母的积极态度对孩子有重要影响。父母是乐观积极的，会给孩子很大的帮助，让孩子感受生活的美好。相反，如果父母皱眉、叹息、抱怨社会不公，孩子就无法保持乐观。

第二，为孩子营造充满希望的环境。要经常鼓励孩子，鼓励是希望的源泉。恰当的鼓励能给孩子不断的动力，使孩子能够感受到自身的能量。鼓励能给孩子带来良好的自我感觉，如果孩子发现自己的每一点努力都能得到家长的关注和肯定，那么他的积极心态就能不断增强。

第三，培养积极的思维，选择有足够困难的小目标。父母应该让孩子明白每个人都有理想和目标，例如，成为科学家、宇航员、教师和警察。为了实现理想，可以让孩子把它分解成不同阶段的小目标。目标不应定得太高，否则就无法实现。

第五节　怎样让内心充满希望

一、让自己形成优秀特征

《肖申克的救赎》是斯蒂芬·金于1982年出版的一部美国小说，故事发生在20世纪30年代，以第三视角讲述了一个有权有势的美国银行家安迪因被诬陷杀害妻子及其情夫而被判入狱以及入狱后的故事。

故事的男主角开始是一位成功的社会人士，有着自己的事业和社会地位。因为一件刑事案件被送入肖申克监狱，开启了他的另一段人生。这段人生和他之前的生活完全不同，他面对的是逃不出去的铁笼和犯人。在这个残酷的环境中他一点一点地活出另外的人生，实现自己的另一种价值。安迪在狱中做得最伟大的事就是20年如一日地挖隧道，以备自己逃跑用。影片有个细节，安迪把每次挖出来的沙子放在自己的衣服里，衣服里面藏满沙子，他每走一步，沙子就会流下来，细细的沙子不断地流，就像安迪日复一日的坚持。能够从监狱里逃出去不仅需要耐心，更重要的是，安迪怀抱希望，他认为世界上最美的东西就是希望，他不愿意在监狱里面苟延残喘，愿意为了自由而放弃自己的生命。

我们在生活中也一样，要让自己时刻充满希望。第一，要树立信念。"如果你想飞，你就要相信自己能飞。"时刻保持着面对不幸、困难、挑战的信念。第二，关注成功。积极回忆过去成功的经验，提升自己的自信。第三，大事化小。将复杂的问题分解为一个个小而简单的问题。

二、让满心希望成为习惯

养成一些好的技巧，让满心希望成为生活习惯。

其一，设立合适的目标。第一，选择一个与你自己相关的有意义的目标，这个目标难度适中。第二，主动接近目标，而不是被动地回避目标。主动接近目标是指主动尝试做某件事，回避目标指的是故意逃避做某件事。事实说明，有接近性目标的人更容易成功做成一件事。第三，选择具体明确的目标，目标实现路径越具体，希望感越强。第四，对于个人来说，中等难度的任务最能激发兴趣和动机。

其二，详细规划方法和途径（路径思维）。一方面，我们应该把一个长期的大目标分解成逻辑上相互关联的小目标；另一方面，寻找实现目标的替代方法。遇到问题时，要积极地从多角度思考解决问题的方法，积极且灵活地寻求其他解决方法。如果目标不够恰当，还要调整目标。

其三，保持追求成功的期望与动力（动力思维）。希望感与过去的经验相关，过去成功的经验少，自我效能感就低，希望感也会低；成功经验多，自我效能感也相应会高。回顾过去成功的经验，让满心希望成为习惯。

小结

有希望，内心才会无比坚强，才会无所畏惧。无论面对怎样的艰难困苦，只要心存希望，并一直努力，好运就会眷顾你。

自我分析

1. 请回忆你经历过的、印象最深的挫折事件，当时发生了什么事情？

2. 你是如何面对和处理这次挫折事件的？

推荐阅读

《幸运背后的心理奥秘》（美）理查德·怀斯曼

《追寻生命的意义》（奥）维克多·E.弗兰克尔

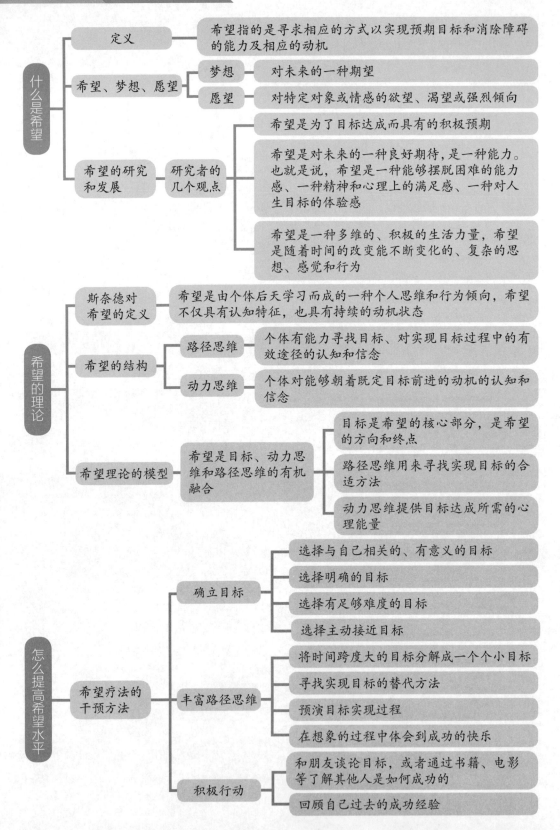

什么是希望
- 定义 —— 希望指的是寻求相应的方式以实现预期目标和消除障碍的能力及相应的动机
- 希望、梦想、愿望
  - 梦想 —— 对未来的一种期望
  - 愿望 —— 对特定对象或情感的欲望、渴望或强烈倾向
- 希望的研究和发展
  - 研究者的几个观点
    - 希望是为了目标达成而具有的积极预期
    - 希望是对未来的一种良好期待，是一种能力。也就是说，希望是一种能够摆脱困难的能力感、一种精神和心理上的满足感、一种对人生目标的体验感
    - 希望是一种多维的、积极的生活力量，希望是随着时间的改变能不断变化的、复杂的思想、感觉和行为

希望的理论
- 斯奈德对希望的定义 —— 希望是由个体后天学习而成的一种个人思维和行为倾向，希望不仅具有认知特征，也具有持续的动机状态
- 希望的结构
  - 路径思维 —— 个体有能力寻找目标、对实现目标过程中的有效途径的认知和信念
  - 动力思维 —— 个体对能够朝着既定目标前进的动机的认知和信念
- 希望理论的模型 —— 希望是目标、动力思维和路径思维的有机融合
  - 目标是希望的核心部分，是希望的方向和终点
  - 路径思维用来寻找实现目标的合适方法
  - 动力思维提供目标达成所需的心理能量

怎么提高希望水平
- 希望疗法的干预方法
  - 确立目标
    - 选择与自己相关的、有意义的目标
    - 选择明确的目标
    - 选择有足够难度的目标
    - 选择主动接近目标
  - 丰富路径思维
    - 将时间跨度大的目标分解成一个个小目标
    - 寻找实现目标的替代方法
    - 预演目标实现过程
    - 在想象的过程中体会到成功的快乐
  - 积极行动
    - 和朋友谈论目标，或者通过书籍、电影等了解其他人是如何成功的
    - 回顾自己过去的成功经验

怎么提高希望水平

希望的发展

- **0～12个月** — 孩子产生了探究如何实现目标的想法
- **1～2岁** — 学会制定目标，并探索能够实现目标的具体行动
- **3～6岁** — 孩子的身心发展影响其是否有能力自己找到解决问题的途径和方法的能力
- **初中阶段和青年初期** — 计划具有一定的复杂性与社会性，孩子自我意识、自尊的发展增强了其沿着目标路径前进的能力，有助于实现目标
- **青春期** — 抽象能力不断增强，自主性、亲密关系、职业规划等方面开始发展，父母教养和家庭环境会影响孩子发展出的希望的特质

人生的黄金法则
二十弱冠、三十而立、四十不惑、五十知天命、六十花甲、七十古稀

积极信念的作用

希望：追寻生命的意义
- 维克多·E.弗兰克尔，国际意义疗法创始人
- 但无论生活多么痛苦，都需要挺直腰杆，向着远处的光亮奋勇前行

作用
- 影响个体的生活意义感
- 影响个体的生活满意度
- 降低人的焦虑、抑郁等消极情绪的影响
- 澳大利亚人尼克·胡哲的故事 — **启发**：充满信念与希望的人生是不会被击垮的

培养孩子充满希望
- 父母本身应该充满希望
- 为孩子营造充满希望的环境
- 培养积极的思维，选择有足够困难的小目标

怎样让内心充满希望

让自己形成优秀特征
- 《肖申克的救赎》
- **树立信念** — 时刻保持着面对不幸、困难、挑战的信念
- **关注成功** — 积极回忆过去功的经验，提升自己的自信
- **大事化小** — 将复杂的问题分解为一个个小而简单的问题

让满心希望成为习惯
- 设立合适的目标
- 详细规划方法和途径（路径思维） — 分解目标，寻找替代方法
- 保持追求成功的期望和动力（动力思维） — 回顾成功经验，让满心希望成为自己的习惯

第十五章　能够沉浸在福流体验中，
能够"活在当下"的人
最容易感到愉快与满足，烦恼也少。

15

积极体验
福流

第一节　积极情绪的福流体验

一、什么是福流体验

福流（flow）是当个人对某类活动和事物具有强烈的兴趣，能够在从这件事情的时候完全投入，发挥自己的优势，完全沉浸的一种感觉、状态和体验。福流包含着快乐、喜爱、沉浸、忘我、兴奋、充实的情绪体验，比性、美食等更能让人沉醉。在这种状态下，人完全没有意识到时间的流逝和周围环境的变化。

当人们感受到福流体验的时候，往往是生命最幸福、最精彩、最令人向往、最愉悦、最刺激的时刻。比如，专心烹饪、与朋友说话、玩游戏、在公园打球、与爱人在一起、看一本好书、听最爱的音乐。总之，福流体验是一种集大成的体验，会让人感觉如此完满，拥有了一切。

二、幸福的心流体验

大家普遍认为工作是枯燥、辛苦、痛苦的，但有些人却可以在工作中获得快乐。那么，什么样的人在工作中最幸福？心理学家米哈里·契克森米哈赖对心流进行了一系列的研究，他的研究发现经常体验心流的人在工作中很容易感到幸福、快乐。契克森米哈赖观察了作曲家、艺术家、骑手、运动员等，结果发现他们在竭尽全力地工作的时候，有时会失去对时间和周围环境的感知。他们参加活动的目的来自内在的动机，而不是外在动机，即报酬、金钱等。契克森米哈赖认为这种集中注意力、全神贯注的心流是一种最幸福、快乐的体验，当个体投入全部注意力以实现其目标时，会进入特殊的忘我状态。

一些艺术家在从事艺术创作的时候，可以废寝忘食，不辞辛苦，始终一心一意，表现出超强的热爱与坚持。是什么激励着艺术家们如此执着地工作？契克森米哈赖对这个问题进行了研究，认为导致上述情况的原因是艺术家从事的工作，即艺术创作本身就能够带给人积极情绪，例如幸福、快乐等。他把这种情绪体验称为心流，即沉浸体验。心流体验是推动人类发展进步的原动力，在我们做某些事情并体验到心流的时候，会被激发出爱好与兴趣，完全专注于现在所做的事情，忘记那些不幸福的事情与情绪。

人们通常会在自己感兴趣的领域体验到心流，当然，人们也可以通过后天的学习来改善自己的某些品质，使自己的注意力得到提高，从而使自己容易获得沉浸的体验，如通过冥想、瑜伽、气功和太极拳等活动，特别是在冥想和瑜伽的训练中，心理的投入要远远重要于身体的投入。现在一些西方学者甚至鼓励人们用冥想和瑜伽的方式对待自己日常单调的工作，认为冥想和瑜伽可以帮助人们从单调或不愉快的工作和生活中获得好心情和快乐。

三、福流概念的其他表述

福流是指个人在做自己所热爱的或感兴趣的事情的时候所感受到的一种状态和体验。福流对我们有重要的意义，表现为做事的时候会全身心投入，忘了时间，忘了周遭的事物。有福流体验的人可以从心底感到喜悦、满足、超然，这是人类生命中最美好、最幸福的时刻。研究表明，这种状态和体验最容易出现在那些成功和幸福的人身上。

很多优秀的心理学家解释了经历过心灵的流动越多的人越能感到幸福的原因。过去、未来、自我意识等往往会破坏我们对生活的满足感，而那些有更多心流体验的人往往更加关注现在，他们沉浸当下，全情投入某一项活动，从而忘记那些会破坏幸福感的事物。当人们把注意力集中在当前正在做的事情的时候，便不能将注意力集中于过去和未来，甚至不能感受到自己的存在。

幸
福
力
教
育

第二节　沉　浸　体　验

一、什么是沉浸体验

沉浸是个体在内在动机驱使下从事具有挑战性、可控性、需要大量技能的活动时体验到的一种主观状态与感受，这些活动需要由内在动机驱动。沉浸是一种积极的情绪体验，能够让人沉迷其中，激发浓厚兴趣。沉浸是一种包含快乐、兴趣等多种情绪的综合体，在沉浸状态下，人们的感受和经历是一体的。当人们获得沉浸体验时，他们会感到充实、兴奋和快乐。

心理学家认为，真正的幸福意味着生活在一种"沉浸"的状态中，即完全沉迷于一种活动，无论是工作还是娱乐。我们都有过沉迷于阅读或创作的经历，有时连别人叫我们都听不见。在沉浸状态中，人们能享受到巅峰体验，会感受到快乐，展现出最好的状态。在最好的状态下，人们将会更有效地去学习、成长、进步以及向未来的目标迈进。契克森米哈赖认为当任务的挑战性和个人技能都达到最高值时，此时的沉浸体验是最佳体验，具有最丰富的心灵能量。比如，喜欢乒乓球的人，总是在寻找打乒乓球的机会，会持续产生沉浸体验。但是，经过一段时间后，他的球技会不断提升，这时他和原来水平的对手打球，就没有了沉浸体验。这时，他就需要重新寻找与他现在的水平相当的新对手，才会重新产生沉浸体验。

二、获得沉浸体验的方法

获得沉浸体验有三种方法。

第一，挖掘天赋。在某些领域，有人天生就具备超强的能力和执念，在具有相同经验的情况下，有天赋的人可以比其他人更快地成长，并且其成长具有独自性和特殊性。例如，有些人天生对音乐和舞蹈有独特的爱好。每个人都有一定的天赋，只是有的人终其一生也没有发现自己的天赋。

第二，设定明确的目标。当我们做自己感兴趣的事情时，我们更容易获得沉浸体验。设定明确的目标是沉浸体验的前提。在确定目标和方向后开始行进，遥远的目标是我们前进的动力，帮助我们去感受正在经历的这个体验过程。许多时候，沉浸体验所带来的更高层次的幸福感就在于它能把"无痛无获"变成"现在的快乐即未来的成果"。

第三，关注当下。有的人处于当下，却总是心烦意乱，心不在焉，不停地想着明天才会快乐、明年才会更好，当他们劳碌一生，真正停下脚步想要好好喘口气的时候，才发现自己的生命已经进入暮年。这些以未来为重心的人们无法欣赏到实现目标前的风景，也无法享受到目标达成后的那种幸福感。当我们匆忙度日，背负压力，充满焦虑的时候，我们很难获得沉浸体验。一个真正生活在当下的人会让现在过得充实和尽兴，会全身心地参与现在的事情，不会过多地去想未来与过去，只会尽心尽力地去体验当下的时刻。

第三节 福流的特征和条件

一、福流的四个特征

福流有四个基本特征。

首先，福流会出现在具有挑战性且需要技能的活动中。能带来福流的活动一般不会太单调或令人沮丧。如果任务困难，技能不足，人们会感到焦虑；相反，如果自身技能高，任务简单，人们会感到无聊。高挑战有时会带来一定的痛苦，只有在一个难易适度的范围内，人们才能在发挥自己的潜力的同时，享受活动带来的愉悦与兴奋。

其次，明确的目标与及时的反馈。能够产生沉浸式体验的事情一定要有明确的目标，并且可以在朝着目标前进的每一步及时得到反馈。另外，我们所做的一切都为我们提供了准确、有意义和愉快的反馈，这激发了我们继续参与这一行动的强烈动机。

再次，忘我。当一项活动具有足够的挑战性时，你就会集中注意力，忘记自我。当我们全情投入手头正在做的事情时，我们不能再将意识集中于过去和未来，也不再感觉到自己的存在。心流体验能够引起人们的爱好与兴趣，使人们全情投入，从而忘记那些会破坏人们幸福感、满足感的东西。

最后，时间的转换。当我们做重复性活动时，会感觉到时间过得很慢；而当我们沉浸在需要迅速运用复杂技能的活动时，尤其是当我们回过神来的时候，时间扭曲感会异常强烈，恍如一瞬间，比如，专心做饭、和朋友聊天、打球。

二、福流体验的产生条件

福流体验的产生有三个先决条件。

第一，挑战与才能相互平衡。比如，成人在参加儿童游戏活动时大多会感到厌倦，提不起兴致，儿童却常常能乐此不疲。因为儿童游戏对于成人来说缺乏挑战性或挑战度不高，而对于儿童来说却具有较高的挑战性。又如，学骑自行车只能给人们较短暂的沉浸体验，因为挑战度较小，但是下棋的挑战度就大很多了，它能为人们带来较长时间的沉浸体验。

第二，开展的活动具有一定的结构特征。例如，体育和竞赛具有结构性特征，人们在进行比赛的时候会有明确的目标，并且会有判断表现是否优秀的评价体系与规则，能使个人在进行活动时得到明确、及时的反馈。一项活动应具有明确的目标、规则、评估标准，即该活动具有可操作性和可评估性。

第三，主体自身的特点。研究者认为，容易进入福流状态的人具有强烈的目的性。普通人眼中的困难是他们自我提高的机会，他们喜欢迎接挑战，勇于接受人们的批评与建议，往往顽强、自尊。另外，研究者也发现，注意力更集中的人往往也更容易进入福流状态。福流本来就是指能够快速进入状态并集中精力的能力，注意力集中的人在做任何事情的时候都会比他人更沉浸在这件事情之中。

因此，我们可以从三个方面创造更多的体验。

第一，走出舒适的环境，接触新事物，勇于面对挑战。通过练习和寻求建议来提高你的技能。将大目标转化为小目标，及时跟进，得到反馈。利用福流法则，把没有动力的无聊状态转化成一种幸福的体验。第二，看看你的生活。在很多情况下，你可以在生活中找到幸福的经历，复制这些活动，重新规划生活。第三，激发内部动机。发展你的兴趣，充分发挥你的优势，做你擅长的事情。

三、福流体验的五个阶段

福流体验有五个阶段。

第一，聚精会神。注意力高的人更容易获得福流体验。生活中应该刻意训练自己的注意力，如进行冥想、瑜伽、气功和太极拳等活动。

第二，物我两忘。在这个阶段，人们可以在活动中体验到自我意识和时间意识的暂时消失。

第三，驾轻就熟。在这个阶段中，我们已经完全控制了这些活动，能够驾轻就熟地实现目标。

第四，体验过程。我们开始不关注是否能够达成目标，而是关注感受活动的精确回馈。准确、有意义和愉快的反馈会激发我们参与这一行动的强烈动机。

第五，主动积极。当我们主动激发内部动机，而不是仅依赖外在动机（金钱、物质等）时，就达到了能够产生福流等最高阶段。在这个阶段，我们发自内心地参与活动，全身心地沉浸其中。

根据研究，艺术、体育竞技和文化活动很容易产生深层次的幸福感，但幸福感的体验通常存在于任何活动中，无论是个人活动、团体活动、体育活动、心理活动、义务活动或自愿参与活动，都可能会产生福流的体验。拥有高度自主权和快乐倾向的人会更频繁地体验幸福的流动。总体而言，通过改善活动和环境，可以创造自己的福流，提高自己的生活质量。

第四节 中国文化中的福流体验

一、孔子的乐在其中

契克森米哈赖不是第一个发现心流的人，在中国5 000多年的漫长历史中，许多思想家、哲学家和宗教人士及道教和佛教等东方传统文化经常提到这种由心理活动产生的极度愉悦的体验，而禅宗则经常谈论这种专注的状态。从古至今，感受到心流体验的人物中，最著名的还是著名儒学大师孔子。《论语·述而》中有记述孔子生活状态的一段文字："饭疏食，饮水，曲肱而枕之，乐亦在其中矣。不义而富且贵，于我如浮云。"意思是，我虽然吃的食物很清淡、粗糙，喝的水就是普通的清水，睡觉的时候不用枕头，而是枕在弯曲的胳膊上，但许多的快乐就隐藏在简单、平凡的生活中。至于那种违背道义而取得的金钱、财富、权力、地位，对于我来说就像浮云。

春秋战国时期男性的平均预期寿命只有31岁，孔子却活到了73岁，这在当时是一个相当长的寿命。孔子寿命长的原因离不开他乐观的心态与对于传经授道的热爱。孔子一生中最大的爱好与兴趣就在于不断学习、不断提升自我修养。孔子能够埋头于自己喜欢的事情，内心是非常充实与满足的，所以即使生活条件不那么富足，也会感到快乐。

一个人进入忘我状态时，就不再有时间、精力去为未来焦虑，为过去烦心，这些让人烦恼、焦虑、痛苦的事会被忘记，也没有时间思考。能够沉浸在福流体验中，能够"活在当下"的人最容易感到愉快与满足，烦恼也少。

二、庄子的庖丁解牛

《庄子》的第一篇《逍遥游》就表达了一种自娱自乐、自由自在、豁达愉悦的感觉。这是一次真正美妙的经历，忘记了自我，享受着周遭的一切。工作中的福流状态也不鲜见，在《庄子·养生主》中有"庖丁解牛"的故事。在一场聚会上，有一个姓丁的厨师在梁惠王面前杀牛，庖丁杀牛异常熟练，刀子在牛的骨头缝里操作自如，得心应手，连牛的骨头都碰不到，犹如行云流水，还很有韵律。梁惠王在一旁呆若木鸡，忍不住夸赞庖丁宰牛的技术之高，并询问他技艺高超的原因，庖丁说："长时间都在宰牛，牛的结构自然清晰在胸，杀牛时不必用眼睛看，只用心灵之神了解，沿着牛的身体构造用刀，牛的身体受刀解，牛肉从骨头上滑落到地面。"

"庖丁解牛"描述了一个普通人的福流，庖丁仅仅是表演了一场沾满鲜血的屠宰过程吗？这一过程就像是一场庖丁的个人演奏会。庖丁眼里的这头牛不是牛，而是他最热爱的事物，一旦开始这项活动，他就会专注于此。这让庖丁在工作中感到非常快乐和幸福，达到了一种物我两忘、幸福酣畅的状态。有人时常抱怨工作让其感到痛苦，而庖丁这种忘我工作的状态启示着我们，如果我们都能全身心投入工作，工作也能让我们产生福流，收获幸福的感觉。

三、可带来沉浸体验的活动

生活中到底哪些活动会更容易给普通人带来福流呢？心理学家对1 000多个家庭的女性进行了统计调查，发现看电影、做运动等自己有兴趣的事情最容易让人产生幸福的感觉，其次是学习、社交、性生活等。有一些活动是总能让我们进入福流状态的：做自己爱做的事情，包括运动、读书、听歌等。还有一类活动也经常让我们进入福流状态：与自己喜欢的人在一起。当我们关注周围的家人和朋友时，就会容易体验到福流的状态。例如，幸福的夫妻生活，和朋友聊天、见面、聚会，抚养孩子，看着他们一天天成长等，也是产生福流体验的重要活动。可以看出，积极的事情往往会为我们带来福流体验，当我们关注这些事情本身时，就可以完全投入，发挥自己的优势，完全进入沉浸的状态。福流体验给人们带来喜悦、快乐、兴奋等感情，并伴随着极度的兴奋感和充实感。

　　同时，心理学家的调查结果显示，坐着一直看电视、做家务这类活动很少会产生福流，并且，非常轻松的休闲活动几乎不产生福流。这就说明产生福流的事件不能太单调沉闷，如果个人技能高，但处理的任务太简单，人就会感觉无聊。契克森米哈赖认为只有在一个难易适度的范围内，人们才可以享受活动过程中产生的快乐。因此，过饱食终日、无所事事的百无聊赖的日子，是无法体验福流的，这样的生活未必有那么幸福。

第五节　幸福U形曲线

2008年，经济学家奥斯瓦尔德和布兰奇弗劳尔发布了著名的幸福U形曲线。在这项跨国数据调查中，所有国家的中年人幸福感最低。随着年龄的增长，一个人生活中幸福感的变化呈U形曲线。幸福感在青少年时代很强，大学时开始下降，中年时降至最低，老年时逐渐恢复。U形低谷出现在44岁，中年时期幸福感的低谷与俗称的"中年危机"意义类似。作家歌德曾说："当一个人试图在中年实现他年轻时的希望和抱负时，他就必然在欺骗自己。"中年是人生中的一个转折点，中年会面临着许多问题：事业、健康、家庭婚姻等。

英国心理学家埃利奥特·逊更斯曾发表过一篇题为《中年危机与早逝》的文章，他分析了几百位艺术家的创作生涯。事实证明，大部分艺术家在40岁之前就有很强的创造力，40岁之后才华横溢；另外一部分艺术家在40岁后才会成名，甚至还有一些艺术家在40岁之后就江郎才尽。这一现象告诉我们，进入中年并不意味着发展停滞、创新困难或生活重复。我们可以给生活一个新的起点，关键在于如何应对中年危机，怎样走出危机，开创新的生机。人是否能够保持年轻的状态，是否成为积极向上的人，与自己的人际关系圈和周围的人际接触环境有重要的关系。因此，中年以后，我们应多与人交往，建立良好的人际关系。

小结

　　福流体验的关键在于有明确的挑战，这项活动能够吸引你的注意力，并且你有接受这种挑战的能力，每一步都伴随着及时的反馈。

自我分析

　　1. 列出你真心喜欢且能给你带来福流体验的活动。

　　2. 回忆生活中让你感动的一个人和事。

推荐阅读

　　《吾心可鉴：澎湃的福流》彭凯平

　　《生命的心流》（美）米哈里·契克森米哈赖

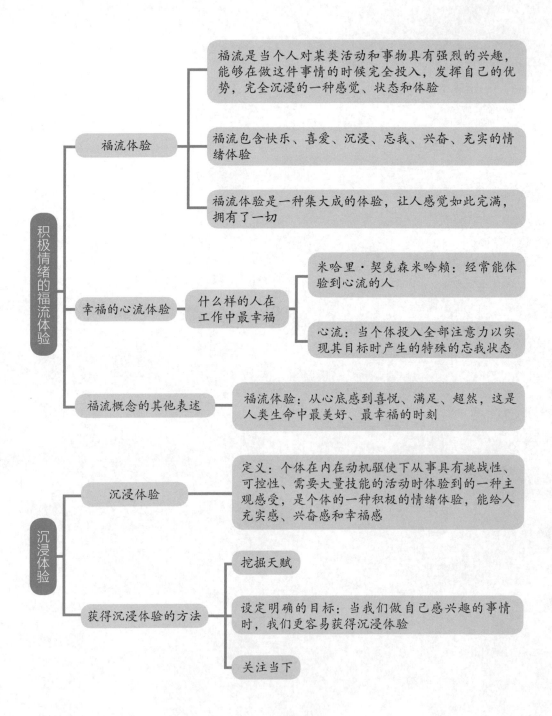

积极情绪的福流体验

福流体验
- 福流是当个人对某类活动和事物具有强烈的兴趣，能够在做这件事情的时候完全投入，发挥自己的优势，完全沉浸的一种感觉、状态和体验
- 福流包含快乐、喜爱、沉浸、忘我、兴奋、充实的情绪体验
- 福流体验是一种集大成的体验，让人感觉如此完满，拥有了一切

幸福的心流体验
- 什么样的人在工作中最幸福
  - 米哈里·契克森米哈赖：经常能体验到心流的人
  - 心流：当个体投入全部注意力以实现其目标时产生的特殊的忘我状态

福流概念的其他表述
- 福流体验：从心底感到喜悦、满足、超然，这是人类生命中最美好、最幸福的时刻

沉浸体验

沉浸体验
- 定义：个体在内在动机驱使下从事具有挑战性、可控性、需要大量技能的活动时体验到的一种主观感受，是个体的一种积极的情绪体验，能给人充实感、兴奋感和幸福感

获得沉浸体验的方法
- 挖掘天赋
- 设定明确的目标：当我们做自己感兴趣的事情时，我们更容易获得沉浸体验
- 关注当下

```
                          ┌─ 高难度、高技能：沉浸体验
                          │
                          ├─ 高难度、低技能：焦虑（缺乏控制感）
          出现于具有挑战性 ─┤
          且需要技能的活动   ├─ 低难度、低技能：麻木
                          │
                          └─ 低难度、高技能：无聊
          
    四个特征 ─ 明确的目的与及时的反馈：具有明确目标并在实现过程中适时收
             到正向反馈
             
           ─ 忘我：觉察不到独立于任务之外的自己
           
           ─ 时间的转换：在做需要迅速运用复杂技能的活动时，时间飞逝
```

福流的特征和条件

```
    产生条件 ─ 挑战与才能的相互平衡
            
            ─ 从事的活动具有一定的结构特征
            
            ─ 主体自身的特点（自带目的性人格，注意力集中）
```

```
    五个过程 ─ 全神贯注：注意力集中
            
            ─ 物我两忘：自我意识和时间意识的暂时性消失
            
            ─ 驾轻就熟：对活动能完全掌握和控制
            
            ─ 体验过程：感受活动的精确回馈
            
            ─ 主动积极：发自内心地参与活动
```

中国文化中的福流体验

孔子的乐在其中：孔子是心流体验极具代表性的人物，有乐观的心态，专注传道

庄子的庖丁解牛：专注地做自己喜欢做的事，全力以赴，全心投入

可带来沉浸体验的活动：对 1000 多名家庭妇女调查的结果显示，做自己喜欢的事情、运动、看电影等最容易产生福流

幸福 ∪ 型曲线

```
    ┌─ 青少年和老年时代幸福感最强，U 形低谷出现在 44 岁
    │
    │                       ┌─ 310 位艺术家中一部分人
    │                       │  40 岁前创作力强
    ├─《中年危机与早逝》埃利奥特 ─┤
    │                       └─ 310 位艺术家中一部分人
    │                          40 岁后一鸣惊人
    │
    └─ 人到中年应多与人交往，建立良好的人际关系
```

第十六章

幸福不仅是感觉,
幸福更是一种可以学习的能力。

16

积极品质
福商

第一节 美德与力量的积极品质

一、六大美德、二十四项优秀品质

积极心理学家马丁·塞利格曼认为人们具有一些普适性的品质和美德，能够帮助人们适应各种各样的环境，并提升幸福感。于是塞利格曼教授与另一位积极心理学的创始人克里斯托弗·彼得森教授合作，通过分析大量的文献和数据，得到了包含二十四项优秀品格的六大美德。

1. 智慧与知识

（1）好奇心：主动追随、探索、关注新事物。

（2）爱好学习：享受学习的过程，主动获取知识和技能。

（3）创造力：能够用新颖、独特、实用的方法解决问题。

（4）开放的思想：遇到问题的时候能够分析对自己有利的信息，也能够接纳对自己不利的信息，综合分析，不妄下结论。

（5）社会智慧：适应各种社会情境，识别自己与他人的交往动机、感受。

（6）独特视角：当线索纷繁复杂的时候也能够看清事情的本质。

2. 勇气

（1）勇敢：不畏权威，不惧反对意见，坚持真理和自己的信念。

（2）坚持不懈：做事有始有终，即使面对不喜欢的事情也会承担责任。

3. 仁慈与爱

（1）真实性：不伪装，接纳自我，言行和内在的价值观一致。

（2）仁慈、善良、慷慨：不论对方的地位和财富，不论是否与自己有利益关系，都愿意心怀善意，施以援手。

（3）爱与被爱的能力：正视各种人际关系中的爱，也能够回应爱。

4. 正义

（1）团队精神：积极融入自己所在的团队，履行自己的职责，乐于协作和分担。

（2）公平：对所有人态度一致，机会相同，不因为个人的感受和利益错判他人。

（3）领导能力：带领团队完成共同目标，增强团队成员之间的凝聚力。

（4）自我控制：能控制欲望、情绪和冲动，并有自己的调节方法。

5. 修养与节制

（1）谨慎小心：合理平衡眼前的诱惑和长远的利益之间的冲突。

（2）适度和谦虚：同时接纳自己和他人的成就。

6. 心灵的超越

（1）欣赏美和享受美：能够在生活中发现和欣赏各种美，享受美的乐趣。

（2）感激、感恩：秉持对世界和所有人的欣赏和尊重。

（3）希望、乐观：对未来充满希望，相信目标会实现。

（4）有目标和信仰：人生充满意义感。

（5）宽恕、怜悯：能够放下指向自己的伤害，愿意饶恕他人，救赎自己。

（6）风趣、幽默：能够给自己和他人带来快乐，遇事能够看到积极的一面。

（7）热情：充满活力，每天都期待新一天的到来。

二、心理能量：向上生命力

随着物质生活的富足，人们越来越关注内心的感受，越来越理解心理健康所带来的积极力量。所谓心理健康，是指精神活动正常、心理素质好，具体包括在社交、生产、生活中善待自己，善待他人，适应环境，情绪正常，人格和谐，知足常乐。

2017年，党的十九大报告提出要加强社会心理服务体系建设，提高公民道德素质，要注重人文关怀和心理疏导，培育自尊自信、理性平和、积极向上的社会心态。近年来的社会事件中，心理学专业的力量不断凸显，尤其在2019年新冠肺炎疫情暴发的初期，人们依靠心理调适知识随时调节情绪和自我状态，处理自己的应激反应。维护心理健康是与保持身体健康同样重要的大事。

三、心理素质：活得更好的能力

心理学将一个人的心理状态划分为心理正常和心理异常，而心理正常的人群中又存在心理健康和心理不健康两类群体，例如我们在因为新冠肺炎防疫要求而被隔离期间，出现焦虑、烦躁、恐惧等情绪，无法专心工作和学习，睡眠和饮食都受到影响等，这些都是正常的心理反应，需要调整的是不健康的状态。心理学研究者认为，一个人的心理健康与心理素质水平有关。心理素质水平高，则心理健康状况良好，做出适应性的行为，否则会陷入不良体验和做出不适应的行为。

心理素质包括心理潜能、心理能量、心理特点、心理品质与心理行为等，是一种综合性的能力，主要表现在我们的情绪、情感状态、自信心、意志力和韧性几个方面，可以说，心理素质就是让我们活得更好的能力。积极心理品质有利于提升我们的心理素质，进而促进心理健康。

心理学研究曾经致力于疗愈心理问题，结果发现心理问题的治愈并不能保证患者获得积极体验。此外，大部分人并没有心理问题，却也没有积极的心理体验，这是因为忽视了原本的优势品格，忽视了提升自己的心理素质。专业科学知识的学习及道德情怀的陶冶可以促进心理建设，同时能够使我们具有自信、心态平和、信念坚定、充满使命感的心性。

第二节　中国心理健康现状

一、什么是福商

　　幸福一直是每个人向往的目标，然而心理学发现获得幸福并不是一个结果，而是一种能力，一种理解幸福并能够为之付出积极努力的能力，积极心理学称之为福商。福商之福，是你的福报。

　　诠释和追求幸福的过程体现了一个人的心理状态，也体现了心理素质，拥有了福商，也就拥有了心理健康。在这个过程中，个体的人格特质不断凝练并发挥巨大作用，美德和力量是个体积极品质的核心，积极品质是获得幸福不可或缺的力量，也是战胜心理疾病的有力武器。

二、心理健康第一责任人

　　尽管心理学的研究和应用需要专业的学习和实践，但是具体到一个人的心理健康状态，只有我们自己才是心理健康的第一责任人。心理咨询有一个重要的原则：尊重来访者的自主性，在咨询的过程中，咨询的目标是在了解来访者需求的基础上制定的，如果来访者并不认可，咨询师不能强制干预。对于我们的心理感受，我们自己是最清楚的，心理健康状态的调整也完全掌握在我们自己手中。

　　近年来抑郁症相关话题不断引发热议，人们逐渐认识到"失去兴趣，没有生活的动力"并不是逃避的借口，而是生病了。世界卫生组织估计，全球有10%的人在一生中至少会经历一次严重的抑郁症。在中国内地，有5 400万人患有抑郁症，抑郁症对个人、家庭和社会都造成了沉重负担。

然而，心理问题并不只有抑郁症一种，也并不是只有抑郁症的危害最严重。其实，我们的心理健康现状是令人担忧的，统计数据显示，全球4.5亿人有心理健康问题，超过世界人口总数的5%。中国登记在册的严重精神病患者人数为429.7万人，实际上有1.94亿人患有不同程度的精神疾病，其中成年患者为1.29亿人。最近的统计发现，未成年人中患有心理疾病的人数在增加，中小学生患病率为27%，其主要的症状表现有焦虑不安、恐惧、神经衰弱、强迫症状和抑郁情绪。

中国每年有28.7万人死于自杀，200多万人自杀未遂，平均每两分钟就有1人死于自杀，并有8人自杀未遂。其中因为罹患心理疾病而失去行为自制能力、做出自杀行为的更是不在少数。

我们的心理健康面临很多问题，然而中国精神卫生服务资源目前依旧十分短缺且分布不均。2015年中华心理学会年会数据显示：中国各类精神疾病患者超过1亿人，重性精神障碍患者超过1 800万人；已登记在册严重精神障碍患者430万人。而全国共有精神卫生专业机构1 650家，精神科床位22.8万张，精神科医师仅2万多名，主要分布在省级和地市级，精神障碍社区康复体系尚未建立。中国平均每8.3万人才有一名精神疾病医生，这个比例只有美国的1/20。

尽管心理医生的匹配率较低，但是中国的心理研究一直在为现实生活提供指导和参照。有一项关于干部与职工心理健康分析的研究总结了干部与职工的心理健康状况及压力源。其一是来自"发展与责任"的双重压力。很多机构采用"领导问责制""一票否决制"，虽然便于管理，但是增加了管理者承担责任的压力，而且团队管理有很多不可控的因素，还需要随时保持对突发事件的提防与关注等。

其二是来自社会关系和个人升迁的压力。作为管理层，需要营造文化氛围，时刻平衡团队成员之间的人际关系，妥善处理每一位成员的需求，还要提高自己的工作成绩以满足职位提升和个人成长的需要。其三是来自工作、社会、家庭等方面的压力。没有人是绝对的领导者，不论在哪个岗位，都要面对自己的领导、下属与群众，其间的冲突必须化解，但是其中的矛盾却难以调和，更是无暇顾及家庭感情和子女教育，来自家庭的压力给基层干部的心理健康带来严重危害。

三、步入健康"心"时代

习近平主席在全国卫生与健康大会上发表了重要讲话："要加大心理健康问题基础性研究，做好心理健康知识和心理疾病科普工作，规范发展心理治疗、心理咨询等心理健康服务。"为贯彻落实党的十九大的精神，国家卫生健康委和中央政法委等10部门联合印发《全国社会心理服务体系建设试点工作方案》，并联合全国的心理咨询专业人员，依托社区建立心理咨询室或社会工作室，开展围绕个人幸福、群体幸福、社会幸福、安全感、获得感、归属感、幸福感的社会心理服务。

第三节　提高幸福感的方法

多年来，人们追求财富、名利、地位，认为拥有的财富越多越幸福，但是事实并非如此。美国著名的调研公司盖洛普在2005年进行了一项调研，以全球130万人为样本，数据显示收入与满足感成正比，但是与幸福感之间相关性很小。也就是说，收入更高的人会感到更强烈的人生满足感，但是并不一定会感到幸福快乐。影响幸福感的因素有很多，另一项调查显示90％的幸福感来自我们的内部（如有朋友、独立、受到尊重等），只有10％来自外部事物（如夫妻关系、金钱和职业）。所以积极地规划和组织自己的生活，专注于健康和美好的事物，才能找到让自己感到快乐的方法，提高获得幸福的能力。这里主要介绍提高幸福感的六个方法。

一、积极主动的人的生活满意度能提高15％

与被动的人相比，积极主动的人对自己的生活满意度会提高15％，因为他们有积极的目标，更愿意参与积极的任务。目标要指向未来，或需要长时间的努力和等待，或需要暂时的忍耐和付出。能够设定目标的人坚信付出会得到回报，这是对自己的信任。这种信任源自对环境的安全感和对自己能力与价值的认同。那些感到幸福的人会经常设定自己的前进目标。

二、每天散步、锻炼可将幸福感提高12%

定期进行体育锻炼可以保持身体健康，让人精神愉快，尤其是每天散步可将幸福感提高12%。运动是最直接有效的调节生理变化的方法，也是调节情绪的有效方法之一。在阳光下散步对舒缓心境、提升积极的心理体验有很大的益处。

三、做好事的人的快乐情绪增加24%

为他人做好事的人比只为自己生活的人的快乐体验多24%。给予他人的同时，自己得到的快乐会比所给予的人更多。人们常说"赠人玫瑰，手留余香"，为他人提供帮助，收获的是对自己能力的认可。而这种被认可、被尊重的内在感受与幸福感有很大的相关性。

四、为小幸福、小进步鼓掌和高兴

生活是由各种琐碎和平淡的小事组成的，因为某件事情而感到开心、惊喜的程度与我们对事情的评价有关，与事情的大小无关。我们拿到人生第一份工资的时候，都十分兴奋，第一份工资1 000元的人和第一份工资5 000元的人，他们的开心程度并没有差别，原因都是第一次通过自己劳动获得报酬的满足感。不要执着于生活中的重大事件，每一次小小的成长和进步都是难得的。积极心理学建议我们常常进行一个练习：回忆今天三件让你高兴的事情。早上起来被暖暖的太阳晒着值得高兴；走下床感受到自己健康的身体值得高兴；看到家人的笑容值得高兴。观察生活的细节、善于积极思考的人更有可能幸福。

五、幽默的人的快乐情绪会增加33％

幽默感不仅能够让自己和他人开心，也是最吸引人的特质，人们更喜欢和令自己开心的人相处。当然，幽默与强颜欢笑不同，幽默是发自内心地认为自己是开心的，也愿意让他人开心。幽默的人思维敏捷，随时能够发现每件事情有意思的地方，随时能够转换为乐观思维，获得愉快的情绪体验。

六、爱自己、相信自己的人幸福感更高

你觉得现在的自己幸福吗？

你觉得自己会获得幸福吗？

如果两个问题的答案是"否+否"，那么你似乎对自己有一些误解，需要和睿智的朋友或心理咨询师聊一聊；如果你的答案是"否+是"，那么恭喜你，你很快就可以获得幸福。我们是自己心理状态的第一责任人，快乐的人相信自己，相信自己的目标，相信自己的智慧和力量，认为自己是赢家，相信坚持和努力一定会让自己心想事成。你有多热爱，就有多努力！

第四节　好人会有好报吗

美国生命伦理学教授史蒂芬·波斯特致力于研究助人行为，在他的畅销书《好人会有好报吗？》中分享了一个关于助人的研究。

加州大学伯克利分校在1930～1990年追踪了200人的生活，并与他们进行了有关助人倾向的访谈，结果发现在读高中时就比较乐于助人的青少年，长大后更容易获得成功，赚到更多的钱，社会地位也更高，生活习惯更好，吸烟酗酒的行为较少，而健身锻炼行为较多，有更高的社会竞争力。

另一项对2 025位老人在5年的时间里的追踪调研发现，经常做志愿服务的老人，死亡率比其他人低44%；做两项以上志愿服务的老人，死亡率比其他人低63%。

2010年，美国的一家保险公司与一所非营利机构共同调研了4 500多名18岁以上的美国人，发现68%的志愿者认为志愿工作让他更健康，志愿者普遍比非志愿者对自己的健康状况更满意，志愿者的体重控制也较非志愿者更好。

可见，帮助别人不但在主观体验上会幸福，还会在无形中收获更多、更长远的益处。因此在教养儿童的过程中，父母要培养孩子的利他行为。一切快乐都是从利他行为中产生的，一切痛苦都是由只为自己而引起的。人若能明白这一点，并试着去慢慢改变，得到的幸福更多，并且更长久。

有一个教授和一个学生在田间小道上散步，突然看到地上有双鞋，估计是附近一个农夫的。学生对教授说："我们把鞋藏起来，躲到树丛后面，看看他找不到鞋子的感受怎么样。"教授摇摇头："我们不能把自己的快乐建立在别人的痛苦之上，你可以通过帮助他给自己带来更多快乐。你在每只鞋里放上一枚硬币，然后躲起来观察他的反应。"学生虽然犹豫，还是照做了，随后他们躲进了旁边的树丛。没多久，一个农夫来到这里，把鞋往脚上套。突然，他脱下鞋，弯下腰，从里面摸出了一枚硬币，脸上一下子充满了惊讶和欣喜。他又继续去摸另一只鞋，又发现了一枚硬币。这时，教授和学生看见这个农夫激动地仰望着蓝天，大声地表达着自己的感激之情，话语中谈到了生病无助的妻子、没有东西吃的孩子……学生被这个场景深深地触动了，他的眼中不知不觉充满了泪花。这时教授问："你是不是觉得这比恶作剧更有趣呢？"学生说："我懂得了过去从未曾懂得的一句话，给予比接受更快乐！"

所谓好人，即尽职尽责的人。好子女，尽到对父母的孝道责任；好父母，尽到对子女的抚教责任；好公民，尽到对国家的服务责任；好领导，尽到对下属的引领责任；好员工，尽到对企业的敬业责任；好教师，尽到对学生的教育责任。每个人只有承担自己的责任，尽职尽责，社会才能和谐运转，持续发展。

责任是一种发自内心的追求。责任的力量会指引你去做你认为重要的事，并竭尽全力地去做。科威特作家、记者穆尼尔·纳素夫说过，责任心就是关心别人，关心整个社会。有了责任心，生活就有了真正的意义。

心理健康领域倡导负责任光荣，不负责任可耻，从大的方面来讲，负责任帮助我们树立正确的世界观、人生观和价值观；从小的方面来说，负责任对内帮助我们经营好家庭，尽职尽责，对外帮助我们做好本职工作，爱岗敬业。

第五节　幸运儿与倒霉蛋

好运源于一个人内心的厚度。越努力的人越幸运，越幸运的人越幸福。

19世纪末，意大利著名经济学家帕累托在经济研究中发现，在任何特定的群体中，重要的因素通常只占少数，约20%，不重要的因素占多数，约80%，只要根据这个规律掌控关键性的少数因素，就能够掌控全局，获得成功。这个规律也被称为二八原理，例如80%的销售额源自20%的顾客；80%的菜是重复20%的菜色；80%的垃圾来自20%的地方。幸福体验亦是如此，做到重要的少数——行善、行孝，就可以事半功倍。

英国心理学家理查德·怀斯曼在《幸运背后的心理奥秘》一书中描写了幸运的人与众不同的"社交磁铁"，他们的微笑是不幸运的人两倍，他们在人际交往中的目光接触要比不幸运的人更多，在肢体语言方面，幸运的人更愿意使用开放式的肢体动作，而不幸运的人常使用封闭式的动作。因此，幸运其实也可以通过人际交往中的行为方式练习。

让人舒服是顶级的人格魅力，做个有趣的人，你将会更加幸运，更接近成功。

第六节 感恩心：善的教育

一、感恩心是智慧与大爱

2010年，美国最大的财经报纸《华尔街日报》发表了一篇关于研究感恩的文章，科学家们发现，感恩的人拥有很多优秀行为和更好的身心体验。例如：感恩的人身体更健康；主观感受更幸福；个性特质更乐观；生活中的朋友更多；不容易产生抑郁、嫉妒、贪婪等负面情绪，也不容易发生酗酒的行为；身体上也较少感到头疼、胃疼。

感恩有利于体会生活中的美好经历，有助于提升自我价值、提高自尊，有助于应对压力和伤痛，有助于培养仁德的品行，有助于加强人与人之间的感情和建立新关系。

感恩的人更愿意帮助别人。有一项研究发现：在餐厅的账单上对顾客写下"谢谢"的服务员将会比其他服务员多收到11%的小费；月底的时候给公司的员工送上一封"感谢信"，生产力可以从23%提高到43%；在志愿者完成一项服务后，为志愿者送上感谢回执，80%的志愿者会继续参加下一次的服务，如果没有感谢回执，只有43%的志愿者会继续下一次的服务。

我在《幸福力》这本书中全面整合了与幸福相关的所有元素，希望帮助更多人理解"幸福不仅是感觉，幸福更是一种可以学习的能力"。幸福力是经过长期积累的、内在的心理修炼、心理素养，是获得幸福的动力和能量，是创造幸福的软实力。幸福与感恩密不可分。

二、助人者是人类的快乐使者

研究证明，进行助人行为能够促使大脑分泌多巴胺，这是一种能够带来开心和兴奋的神经递质。多巴胺越多，人越快乐。其实人们做好事时产生"感觉良好"的体验，就是因为多巴胺的分泌增多，导致大脑里分泌多巴胺的奖赏中心腹侧纹状体的血液流量增加。助人是一份幸福，行善是一份感恩。

善良具有一些幸福优势，帮助别人比被别人帮助更幸福，帮助他人会使我们的生活满意度提高7倍！善言、善行是最容易的事情，因为做好事不需要特定的才华和多少时间、金钱，只要你愿意即可。善举从来不是负担，也不能是负担，强迫之下或者别无选择而不得不为之的"善举"并不是助人。每一个让我们体验到幸福的助人行为必须是自发自愿的。

三、孝顺：百善孝为先

孝顺的道理很简单，老年人的今天是中年人的明天，也是青少年的后天。孝亲敬长一直都是中华民族的优良传统。孝是一种品德。所谓小孝，是指孝敬自己的父母。所谓大孝，是指孝敬天下的父母，全心全意为人民服务，如孟子所言："老吾老，以及人之老，幼吾幼，以及人之幼。"所谓至孝，是指成就圣贤、普利众生，使千秋万代的人获益无穷。

小结

行善和感恩是人的积极品质，有六种方法可以提高幸福感。
愿你能帮助他人，怀有爱心、善心。

自我分析

在你爱的人中，谁最重要？怎么排序？
自己、配偶
子女、朋友
夫妻双方父母
兄弟姐妹

推荐阅读

《撞上快乐》（美）丹尼尔·吉尔伯特
《幸福力》王薇华

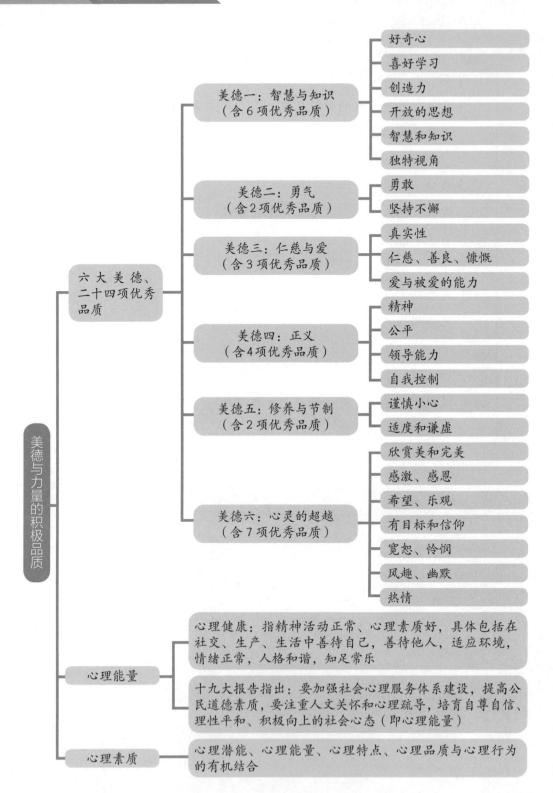

美德与力量的积极品质

六大美德、二十四项优秀品质

美德一：智慧与知识（含6项优秀品质）
- 好奇心
- 喜好学习
- 创造力
- 开放的思想
- 智慧和知识
- 独特视角

美德二：勇气（含2项优秀品质）
- 勇敢
- 坚持不懈

美德三：仁慈与爱（含3项优秀品质）
- 真实性
- 仁慈、善良、慷慨
- 爱与被爱的能力

美德四：正义（含4项优秀品质）
- 精神
- 公平
- 领导能力
- 自我控制

美德五：修养与节制（含2项优秀品质）
- 谨慎小心
- 适度和谦虚

美德六：心灵的超越（含7项优秀品质）
- 欣赏美和完美
- 感激、感恩
- 希望、乐观
- 有目标和信仰
- 宽恕、怜悯
- 风趣、幽默
- 热情

心理能量
- 心理健康：指精神活动正常、心理素质好，具体包括在社交、生产、生活中善待自己，善待他人，适应环境，情绪正常，人格和谐，知足常乐
- 十九大报告指出：要加强社会心理服务体系建设，提高公民道德素质，要注重人文关怀和心理疏导，培育自尊自信、理性平和、积极向上的社会心态（即心理能量）

心理素质
- 心理潜能、心理能量、心理特点、心理品质与心理行为的有机结合

中国心理健康现状

心理健康第一责任人

福商
- 定义：一种理解幸福并能够为之付出积极努力的能力
- 福商体现在积极品质。积极品质是个体战胜心理疾病的有力武器，它的核心就是美德和力量

心理健康现状
- 世卫组织：全球 10% 的人经历抑郁症，中国内地 5400 万人患抑郁症
- 全球约 4.5 亿人有心理健康问题。中国登记在册的严重精神病患者有 429.7 万人，实际约有 1.94 亿人，成年患者约 1.29 亿人
- 中小学生患病率为 27%
- 中国每年约有 28.7 万人死于自杀，200 多万人自杀未遂，平均每两分钟有 1 人死于自杀，8 人自杀未遂

精神卫生服务资源
- 精神卫生专业机构 1650 家，精神科床位 22.8 万张，精神科医师仅 2 万多名，平均每 8.3 万人有一名精神疾病医生
- 精神障碍社区康复体系尚未建立

干部与职工心理健康分析
- 来自"发展与责任"的双重压力
- 来自社会关系和个人升迁的压力
- 工作、社会、家庭等方面的压力

步入健康"心"时代
- 习近平总书记："要加大心理健康问题基础性研究，做好心理健康知识和心理疾病科普工作，规范发展心理治疗、心理咨询等心理健康服务。"
- 社会心理服务包括个人幸福、群体幸福、社会幸福。重视四"感"：安全感、获得感、归属感、幸福感

提高幸福感的方法

- 90% 的幸福快乐靠自己的内部
  - 10% 的幸福感来自外部事物，如夫妇关系、金钱等
  - 所以，我们要积极规划和组织自己的生活，专注健康和美好的生活，寻找让自己感到快乐的方法，培养让自己幸福的能力
- 积极主动的人生活满意度能提高 15%
  - 感觉幸福的人会经常设定自己的前进目标，有积极的目标，愿意参与积极的任务
- 每天散步、锻炼可将幸福感提高 12%
  - 定期进行体育锻炼，保持身体健康，同时精神愉快
- 做好事的人快乐情绪增加 24%
  - 定期为他人做好事，给予的同时，自己得到的快乐会比被给予的人更多
- 为小幸福、小进步鼓掌和高兴
  - 观察生活的细节、善于积极思考的人更有可能幸福
- 幽默的人，乐观情绪会增加 33%
  - 幽默的人思维敏捷，随时能够发现每件事情有意思的地方，随时能够保持乐观思维，获得愉快的情绪体验
- 爱自己、相信自己的人幸福感更高
  - 快乐的人相信自己，相信自己的目标、智慧和力量，认为自己是赢家，相信坚持和努力

好人会有好报吗

- 好人会有好报吗
  - 好人会有好报吗
    - 有趣的跟踪访谈
      - 实施方：加州大学伯克利分校
      - 实施对象：200 人
      - 内容：对他们进行助人倾向的访谈
      - 结论：读高中时就比较乐于助人的青少年
        - 将来更成功，赚更多的钱，社会地位也更高
        - 生活习惯更好
        - 有更高的社会竞争力
    - 对老人的跟踪研究
      - 实施方：伯克利大学
      - 实施对象：2025 位老人
      - 跟踪时间：5 年
      - 结论
        - 经常做志愿服务的老人，死亡率比其他人低 44%
        - 做两项以上的志愿服务的老人，死亡率比其他人低 63%
    - 父母要培养孩子的利他行为
      - 一切快乐都是从利他中产生的
      - 给予比接受更快乐
        故事：教授 + 学生 + 农夫和他的鞋 + 硬币
  - 好人的定义
    - 尽职尽责
      - 好子女：尽到对父母的孝道责任
      - 好父母：尽到对子女的抚教责任
      - 好领导：尽到对下属的引领责任
      - 好公民：尽到对国家的服务责任
      - 好员工：尽到对企业的敬业责任
      - 好教师：尽到对学生的教育责任
    - 责任：份内应做的事
      - 责任是一种发自内心的追求
      - 穆尼尔·纳泰：责任心就是关心别人，关心整个社会。有了责任心，生活就有了真正的意义
    - 倡导：负责任光荣，不负责任可耻
      - 大的方面：树立正确的世界观、人生观和价值观
      - 小的方面
        - 对内：经营好家庭，尽职尽责
        - 对外：做好本职工作，爱岗敬业

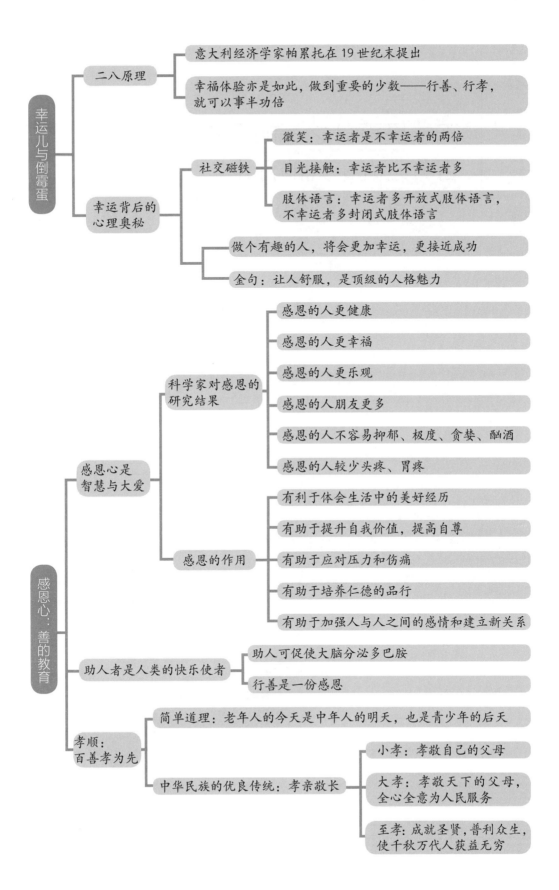

幸运儿与倒霉蛋

二八原理
- 意大利经济学家帕累托在19世纪末提出
- 幸福体验亦是如此，做到重要的少数——行善、行孝，就可以事半功倍

幸运背后的心理奥秘
- 社交磁铁
  - 微笑：幸运者是不幸运者的两倍
  - 目光接触：幸运者比不幸运者多
  - 肢体语言：幸运者多开放式肢体语言，不幸运者多封闭式肢体语言
- 做个有趣的人，将会更加幸运，更接近成功
- 金句：让人舒服，是顶级的人格魅力

感恩心：善的教育

感恩心是智慧与大爱
- 科学家对感恩的研究结果
  - 感恩的人更健康
  - 感恩的人更幸福
  - 感恩的人更乐观
  - 感恩的人朋友更多
  - 感恩的人不容易抑郁、极度、贪婪、酗酒
  - 感恩的人较少头疼、胃疼
- 感恩的作用
  - 有利于体会生活中的美好经历
  - 有助于提升自我价值，提高自尊
  - 有助于应对压力和伤痛
  - 有助于培养仁德的品行
  - 有助于加强人与人之间的感情和建立新关系

助人者是人类的快乐使者
- 助人可促使大脑分泌多巴胺
- 行善是一份感恩

孝顺：百善孝为先
- 简单道理：老年人的今天是中年人的明天，也是青少年的后天
- 中华民族的优良传统：孝亲敬长
  - 小孝：孝敬自己的父母
  - 大孝：孝敬天下的父母，全心全意为人民服务
  - 至孝：成就圣贤，普利众生，使千秋万代人获益无穷

第十七章｜天才是百分之一的灵感，
百分之九十九的汗水。

17

积极投入
志商

第一节　什么是志商及智商

一、什么是志商

　　志商即意志智商，它指一个人的意志品质的水平，包括坚韧性、目的性、果断性、自制力等方面。志商是衡量一个人意志坚强还是脆弱的标志。志商虽然不能决定一个人聪明与否，却在一定程度上决定着一个人做事的成败。

　　具有不怕苦和累的顽强拼搏精神就是高志商的一种表现。此外，志商有四个特征：一是果断性，为了达成目标，面对危险依旧沉着镇定，能明辨利弊，必要的时候能够迅速而坚决地做出决定并立即行动，非必要的时候也能够全面深刻地思考，坚信自己；二是坚韧性，对目标坚持到底；三是自制性，能够控制自己的情绪和行为；四是自觉性，自觉自愿地追求目标，受到达成目标的社会意义和动机合理性的影响。

二、什么是智商

　　智力的高低通常用智力商数来表示，简称为智商，能够表示一个人的智力发展水平。智商反映了人的认知能力、思维能力、语言能力、观察能力、计算能力、律动的能力等。

　　法国实验心理学家比奈在1905年编制了第一份智力测验量表，

并将智商按照分数划分，一般正常人的智商在85～115分，超过115分为智商优秀，超过130分为智商极优秀，超过145分为天才。英国理论物理学家霍金的智商是160分，德国物理学家爱因斯坦生活的年代还没有智力测验，但是据推测，其智商在160～190分。智商虽然有一个分值，但是这个分值不同于普通的数字，只有相对的高低，无法进行绝对的比较。智力低和高的人都是少数，约占总人群的20%。

智商与学习能力和学习成绩有很大相关，智商主要表现了一个人的理性水平，并且能够通过教育、积极鼓励而提升。但是并不能用智商推断一个人的社会适应情况和取得的成就，很多智商高的人可能会出现一些无法适应社会的情况，或是并没有取得人们预期的成就，也就是通常所定义的成功。

三、成功者的两个条件

《三国演义》中曹操在煮酒论英雄的时候，有过这样一段话："夫英雄者，胸怀大志，腹有良谋，有包藏宇宙之机，吞吐天地之志也。"这告诉我们，要成为英雄（成功者），需要有两个条件，即大志和良谋，而大志处于首要地位，大志是大成的决定因素。

春秋战国时期的思想家墨子曾曰："志不强者智不达。"

德国物理学家爱因斯坦说："天才是百分之一的灵感，百分之九十九的汗水。"

中国数学家华罗庚说："勤能补拙是良训，一分辛苦一分才。"

由此可见，成功的两个条件是志与智，即志商与智商。智商是基础，具备最基本的学习能力，才能够将知识合理地运用到需要的地方。志商则具有指向性，能有效地控制一个人的行为。智商固然重要，但志商比智商更为重要，智商也许能让你在成功的道路上少走些弯路，但最后能否成功还是要看"志商"。

从小时候开始，每个人都被问过长大之后要做什么，家庭、学校和社会都在进行着积极的引导，帮助每个人坚定心中的目标和理想，并通过不断的训练和鼓励来提升专注力，增强自制力，以提高志商水平。志商高的人不仅能够坚定地朝向目标前进，也能够带动身边的人。

第二节　判断自我志商的高低

志商不是固定不变的，通过学习和训练是可以得到开发和增长的。我们要走向成功，就必须不断学习，提高志商。以下方法能够判断一个人当前的志商水平。

一、做事情是否有方向性

阿里巴巴集团创始人马云曾在一个节目中说："首先要做正确的事，然后再正确地做事。如果你做的不是正确的事，那么你做得越正确，走向失败的速度就越快。"正确的事就是清晰的方向，如果你总是能够找到解决问题的思路，能够在做事之前明确自己的意愿，那么都是有方向性的表现。

研究效率的专家提供了几种方法：第一，不要想把所有的事情都做完，每个问题都可能涉及很多方面，每个大目标还会包含小目标，"任务支线"会占据很多时间和精力，有时候还会让我们偏离原本的初心。第二，手边的事情不一定是最重要的，找到方向是一个过程，需要经过思考和选择。第三，每天晚上写出明天必须要做的事情，并将事情按照重要程度排序。第四，严格按计划执行，不必顾及其他琐事。第五，如果一天结束，要确保最重要的事情已经完成了，不那么重要的事情可以明天再做。

二、面对困难是否意志坚决

在努力的过程中，总会遇到各种困难，意志坚决的程度代表了志商的高低。意志坚决的人能够长时间地保持充沛的精力和顽强的毅力。

在管理学中有一个经典的理论，叫作意志强度定理，揭示了意志强度大小变化的规律。一个人的意志强度受到他与他人进行比较后的结果影响，如果一个人处于"人有我有"的状态，此时是满足的，意志最弱；如果处于"人无我无"的状态，也不会增强意志，因为这种缺少是大家共有的，不会引起焦虑和动机；如果处于"人无我有"的状态，人们会产生一种满足感，并且会主动付出努力保持这个状态，除非这种"人无我有"是绝对不可改变的；如果处于"人有我无"的状态，意志将被强化，更愿意付出努力，但是如果这种差异过大，也可能会导致自暴自弃，放弃努力。

三、做事是否干脆

做事干脆表现在不仅能够明辨是非，而且能够迅速、合理地做出决定。要做到这一点，可以从两个方面着手。一方面是对目标有清晰的认知。设定目标的时候，可能受到很多因素的影响，例如他人的建议和当前主导的价值观。然而并不存在一个完美的目标，目标可能伴有失败的风险，支持者可能很少，可能需要付出更多的努力。因此我们要有清晰的认知，以便在不同的情境中做出调整或抉择。另一方面是提升洞察力。洞察力是一种能够在复杂的线索中迅速看到事情本质的能力。这需要有一定的知识和阅历积累，此外还可以通过一些方法提升自己，例如选择一位公认的智者，阅读他的书籍或观看纪录片，学习他对重要问题的思考角度和观点。

四、做事时自制力如何

自制力是控制情绪和行为的能力，自制力越高，志商越高。

心理学研究发现，自制力是可以通过一些方法得到锻炼的。首先，将一件需要长时间专注的事情拆分成小的目标和小的阶段，人的生理和心理都有一定的周期性规律，无法永远保持一个状态，但是可以逐渐完成阶段性的任务。其次，给予及时奖励，每个阶段的目标完成后，都给自己一个奖励，增强对自我能力的肯定。再次，保持专注，给自己一个安静的、不被打扰的空间去做事。最后，保持情绪的稳定，在平静的心态下工作和学习。

五、自信力如何

自信力，即对自己能力的信任程度。对自己实现目标信心十足的人，意志更坚定，志商更高；对自己信心不足的人，容易被挫折阻碍而放弃目标。

自信力与过去的成功经验有关。成功经验更多的人，自信力更高。自信力还与罗森塔尔效应（详见第七章）有关，如果他人对自己有积极的期待，自己也会朝着期待的方向修正自己的行为。因此，当设定了一个目标，不妨和身边的朋友分享或寻找一个志同道合的伙伴，从而得到对方的正向鼓励和期待，这样有助于增强志商。

第三节　积极投入与人生目标

一、美国哈佛大学跟踪调查

美国哈佛大学曾经追踪调查一群年轻人，这些年轻人的智力、学习和生活环境都很相似，第一次调研时其中3%的年轻人有着比较清晰且长远的目标，10%的人有一个比较清晰但短暂的目标；60%的人虽然在思考未来，但是目标模糊；27%的人则完全没有目标。25年之后，再次调研发现，之前有着清晰且长远目标的人，一直在不懈努力，有很多人成了行业领袖和社会精英；有着清晰但短暂目标的人，大多生活在社会的中上层，他们的短期目标也在不断实现；而目标模糊的人，在生活中没有特别的成绩，比较安稳；没有目标的人则生活得并不如意，且常常抱怨自己、他人和社会。

哈佛大学还曾经调研，300多名毕业生在毕业的时候只有15名有着很明确的目标，20年后，这15名毕业生积累的财富超过其他毕业生积累的财富的总和。

心中没有志向的人容易把这个世界看成一个灰暗的世界。如果你有了志向，有了人生的大目标，就有了一个强有力的精神支柱，就不怕漫漫长夜，不怕世界的风云变幻。

《诸葛亮集·诫外甥书》中写过："夫志当存高远，慕先贤，绝情欲，弃凝滞，使庶几之志，揭然有所存，恻然有所感。"这句话的意思是人要树立高远的志向，以先贤为榜样，节欲自制，消解心中郁结的忧思、俗念，让那些远大的志向随时激励自己。

二、志向与信念

西方有一句谚语：如果你不知道自己要到哪里去，那通常你哪儿也去不了。但是当有了想去的地方，还需要有一个必须到这个地方去的想法，才能不断地克服困难，不畏挫折，顽强地坚持下去。这个想法就是信念。

志向本身的力量并不是绝对的，但是当志向与信念结合在一起，坚持饱含志向的信念，并持续付出努力后，它将会为你带来不可估量的成果。你一定要相信并坚持自己的志向，成功之泉才可以汩汩流淌。

在前进的路上，每个人的想法不尽相同，有的看到困难就认为一路糟糕至极，陷入无望和焦虑中，有的因为一次的偷懒就认为自己不可能坚持到最后，有的只看到最后的结果就认为过程没有意义。这些消极的信念往往不利于志向达成，需要随时调整。我们要看到凡事有很多种可能，允许一段时间内的退步，从更多的角度解读目标，才能拥有坚定的信念。

志向是意志的重要方面。所谓"不想当将军的士兵不是好士兵"就是强调要有志向。人生是小志小成，大志大成。许多人一生平淡，不是因为没有才干，而是缺乏志向和清晰的发展目标。在商界尤其如此，要成就出色的事业，就要有远大的志向。

三、志向与梦想

梦想是内心深处的一个念头、一种情绪状态、一份渴望和热情。那些指明了方向且具有可行性的念头会逐渐汇聚成梦想。梦想会描绘出具体的未来。坚持梦想需要保持激情。梦想所描绘的情境更加广阔，而志向更加具体。然而，不论是梦想还是志向，都需要能够指导一个人的行为，否则，梦想就成了空想，志向就成了海市蜃楼。

有学者总结，一个好的志向需要回答这样几个问题：为谁服务？为之创造什么样的价值？为何要创造这种价值？你的兴趣和优势在哪里？做这件事的机会和成本是什么？是否可以持续？当回答了这些问题，梦想和志向将逐渐获得意义。

第四节 意志力与专注的力量

一、意志力

意志力是指一个人自觉地确定目的，并根据目的来支配、调节自己的行动，克服各种困难，从而实现目的的品质。当人们善于运用意志力的力量，就会产生决心和心理能量。相关研究发现，人在清醒的时候，大约有1/4的时间都是在运用意志力控制自己，抵御欲望。

1921年，美国心理学者特尔曼进行了一项大规模的追踪研究，他寻找了1 528名智力超常（智商分数高于140分）的儿童，通过50年的观察，收集其成人后的情况和信息。研究中，特尔曼对比了其中800名男性的成就，发现成就最大（前20%的群体）和成就最小（后20%的群体）的两组人之间最显著的差异是意志力，成就最大的一组人更加不屈不挠，自信心和进取心更强。

二、专注的力量

美国心理学家埃伦·兰格是第一位获得哈佛大学终身职教的女性。1979年她做了一个重要的实验。她挑选了十几名75岁以上的男性，安排他们住在疗养院，让他们想象并模拟1959年的生活场景。疗养院提供的杂志、报刊和物品等也都是1959年的。此外，这些男性戴的胸卡照片也都是他们在1959年拍的。他们只能谈论1959年的那些事情，也就是让这些男性扮演自己20年前的角色。

一周后的实验结果发现，这些男性的心理和生理的年龄降低了，比如说手指头变长了。一般情况，手指头的长度会随着年龄的增长而变短。他们的身体灵活度提高了，听力和视力大大提高，智力水平提升了，记忆力也得到改善。这些人回到家后，生活也可以自理，能更好地照顾自己。他们不仅身体上变得年轻，头脑和心智也变得年轻了。对比实验前后的照片，实验后的照片看起来年轻了，肌肉的力量也增加了。

心理学家对这种变化的原因进行分析后发现，在一般的环境和文化中，人们对待老年人的态度，传递给他们的信息和表露出来的行为就是："你老了，你很虚弱，你需要人照顾。"这就导致了老年人对他人更加依赖，而老年人对自己的看法是："我自己已经老了。"如果一个人能突破大众的看法，突破自己的年龄心理，在内心接纳并扮演自己真正喜欢的角色，年龄对其来说只是岁月的数字，而不是岁月的痕迹。

1989年，埃伦·兰格进行了另一个实验，首先她给实验者一份普通的视力测试表，测量并记录结果。然后让这些实验者穿上飞行服，坐进飞行模拟器，再给他们呈现相同的视力表，在同样的距离进行测量。结果其中40%的实验者的视力测量结果有了明显的提高。

埃伦·兰格在专注力方面进行了很多研究，被誉为"专注力之母"，她著有"专念三部曲"：《专念》《专念学习力》《专念创造力》，总结了很多积极专注对人的行为的影响。例如：增加生命的活力，使身体变得更健康；突破自我，放开固化的思维；专注于过程有利于创新性地解决问题，获得快乐；消除思维定式和自我设限，多角度看待遇到的人和经历的事；整合身心力量与资源，发挥潜能。

第五节　心理资本与抗挫力

一、什么是心理资本

　　2004年，美国管理学家路桑斯提出了心理资本的概念，心理资本是指个体在成长和发展过程中表现出来的一种积极心理状态，是超越人力资本和社会资本的核心心理要素，是促进个人成长和绩效提升的心理资源。

　　心理资本是实现人生可持续发展的原动力。心理资本主要包括：自信；希望；乐观；坚韧，从冲突、失败、压力中迅速恢复的心理能力；情绪智力；自我管理；主观幸福感；组织公民行为，自觉关心组织利益，维护组织，自发地帮助组织。一个人的潜能是无限的，其实就是心理资本起的作用。

　　心理资本就像是一个银行，在平时，我们不断零散地存进一些心理能量，在需要的时候，如出现了困难和挑战，我们就可以从这个银行账户里取出应对的力量。

二、心理资本的积累

　　有研究发现，职业竞争力=人力资本+社会资本+心理资本。

　　人力资本包括人际交往能力、团队合作能力、持续学习能力、问题解决能力，简而言之，就是"你知道什么"，你所掌握的知识、技能及具备的能力。

社会资本是指可以利用的社会支持和社会关系网络，即"你认识谁"，你所拥有或能够建立的关系、人脉。

心理资本则是指个体的心理状态和心理能力，即"你是谁""你想成为什么""你是否愿意去做"。

心理资本的累积从儿童早期开始。在婴儿期，成人养育者的回应速度和回应方式都将对儿童的自我价值判断和自我认知产生重要的影响。若要提升儿童的心理资本，首先要传递给儿童希望，让儿童有目标思维，每一个好的结果都需要目标的引领，每个人都有自己获得快乐和幸福的方式和途径。其次要提升儿童的自我效能感，不断肯定儿童的每一次进步与成功，即使是很小的事情，也从中寻找积极品质，帮助儿童找到和自己有共同特点的榜样，获得认同感。再次要引导儿童正向认知挫折，化解对挫折的恐惧。最后要允许孩子表现出悲伤和失落，自由释放天性。

一个人的成功，离不开财力资本、人力资本、社会资本、心理资本的积累和信息资本、时间资本的投入，然而心理资本的影响往往更加巨大。

三、心理抗挫力

美国宾夕法尼亚大学经过多年研究发现，当遇到挫折和困难的时候，决定一个人成败的关键是其对逆境的应对能力，也被称为心理抗挫力。抗挫力强的人，能够在遇到环境中的"NO"时，回应以"YES"，将失败与挫折转化为动力，继续前进。抗挫力有助于一个人越挫越坚强。生活中不经低谷和孤独，哪有高峰和精彩？

小结

　　积极投入的意义在于体验过程中的快乐，我们要提高投入度和专注力。培养专注的能力有助于在工作和生活中产生内在动力，享受生命的快乐。

自我分析

　　1. 你的志商怎么样?

　　2. 你的工作境界属于哪一种?

推荐阅读

　　《幸福多了40%》（美）索尼娅·柳博米尔斯基

　　《登天的感觉》岳晓东

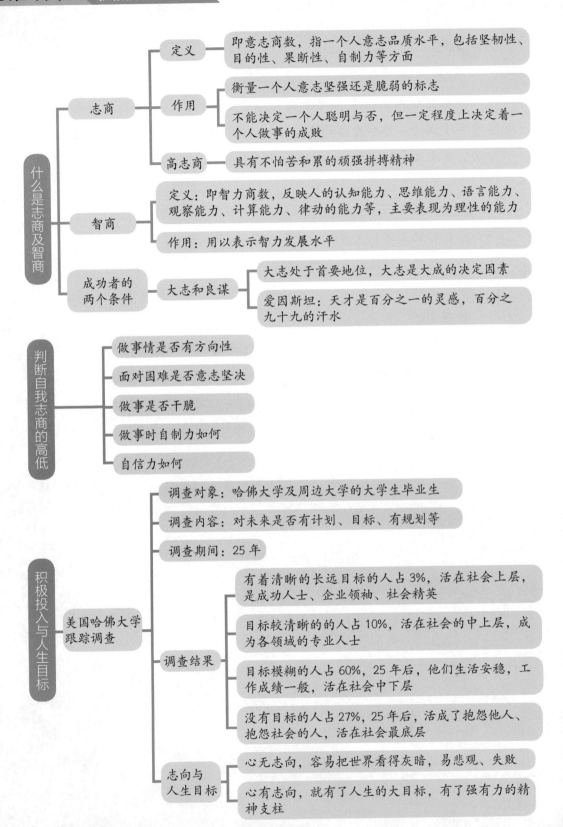

什么是志商及智商

- **志商**
  - **定义**：即意志商数，指一个人意志品质水平，包括坚韧性、目的性、果断性、自制力等方面
  - **作用**
    - 衡量一个人意志坚强还是脆弱的标志
    - 不能决定一个人聪明与否，但一定程度上决定着一个人做事的成败
  - **高志商**：具有不怕苦和累的顽强拼搏精神
- **智商**
  - 定义：即智力商数，反映人的认知能力、思维能力、语言能力、观察能力、计算能力、律动的能力等，主要表现为理性的能力
  - 作用：用以表示智力发展水平
- **成功者的两个条件**
  - **大志和良谋**
    - 大志处于首要地位，大志是大成的决定因素
    - 爱因斯坦：天才是百分之一的灵感，百分之九十九的汗水

判断自我志商的高低

- 做事情是否有方向性
- 面对困难是否意志坚决
- 做事是否干脆
- 做事时自制力如何
- 自信力如何

积极投入与人生目标

- **美国哈佛大学跟踪调查**
  - 调查对象：哈佛大学及周边大学的大学生毕业生
  - 调查内容：对未来是否有计划、目标、有规划等
  - 调查期间：25年
  - **调查结果**
    - 有着清晰的长远目标的人占3%，活在社会上层，是成功人士、企业领袖、社会精英
    - 目标较清晰的的人占10%，活在社会的中上层，成为各领域的专业人士
    - 目标模糊的人占60%，25年后，他们生活安稳，工作成绩一般，活在社会中下层
    - 没有目标的人占27%，25年后，活成了抱怨他人、抱怨社会的人，活在社会最底层
  - **志向与人生目标**
    - 心无志向，容易把世界看得灰暗，易悲观、失败
    - 心有志向，就有了人生的大目标，有了强有力的精神支柱

积极投入与人生目标

志向与信念
- 志向＋信念＋持续努力＝巨大成果
- 志向是意志的重要方面，小志小成，大志大成

志向与梦想
- 梦想：是内心深处的一个念头、一种情绪状态、一份渴望和热情
- 不论是梦想还是志向，都需要能够指导一个人的行为

意志力与专注的力量

意志力
- 定义：意志力是指一个人自觉地确定目的并根据目的来支配、调节自己的行动，克服各种困难，从而实现目的的品质

专注的力量
- 哈佛大学第一位女性终身教授：专注力之母艾埃伦·兰格

视力测试
- 视力好的学生：告知其视力不好，是近视眼，让其进入飞行员驾驶舱看仪表看风景，看东西真的模糊了
- 视力不好的学生：告知其视力好，让其进入飞行员驾驶舱看仪表看风景，结果他们的视力非常好
- 结论：别人对你的暗示，或者你对一个事物的专注，可能会影响你判断一个事物的状态

养老院一周假期研究
- 时间：1979 年
- 对象：75 岁以上的老人
- 地点：有着 20 世纪 50 年代风格的房子（室内所有的陈设都是 20 世纪 50 年代风格的，如画报、电视、食物等）
- 内容：要求老人们想象并模拟 1959 年的生活场景，也就是扮演自己 20 年前的角色
- 结果
  - 老人们的心理和生理的年龄降低了
  - 后续回访中发现老人们各方面的状态都变好了
- 结论
  - 一般的环境和文化当中，人们对老人的态度传递给他们的信息就是人老了，很虚弱，需要人照顾，这就导致老人对他人更加依赖，认为自己已经老了
  - 一个人如果能突破大众人的心理，突破自己的年龄，内心接纳并扮演自己真正喜欢的角色，年龄就只是数字，而不是岁月的痕迹

心理资本与抗挫力

心理资本
- 提出者：路桑斯（Luthans）教授
- 定义：是个体在成长和发展过程中表现出来的一种积极心理状态，是超越人力资本和社会资本的核心心理要素，是促进个人成长和绩效提升的心理资源，是实现人生可持续发展的原动力
- 包括：自信；希望；乐观；坚韧，从冲突、失败、压力中迅速恢复的心理能力；情绪智力；自我管理；主观幸福感；组织公民行为

心理资本的积累
- 人力资本："你知道什么"（知识、技能）
- 社会资本："你认识谁"（关系、人脉）
- 心理资本：即"你是谁""你想成为什么""你是否愿意去做"（个体的心理状态、心理能力）
- 其他：财力资本、信息资本、时间资本

心理抗挫力
- 记住：（1）当遇见"NO"，回应"YES"；（2）失败和挫折是动力，继续前进；（3）越挫越坚强；（4）生活不经低谷和孤独，哪有高峰和精彩
- 当遇到挫折和困难的时候，决定一个人成败的关键是其对逆境的应对能力，也被称为心理抗挫力

第十八章

品格胜于知识。

18

积极自我
德商

第一节　自我的定义和分类

一、认识自我

心理学中有一个经典的检验自我认知情况的游戏，这个游戏适用于各个年龄阶段的人。

首先准备一张白纸和一支笔，接着在纸上写下20句"我是_____"，然后依次填写答案，尽可能写满20句。这个游戏就是在回答"我是谁"，即自我认知。你如果有兴趣，可以完成这个游戏。

"我是谁"答题卡

1. 我是_____

2. 我是_____

3. 我是_____

4. 我是_____

5. 我是_____

6. 我是_____

7. 我是_____

8. 我是_____

9. 我是_____

10. 我是_____

11. 我是_____

12. 我是_____

13. 我是＿＿＿＿＿＿＿＿＿＿＿＿＿＿＿＿＿＿＿＿＿＿＿＿＿

14. 我是＿＿＿＿＿＿＿＿＿＿＿＿＿＿＿＿＿＿＿＿＿＿＿＿＿

15. 我是＿＿＿＿＿＿＿＿＿＿＿＿＿＿＿＿＿＿＿＿＿＿＿＿＿

16. 我是＿＿＿＿＿＿＿＿＿＿＿＿＿＿＿＿＿＿＿＿＿＿＿＿＿

17. 我是＿＿＿＿＿＿＿＿＿＿＿＿＿＿＿＿＿＿＿＿＿＿＿＿＿

18. 我是＿＿＿＿＿＿＿＿＿＿＿＿＿＿＿＿＿＿＿＿＿＿＿＿＿

19. 我是＿＿＿＿＿＿＿＿＿＿＿＿＿＿＿＿＿＿＿＿＿＿＿＿＿

20. 我是＿＿＿＿＿＿＿＿＿＿＿＿＿＿＿＿＿＿＿＿＿＿＿＿＿

写完后，请思考一下，你用了多久的时间？你的答案是否重复？例如"我是××（名字）"和"我是××（外号）"？其中有多少是外部特点，有多少是内在的个性特质？

美国心理学家威廉·詹姆斯认为自我包含主我和客我两个部分，主我是纯粹的我，客我是一个人对自己认知和信念。詹姆斯提出作为经验客体的我包括三种不同形式：

物质的我，是指个人的身体及其属性，例如，我身高165厘米，我6岁了等。

社会的我，是指个体对自己在一定的社会关系和人际关系中的角色、地位、名望等方面的认识。例如，我是个班长，我是数学课代表，我是初一学生等。

精神的我，是指个体所觉知的内部心理特征。例如，我很敏感，我很自觉，我有点忧郁等。

再次对比"我是谁"答题卡，你的自我认知是否全面呢？

二、关于自我发展的理论

1. 皮亚杰的认知发展模型
瑞士心理学家皮亚杰认为，人类的认知发展需要经历一系列阶段，每个阶段都有独特的理解世界的方式。

2岁之前是感知运动阶段，儿童通过感觉动作和外界获取平衡，认识主体和客体。

2~7岁是前运算阶段，儿童的思维出现以自我为中心的特点。

7~12岁是具体运算阶段，儿童出现逻辑思维，能够理解思维的守恒性特点。

12岁以后是形式运算阶段，个体的思维能力逐渐成熟，能够进行假设、推理和分析。

2. 埃里克森的心理社会性发展模型

美国心理学家埃里克森提出了人格的终生发展论，为不同年龄段的教育提供了理论依据和教育内容，任何年龄段的教育失误都会给一个人的终生发展造成障碍。埃里克森的自我发展理论阐明我们为什么会成为现在这个样子，我们的心理品质哪些是积极的，哪些是消极的，大多是在哪个年龄段形成的。

0~1岁，属于婴儿期，是建立信任感、克服不信任感的阶段。如果婴儿的需要能够被及时满足，他将建立信任感，并能够形成对未来的希望。

2~3岁，婴儿后期，获得自主感、避免羞耻感的阶段。这时婴儿学习走路、说话，逐渐体验自己能做什么和不能做什么。

4~5岁，幼儿期，获得主动感、克服内疚感的阶段。如果父母肯定和鼓励儿童的主动行为，儿童将形成好的品质。

6~12岁，学龄期，获得勤奋感、避免自卑感的阶段。当儿童顺利适应学校生活，将获得勤奋感，认为自己是有能力的。

12~18岁，青春期，确立自我统一性，避免角色混乱。青少年自我发展的心理特点包括身体变化（如月经来潮）、认知变化（形式运算思维出现）和社会变化（社会期望的转变和友谊模式的变化）。

18～25岁，成人前期，获得亲密感，避免孤独感。

25～60岁，成人中期，获得繁殖感，避免停滞感。繁殖并不一定是生育子女，也可能体现在将知识和经验传递给下一代。

60岁以上，成人后期，获得自我整合，避免失望。此时人生各阶段的任务已经完成，回顾一生，感到丰足和幸福的人将不会惧怕死亡。

三、自我认识的途径

1. 物理世界

物理世界为我们了解自身提供了重要的途径，是自我认识的一个重要来源。通过物理世界认知自己的特点时，还需要了解他人的信息。不过，物理世界中并不是所有的自我认识的特性都存在，例如，诚信程度或优秀程度在物理世界中没有一个确切的标尺。

2. 社会世界

我们通过社会比较（向上比较和向下比较）获得自身的社会定位或者坐标，这样的比较影响意志的强度。

3. 心理世界

个体向内部寻求答案，直接考虑自己的态度、情感和动机。自我知觉过程也是归因的过程。这样的认知特点使得我们遇到困境或是经历一件事的时候，总会不自觉地寻找原因。有时候这些原因是准确的，有时候也会有偏差，例如当我们在路上摔倒了，同时看到身边有一群奔跑的孩子，大脑会倾向于认为摔倒的原因是被他们影响了，而不会倾向于认为是我们自己不注意。因此，为了更准确地认知自我，需要结合心理世界、社会世界、物理世界的各种信息。

第二节　自我认知的心理学效应

一、焦点效应

焦点效应（也称聚光灯效应）由美国心理学家季洛维奇和萨维斯基于1999年提出。季洛维奇曾经进行过一个实验，他随机挑选了一名学生，让这名学生穿上一件图案十分怪异的T恤，并让学生预估他走进教室的时候会有多少人注意到自己，学生预估会有50%的人注意他，但是结果只有23%的人注意到他；之后季洛维奇又让这名学生穿上一件印有名人头像的T恤，这次学生依旧认为会有50%的人会注意到自己，而结果只有10%的人注意到他。

很多时候我们总是不经意地把问题放到无限大。当我们出糗时，总以为别人会注意到自己，其实并不是这样的。人家或许当时会注意到，可是事后马上就忘了，或许根本就无暇注意到我们。没有人会像我们自己那样关注自己的。这种高估他人对自己的表现和行为的关注程度的效应，就是焦点效应。研究发现，当出糗或是自我感觉良好的时候，尤其会触发焦点效应。季洛维奇认为，产生焦点效应的原因有两个，一是人们习惯性地使用自己的经验衡量别人的想法，这是大脑的自动选择，这样做有利于节省认知资源，但是有时候会出现错估；二是自信心不足，将自己的缺点和不足无限地放大。

当你总是在想自己的缺点或总是在人群中扩大自己的优势时，不妨转移一下注意力，避免自怨自艾或骄傲自满。当你受到不公正的对待，当工作让你感到痛苦，当感情让你感到煎熬，只有你自己可以解救自己，没有人能够感同身受并替你做出决定。客观、真实地认知自己，从自己的需求出发做选择，坚定自己的信念，不必过分纠结他人的态度，因为这对于他人来说没有那么重要。

二、透明效应

心理学发现，人们往往认为自己比实际中更容易被看透。我们的秘密别人很难猜出，但我们通常会觉得别人发现了自己的秘密，高估了别人对自己的洞悉力，这种现象被称为透明效应，或被洞悉错觉。

1998年，心理学家进行了这样一个实验，邀请39名被试轮流在讲台上回答一个问题，问题简单且日常：你在用哪个牌子的洗发水？每名被试上台的时候会收到一个问题卡片，如果卡片上做了标记，则要说谎。回答结束后，每名被试要预估一下多少人能发现自己在说谎，被试的平均预估是48.8%的观众，结果只有25.6%的观众发现了他们说谎。

之后，研究者又招募了25名被试，并安排其中15人品尝一杯红色的饮料，这些饮料中有5杯味道古怪，有10杯味道正常。同时要求这15人如果喝到味道古怪的饮料要隐藏自己的反应，不要被发现。然后让其他10人担任观察者并判断谁喝到了古怪饮料。品尝者预估做出了正确判断的人平均有4.91人，但结果只有3.56人做出了正确的判断。

第三个实验邀请了40名大学生，两人一组，其中一人站在舞台上，另一人坐在对面，研究者会给出一个话题，让台上的学生当场进行3分钟的演讲，然后演讲的学生和听众分别对演讲学生的紧张程度做出评价，结果自我评价的平均紧张程度显著高于他人评价。

可见，不论是说谎程度、情绪感受还是某种特定反应，都不是那么容易被他人觉察出来。我们往往担心、害怕自己的秘密被别人发现，实际上别人很难猜出自己的秘密，所以我们不必过于担心，应该放下思想包袱。

三、伤痕效应

美国科研人员进行过一项有趣的心理学实验，叫作伤痕实验。他们向参与实验的志愿者宣称，该实验旨在观察人们对身体有缺陷的陌生人做何反应，尤其是面部有伤痕的人。然后每位志愿者都被安排在没有镜子的小房间里，由好莱坞的专业化妆师在其左脸做出一道血肉模糊、触目惊心的伤痕，只允许志愿者用一面小镜子看化妆的效果后，镜子就被拿走了。随后，化妆师表示需要在伤痕表面再涂一层粉末，以防止它被不小心擦掉。实际上，化妆师用纸巾偷偷抹掉了化妆的痕迹。对此毫不知情的志愿者被派往各医院的候诊室，他们的任务就是观察人们对其面部伤痕的反应。规定的时间到了，返回的志愿者竟无一例外地叙述了相同的感受——人们对他们比以往更加粗鲁无理、不友好，而且总是盯着他们的脸看！可实际上，他们的脸上与往常并没有不同。他们之所以得出那样的结论，是因为错误的自我认知影响了他们的判断。这就是伤痕效应。

伤痕效应表明一个人的内心如何认知自己，就会感知到相应的外界反馈，如此也可以推测一个人经常感知到的外界反馈其实是内心对自己的认知的外化。当一个人的自我认知是客观的、准确的、积极的，也将收获一个积极的人际关系和社会氛围。

第三节　发挥自我优势

一、认识和发现优势

　　成就和幸福的核心在于发现和发挥你的优势，而不是纠正你的弱点。现代管理学之父彼得·德鲁克说过，大多数人穷尽一生去弥补劣势，却不知从无能提升到平庸所要付出的精力远远超过从一流提升到卓越所要付出的努力。唯有依靠优势，才能实现卓越。所以，请识别你的优势，发挥你的优势。优势是一个复合概念，既包括天赋和能力，也包括性格优势。

二、五种认知优势

1. 创造力

　　想出新颖和高产的方式来做事。创造力是可以练习的，例如艺术创作能够激发创造力，在生活和学习中可以尝试诗歌创作、绘画、陶艺制作，或学习一些与艺术有关的课程。

2. 好奇心

　　好奇心是每个人与生俱来的，我们的成长都是从好奇心开始的，但是成人的好奇心总是被各种原因阻碍。要调动好奇心，首先要有一个开放性的心态，对一切没有做过的事情都保持一个尝试的意愿，即使尝试后发现体验很糟，也不抱怨，而是当作一次特别的经历。例如，在平时常去的餐馆点一道从没点过的菜，回家的时候选择一条不常走的路，浏览网站的时候点开一个自己从没有看过的视频或文章。

3. 喜爱学习

掌握新的技术、主题和知识，不管是自学还是正式学习。学习的内容包罗万象，从能激起自己积极体验的内容开始，例如，读小说的时候了解一下小说的创作背景或作者生平，定期逛一逛图书馆，学一个变魔术的小技巧或一种整理家务的方法等。

4. 开放头脑

开放头脑的表现有全面考虑事物，从各个角度来检验它，不急于下结论；保持思维的开放性，要打破原有的思维定式；平时看一些辩论赛或哲学书籍；和那些与自己不同性格的朋友或群体交流，例如不同年龄、不同职业、不同学历、不同成长背景、不同性别、不同生活状态，喜欢不同领域，追不同的偶像等，与他们交流而不是争辩，发现更多解读世界和理解事件的角度。

5. 洞察力

能够为他人提供有智慧的忠告，具有对自己和他人都有意义的看待世界的方式，这一点普通人较难做到，通常智者才行。所以可以在生活中寻找一位智者，倾听他对世界、对他人、对自己的看法，学习他人之长。

尽管五种优势都能够帮助我们发挥优势，但并不是每个人都能做到这五点，从自己可以做到的那一种认知优势出发，而不是追求拥有全部优势。成长是把某一件事做好，而不是把每一件事都做到。

三、用优势去生存

每个人都有自己的优势，努力发现自己的优势，带着这些优势去面对生活中的挑战。

优势由才干、知识和技能组成，才干是我们做到的事情，知识是我们已经掌握及将要掌握的事情，技能是做事的计划、方式和顺序。

如果还是对自己的优势存在不确定性，阅读或许会让我们得到答案。

第四节 积极自我与德商

一、什么是积极自我

积极自我是一种发挥优势、建立自信的能力，它有助于我们发现自身的天赋与优势，通过发挥优势创造价值，建立自尊，培养持久而稳定的积极心理力量。

美国心理学家卡罗尔·德韦克根据人们对自我是否具有可变性看法，将人们对自我的理解分成两种：固化型自我观和增长型自我观。固化型自我观认为自我的能力与生俱来，对现状感到无能为力，喜欢待在舒适区，拒绝有难度的工作，一旦遇到困难，会选择放弃，经历失败时认为都是自己不够优秀，认为他人的优秀是一种威胁。增长型自我观则认为自我的能力能够依靠努力提升，喜欢探索新事物，乐于挑战，认为每次挫折都是宝贵的经验，一切都是有可能的，他人的成功是自己的行为的激励。增长型自我更符合积极的自我。

如果你现在的想法倾向于固化型自我观，那么可以通过合适的方法转变自己的思维模式。首先，接受自己的自我观目前是固化的，不必沮丧，这是目前的自我的现状；其次，观察自己的固化型自我，通常在什么情况下出现，每次出现会有什么样的行为和认知表现，最近一次出现是怎样发生的；再次，把固化型自我的一些想法取个名字；最后，劝说固化型自我，劝说的时候，从自己信服的角度出发，也可以借助信任的朋友和亲人的力量。劝说不是批评，而是重新解读。

二、什么是德商

德商是指一个人的德性水平或道德人格品质。德商包括体贴、尊重、容忍、宽恕、诚实、负责、平和、忠心、礼貌、幽默等各种美德。

哈佛大学的教授罗伯特·科尔斯说："品格胜于知识。"一个有高德商的人一定会受到信任和尊敬，自然会有更多成功的机会。

美国社会学家布鲁斯·温斯坦出版了《德商：比情商和智商都重要》，书中将德商总结为五个原则：不造成伤害、让事情变得更好、尊重他人、公平、友爱。德商是对自己的一种控制，属于自律范畴。要提升德商，可以提升自己的同情心和同理心，主动帮助陷入困境的人；保持正直，不因为立场的拥护者的多少而担忧，坚持正义与公平；凡事三思而行，约束欲望；尊重他人，不强迫他人做事；和善地对待每个人，不论对方是否与自己有利益关系，不论对方是否拥有权势，都能体会对方的辛苦；包容与自己不同的立场和不同的观点，不妄加评判；公正地做事，按照事情本来的规则，公平地对待每个人。

第五节　积极自我意象

一、自我意象：与众不同

自我意象是人们对自己的认知，通过其经历、成败、得失以及他人的反馈构建的一幅关于自我的图像。自我意象就是我们认为的自己的样子，我们会按照这个样子的所有特点去行动。即使我们不想按照自我意象去行动，不论意志力如何顽强，最终也会失败。例如自我意象的反弹效应，当我们在自我意象中认为自己是一个易胖的人，自我意象的特点会是"抵御不住美食的诱惑，吃一点就会胖，不爱运动，运动效果不显著"，那么我们将无法保持体重，也无法坚持减肥计划，除非改变自我意象。这时就需要期待效应发挥作用，将自我意象修改为"我是一个只要运动就可以保持体重的人"。

每个人的自我意象都是与众不同的，我们可以成为任何我们想成为的人，只要我们对自己有客观正确的自我认知，为自己勾画一个积极的自我意象。

二、自我兑现的预言

美国社会学家罗伯特·金·默顿发现人们具有自证预言的倾向，人们在认知的过程中，因为先入为主的判断方式，对于给出的预言，无论正确与否，总会在不经意间按照它来行事，最终的结果就是预言被印证了。

所谓自我兑现的预言，就是当你对一件事进行预言或者解释之后，你往往就会按照自己预言和解释的方向推动这件事的发展，结果预言就这样兑现了。期待效应就是一种自我兑现的预言。

在第二次世界大战期间，美国由于兵力不足而又战事吃紧，急需一批军人，于是美国政府决定组织关在监狱里的犯人到前线参加战斗。但是训练犯人需要一些特殊方法。美国政府选派了一批心理学专家执行这个任务，并随这些"特殊军人"一起到前线。心理学专家们在训练和战前动员犯人的时候没有进行说教，只是要求每个人每周给自己最亲的人写一封信，但信的内容由心理学家拟写后，让大家誊抄。信中的内容主要是犯人在狱中的优秀表现，以及如何改过自新。

写信持续了三个月后，这些"特殊军人"即将奔赴前线。心理学专家还是要求每个人给自己最亲的人寄上一封由专家拟写的信，这时信中的内容变成他们在战场上的英勇表现，他们服从指挥，勇敢冲锋。结果这些"特殊军人"不负美国政府的期待，果然英勇杀敌，服从命令，甚至比正规军的表现还要令人满意。

这是因为这些心理学专家通过这些信件使得犯人改变了自己的自我意象，逐渐投入"军人"的角色中，并按照自己在信中对亲爱的人的"预言"，不自觉地进行行为调整，自己兑现了"预言"。

小结

古今中外，真正的成功者在道德上都达到了很高的水平。现实中的大量事实说明，很多人的失败，不是能力的失败，而是做人的失败、道德的失败。

自我分析

1. 你的长处和优势是什么？

2. 你今后该做出什么贡献？

3. 你应该怎么管理自己以后的人生？

推荐阅读

《幸福的心理学》（美）戴维·吕肯

《真实的幸福》（美）马丁·塞利格曼

自我的定义和分类

认识自我
- 物质的我：个人的身体及属性。如：我身高165厘米，我6岁了等
- 社会的我：指个体对自己在一定的社会关系和人际关系中的角色、地位、名望等方面的认识。如：我是班长，我是初一学生等
- 精神的我：指个体所觉知的内部心理特征。如：我很敏感、自觉、忧郁等

自我发展理论
- 皮亚杰的认知发展模型：人类的认知发展需要经历一系列阶段，每个阶段都有独特的理解世界的方式
- 埃里克森的心理社会性发展模型
  - 埃里克森的人格终生发展论为不同年龄段的教育提供了理论依据和教育内容，任何年龄段的教育失误都会给一个人的终生发展造成障碍
  - 学龄期：6～12岁
  - 青春期：12～18岁
  - 青少年自我发展心理特点包括身体变化、认知变化、社会变化

自我认识途径
- 物理世界：是自我认识的重要来源
- 社会世界：通过社会比较，获得自身的社会定位或者坐标
- 心理世界：个体向内部寻求答案，直接考虑自己的态度、情感和动机，自我知觉过程就是因果归因

自我认知的心理学效应

焦点效应
- 提出者：季洛维奇和萨维斯基，1999
- 不经意地把自己的问题无限放大，其实没有人会像你自己那样关注自己

透明效应
- 心理学家发现，人们往往认为自己比实际中更容易被看透，其实不然，自己的秘密别人很难猜出

伤痕效应
- 有趣的"伤痕实验"
  - 实验目的：观察人们对身体有缺陷的陌生人有何反应
  - 实验过程：志愿者被安排在没有镜子的小房间里，化妆师在志愿者的左脸做出一道血肉模糊的"伤痕"，然后志愿者可以用一面小镜子看一下化妆后的效果，接下来，化妆师偷偷抹掉"伤痕"，志愿者被派往医院就诊并观察人们对志愿者面部"伤痕"的反应
  - 实验结果：所有志愿者叙述了相同的感受，那就是人们对他们粗鲁无理，不友好，总盯着他们的脸看
  - 结论：错误的自我认知会影响人的判断

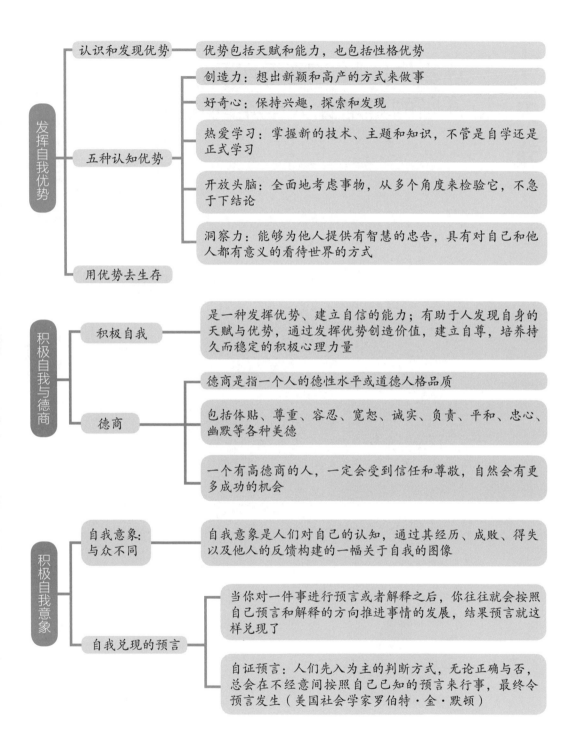

发挥自我优势
- 认识和发现优势 — 优势包括天赋和能力，也包括性格优势
- 五种认知优势
  - 创造力：想出新颖和高产的方式来做事
  - 好奇心：保持兴趣，探索和发现
  - 热爱学习：掌握新的技术、主题和知识，不管是自学还是正式学习
  - 开放头脑：全面地考虑事物，从多个角度来检验它，不急于下结论
  - 洞察力：能够为他人提供有智慧的忠告，具有对自己和他人都有意义的看待世界的方式
- 用优势去生存

积极自我与德商
- 积极自我 — 是一种发挥优势、建立自信的能力；有助于人发现自身的天赋与优势，通过发挥优势创造价值，建立自尊，培养持久而稳定的积极心理力量
- 德商
  - 德商是指一个人的德性水平或道德人格品质
  - 包括体贴、尊重、容忍、宽恕、诚实、负责、平和、忠心、幽默等各种美德
  - 一个有高德商的人，一定会受到信任和尊敬，自然会有更多成功的机会

积极自我意象
- 自我意象：与众不同 — 自我意象是人们对自己的认知，通过其经历、成败、得失以及他人的反馈构建的一幅关于自我的图像
- 自我兑现的预言
  - 当你对一件事进行预言或者解释之后，你往往就会按照自己预言和解释的方向推进事情的发展，结果预言就这样兑现了
  - 自证预言：人们先入为主的判断方式，无论正确与否，总会在不经意间按照自己已知的预言来行事，最终令预言发生（美国社会学家罗伯特·金·默顿）

第十九章

迷雾中的灯塔遥不可及，
清晰的灯塔让人坚定前进的方向。

19

积极目标

财商

第一节　积极目标和财商

一、什么是积极目标

设定目标能够改变一个人的行为，好的、符合法律和道德的目标指向幸福，糟糕的、违背公序良俗的目标指向苦难。本书希望帮助大家获得幸福，所以我们更鼓励那些具有积极力量的目标。美国哈佛大学的泰勒·沙哈尔博士曾经在积极心理学的课堂上解释了目标对行为的促进作用，他认为人在设定目标后，会产生自己将达到目标的暗示，大脑一旦接收到这个设定，就会积极调动内在的潜能促成目标的实现。积极的目标会带来更多积极的行动。

在心理咨询的过程中，解决心理困惑的基本原则是目标要积极，不仅要缓解不良情绪体验，还要缓解心理冲突。积极目标能够让一个陷入困扰的人恢复正常的工作、学习和人际交往，并且对未来充满信心，敢于面对未知的挑战。

积极目标能够影响我们成就积极人生，有助于我们培养坚毅的意志力，提升自主学习动机，勇于面对挑战，寻找解决问题的方法，学会面对失败并提高心理坚韧度和抗挫力。

积极目标是一种积极乐观的人生态度。在积极目标的指导下，人会充满活力，全情投入，产生更多的满足感。

二、什么是财商

在积极心理学的概念中，财商不是泛指理财能力和投资能力，而是指获得幸福的能力、赢得丰盈人生的能力。财商不是指你拥有多少物质财富，而是指你内在的修养、素质、心理资本和情绪的稳定性，这是一种超越理财收益的精神财富。这种财富是由积极目标带来的。

当践行积极目标的时候，我们往往全神贯注，不计较身心的疲累，甚至会忽视时间和空间，在完成一个阶段性的目标的时候，还会产生满足感，甚至充满力量和愉悦。一旦最终目标完成，我们甚至会转变对自我的评价。即使目标一直没有实现，在努力的过程中，我们也会体验到更多积极的感悟，我们会更加理性地看待付出和回报的关系，会重新调整自己的心态，会更加懂得如何应对挑战。

第二节 有计划和有规律的生活

一、有计划的生活

面对生活中的各种琐碎细节，先做什么，后做什么，做不做这件事等，都需要消耗大脑的资源来加工和处理。如果没有明确的计划，人们往往就会反反复复地去思考这些问题，在犹豫不决中浪费时间，偏离原本的目标。如果生活有了计划，就会降低资源的消耗，同时会减少焦虑，提升生活的掌控感。

美剧《生活大爆炸》中有一个热衷于制订各种计划的角色，他是智商超过200分的物理学家谢尔顿。他是一个"计划狂"，生活中的每一件事都有计划和特定的规律，衣着和饮食按照星期几来安排，比如每周六洗衣服，每周三去漫画店，看电影会选择最优的路线和场次……尽管角色设定有些夸张，但是我们可以从中总结出一些可参考的经验。

安排固定的工作和学习任务，例如设立每天的运动时间、读书时间、写作时间、放松时间。计划不需要严格规定执行时段，因为如果在固定时段内完成不了，会带来挫败感并影响下一计划的开启。我们可以按照每天要做的事情的类型分类计划，分好类之后进行时间上的大致安排即可，例如周一是阅读之夜，周二是运动之夜，周三是约会或聚会之夜，周四是游戏之夜。

在熟悉的、可预测的情境中，稳定有序的生活会让人获得舒适感和安全感；而如果处于混沌和不确定的情境中，人就会倍感焦虑。

二、有规律的生活

印度著名诗人泰戈尔在诗篇《触摸自己》中写道："我只想知道，当所有的一切都消逝时，是什么在你的内心，支撑着你。愿我看到真实的你。愿你触摸到真实的自己。"内心的支点是一种平衡，也是一种宁静。有规律的生活是我们对生活的掌控，也是我们内心的支点。

规律有序的生活是安全感的源头。假如内心摇摆不定，你就会失去安全感，这时你需要去创造这种安全感，最简单易行的方法就是规律有序地生活，使生活在规划中进行，都在自己的掌控中。

三、保证生物钟正常运行

每一种地球生物体内都有一个无形的"时钟"，控制着一天24小时的循环节律。例如，在固定的时间起床、入眠，调节身体在某个时间段内保持某种状态，完成某项工作或任务，禁止生物体的某些功能等。

人体内的生物钟的自然节律涉及很多方面，包括体力、智力、情绪等。1点钟是疼痛感受敏感期，也是疾病容易加重的时刻；6点钟，身体开始苏醒，睡不安稳，是第一个最佳记忆期；10点钟，人体第一次达到最佳状态，精力最旺盛，任何工作都能胜任；11点钟，身心都处于积极状态，不易感到疲劳，几乎感觉不到工作压力；14点钟，达到精力低潮期，反应最迟缓；19点钟，心理稳定性降低，容易激动，容易发生争吵……有规律的生活有利于生物钟的正常运行，使人保持身心的积极状态。

当你将自己的生活和工作按照生物钟的规律去执行，你的内心会变得越来越安定，而你的内在稳定性也会变得越来越强。

当你能够从容地应对生活，你就会变得淡定；当你能淡定地应对生活，生活就会变得有序；当生活变得有序，你就能合理掌控时间；当你能合理掌控时间，人生的多变就趋于稳定；当人生趋于稳定，你就会收获内心的平静。从容的人，心里没有雾霾，看得更远，走得也更远。

现在，创作一张属于你自己的24小时生活图，先选出一天中会涉及的生活领域，如娱乐、睡眠、社交、用餐、运动、学习、工作等（你也可以根据自己实际的情况增加、删除、修改其中的任何领域），之后将这些领域中的生活事件安排到一天中的各个时间段里，并严格执行（可以配合一个闹钟使用）。

第三节　增加你的支点

一、人生的支点

　　家庭、亲密关系、朋友、娱乐、职业发展、个人成长、艺术、爱好等，不仅构成了一个人的社会支持系统，也是一个人生存不可或缺的支点。

　　没有人能仅仅依靠一个支点顺利度过一辈子。人生是一个多面体，你越是集中于其中一面，越是只关注其中一面，你的生活圈就越是狭小，你就越会容易被它击溃，这一个面只要出现瑕疵，就意味着人生仅有的一个支点濒临崩溃。例如，有的人在婚前拥有很多朋友，一起学习，一起娱乐，一起讨论如何渡过难关，但是结婚后全身心以家庭为重，不再与之前的好友联络感情，将生活重心全部放在家庭上。在这种情况下，如果与家人发生矛盾，这样的人就会由于注意力过度集中在家庭上而导致矛盾升级，痛苦被无限放大，认为自己一心为家却得不到等量回报，感到人生失败，同时很难分散注意力或借助外力想办法将之化解。再如，有的女性在生育后将全部精力放在孩子的养育上，忽视了老公。又如，专注于工作而忽视家庭和孩子教育等情况都是因为人生的支点过于单一。

二、扩大生活圈

　　三点一线常被用于描述个人的生活圈很小，意思就是生活很单一，生活经历一成不变。对上班的人来说，三点一线就是每天都是上班、下班、回家；对小学生来说，就是上学、放学、回家；对大学生来说，就是寝室、教室、食堂……这些都是典型的三点一线式生活。

这样的生活看似规律，却具有局限性，所接收到的信息和接触到的资源都在这个圈子中。当遇到突发事情时，人就很容易被打乱阵脚，生活会失去往日的平衡，而人没有足够的资源去应对生活。

你的生活圈越大，就越容易走出困境，因为整个人生的支点从来都不只是某一方面，而是方方面面。这样一来，个人的心理弹性与内在稳定性就会大大增强。生活的个别领域出现问题，绝不意味着整个人生就会出现问题，生活圈中的其他领域依然是你强有力的支点，而且你可以借助这些资源迅速且有效地解决问题。

三、将鸡蛋放在三个篮子里

为了更好地保存鸡蛋，你会选择把鸡蛋都放在一个篮子里，还是放在不同的篮子里？

当把鸡蛋放在一个篮子里，如果这个篮子叫作"爱情"，那么爱情就是你的全部，当你失恋了，你就很容易陷入崩溃；如果这个篮子叫作"工作"，当你失业了，你就很容易陷入崩溃；如果这个篮子叫作"家庭"，当你与家人分离，你可能就会崩溃。

当把鸡蛋放在不同的篮子里，如果其中一个篮子出现了状况，还有其他的篮子能够为我们提供力量、温暖、资源和支点。

在生意场和投资领域，一个重要的经验就是不要把鸡蛋放在一个篮子里，以便规避风险，获得最大的收益。每个人的生活都是由若干个部分构成的，你可以有生活的重心，同时也要知道，重心不等于全部。比如，商人的工作重心是投资，若是将全部资产都放在投资上，既会影响正常的资金运转，也没有余力承担金融风险，一旦投资失利，就会陷入绝境而无力翻身。因此，切忌孤注一掷。工作、学业、人际关系亦同理，切勿将全部资源投入一处。无论是物质资源还是精神资源都需要合理分配。

四、增加人生中的其他支点

如果你为自己绘制的人生只有一个色调，那么它必然单调乏味，甚至会因一丝其他色调的突然加入而打破全局，失去协调性。这就需要我们主动增加人生中的其他色彩，用若干种色彩共同支撑起一段丰盈而完整的人生。

尝试着增加人生中的其他支点。比如：以前你总是依托于工作，将全部精力放在职场的打拼上，那么现在你可以试着去谈恋爱、交友、关爱家人、适量运动等；以前你总是围着老公转，那么现在也许你可以试着去提升工作能力、做兼职、维护友情、读书学习、培养兴趣爱好等；以前你是一个全职妈妈，所有的事都是关于孩子的，那么现在也许你可以试着多给老公和其他家人一些关心，培养个人爱好和特长，保养身心，拓展人脉圈，找工作等。

不要让你人生的支点只有一个，建议拥有两个以上。唯有这样，你才能不再局限于生命的某个侧面，从而提高自己的弹性与内在稳定性。

第四节　设置你的"灯塔"

一、你的"灯塔"是什么

那些忽然遭遇意外事件的人，就像是原本在大海里平稳航行的船，忽然间遭到惊涛骇浪的侵袭，顿失平衡。等船重归平稳后，他已不知道自己想要航行的方向，于是就孤零零漂浮在茫茫一片的海上。这时，假如远处有一盏明亮的灯塔，就等于是再次为他指明了前进的方向。

"灯塔"代表你的长期目标。它帮助你不论顺境、逆境都能始终不移地知道自己的方向，而不是当波浪翻滚、暗潮涌动的时候，迷失在大海之中，随波逐流。

那么，你的"灯塔"是什么？

_____

如果对于这个问题，你暂时没有答案，没有关系，这一节的内容会帮到你。

二、勾勒"灯塔"的轮廓

在阅读下面的内容之前，请闭上眼睛，深呼吸三次，然后依次回答下面几个问题：

请抛开是否可以实现的限制，设想一下，十年后，你希望自己在哪里？在做什么？

十年后的你，是在哪一个国家、哪一座城市？

你将和谁生活在一起，是父母、伴侣还是子女？

你的职业是什么？

十年后的你此时此刻在做什么？

你住在哪里？你的资产如何？

把这些答案写在纸上，那么这就是你想要的生活，你已经初步勾勒出关于未来的期待，你的"灯塔"也有了轮廓。

也许，关于未来你要成为什么样的人有太多选择，例如，有的选择是不断成长，有的是能够改变世界，有的是让周围的人感到温暖、美好。有时候我们会为难，不知道哪一个是最完美的、最好的。积极心理学的经验是，选择什么没有那么重要，更重要的是你的选择是你最想要的。

三、向"灯塔"靠近，直至到达

通过以下步骤向"灯塔"靠近，直至到达。

第一步，明确认知。

这个目标并不容易达到，需要对自己有一个全面的反思，譬如关于自己的学历、专业、特长、工作经验、个性特点、已有就业资源等，这些是否已经完备，还是需要付出一些努力去提升和完善？现在的你可能刚刚毕业，或是已经有了一些工作经验，不管怎样，看清自己的处境，才能知道自己需要使用多大的力气，花多长时间靠近"灯塔"。认知越清晰，预估越准确。

第二步，确定职业目标：时间+职位+薪资。

根据第一步的分析，把理想职业列出来。如果你还没有进入理想的行业，那么根据现在的资历着手准备。如果你已经进入这个行业，那么衡量一下你的职位，需要多久的时间能够积累足够多的财富，或是了解一下升职加薪的通道，以便进行职业规划。

第三步，分解职业目标。

通过不断细化，确定长期目标、中期目标、短期目标（月目标）、周目标、每日时间管理。

迷雾中的灯塔遥不可及，清晰的灯塔让人坚定前进的方向。职业目标要具有可操作性，同时能够分解成一个一个的、可执行的拆分目标。将拆解后的目标按照重要性排序，对实现目标起决定性作用的细化目标需要给予更多的时间和精力，同时按照目标的内在逻辑进行先后排序。

在逐步实现目标的过程中，还需要激励和复盘的辅助。在完成每个层级目标的时候，给自己设置一个奖励，目标层级越高、越重要，礼物的价值越高。设置礼物的时候，有一个规律：尽可能与个人成长有关，其次是与物质有关，礼物的类型不能单一，价值由自己的感受决定。礼物也可以由重要的人给予或设置成他的期待与肯定。每个阶段目标出现阻力或者实现的时候，及时回顾、对比、推演，总结经验和教训，实现持续性的成长。

第五节　进取心和创造力

营销策略专家杰克·特劳特在1969年提出了商业中的定位概念，他认为企业必须在外部市场竞争中判定能被顾客心智接受的定位，发掘客户的认知，并与这些认知建立关联，例如立白洗衣液"不伤手"的定位、小米电子产品的"年轻化、智能化"定位。杰克·特劳特的定位理论影响了国内外的很多企业，其著作《定位》被誉为有史以来最富有影响力的营销学与广告学的著作。

与企业定位同理，每个人也可以对自己进行定位——我可以给我周围的人和世界带来什么不同？我能为这个世界留下点什么？

进取心是指不满足于现状，坚持不懈地追求新的目标的蓬勃向上的心理状态。创造力是指能够想出崭新而有效的方法的智力品质。进取心与创造力的巧妙融合会让人产生与众不同的使命感。当我们拥有更多的能力，就要多做一些贡献。

第六节　积极心理暗示与积极心理干预

一、积极心理暗示

由于受到自己或他人的愿望、观念、情绪、判断、态度影响，人们不自觉地按照一定的方式行动，或者不加批判地接受一定的意见或信念，这就是心理暗示。心理暗示是最常见的心理现象，只是人们有时候并不知道自己正在进行或接受心理暗示。当这个暗示源自他人，可以称为他暗示；当这个暗示来自自己，则是自我暗示。例如，和一个得了感冒的人同处在一个空间，自己突然咳嗽了一下，可能会觉得是被传染了，接着就会出现一些类似感冒的感觉。

心理暗示是一种预先的灌输，将一个结论或定位先放在认知中，接着大脑就会做出相应的协调行为。暗示可以指向积极的方向或消极的方向，当看到镜子里的自己气色不好，你若是想到"我是不是生病了"并开始感到不适，就是消极心理暗示，你若是想到要制订运动计划，就是积极心理暗示。

相关的研究发现，女性容易接受暗示，因为女性的情感更丰富、细腻、脆弱，有时会出现自我不完善和缺陷感，或是存在自卑和不安全感，对自己不满意，这些都是易受暗示的心理特质。因此，女性似乎更喜欢倾诉、抱怨。

然而，我们可以将被动的、消极的暗示转换成积极的、主动的暗示。2006年，我曾经和友人拜访一位比丘尼，并获赠一个由红线绳制作的"金刚圈"，以缓解腰疼。离开后我感到腰疼减轻了好多，但是没多久我又开始腰疼，家人都劝我剪了它，但是我没有，反而戴了八年，因为每次看到这根红绳，我都告诉自己赶紧去锻炼，把心理暗示转换成了正面的力量，从此，我坚持锻炼的习惯延续至今。

哈佛大学的本森教授曾做过这样一个实验。给孕期有恶心、呕吐反应的妇女，服用两种不同的药丸，一种是没有药效的淀粉丸，另一种是可以控制孕吐的药丸。这两种药丸看起来是一模一样的，但是所有孕妇都被告知服用的是治疗性药物。一段治疗周期之后，两组孕妇的孕吐治愈效果相同。服用淀粉丸的孕妇依靠信念以及对专家的信任，孕期反应消失。由此可见暗示的力量有时会大过药物的力量。因此，不要让生活中的小事使自己沮丧。

生理学家发现，因为大脑记忆生理系统的原理，女性尤其容易被小事影响情绪。婚姻专家发现，婚姻生活之所以不美满，最根本的原因通常都是一些小事。刑事专家发现，刑事案件中，有一半的起因是很小的事情，如措辞不当、行为粗鲁等，很少有人真正生性残忍。心理学家发现，人们容易夸大小事情的重要性。

当遇到不顺心的事情，给自己一个积极的暗示和正向的信念，例如可以使用积极的语言暗示，如"没关系，会好的，一切都会好起来的！"。语言对情绪有极大的暗示和调整作用，可以缓解心理上的紧张状态。

二、积极心理干预

所谓积极心理干预，就是指向快乐和幸福的干预。首先，在认知层面上，把注意力从负面事件中移开，关注生活中积极的、有希望的一面；其次，在行为层面，利用自身的优点，更好地在学习与工作中发挥自己的能力，形成一个良性循环。

在积极心理干预的过程中，提升幸福感有以下几种方法。

- 在学校教育和社会教育中参加幸福教育、生命教育、正念等课程，通过专业学习得到专业的知识和理念，由此获得快乐。

- 读书疗愈。阅读能够带来心境的平和、认知的提升、视野的开阔，如果感到身心疲累，不妨打开一本书，沉浸在阅读之中，可能你就会体会到充实和幸福。

- 想想你的小幸运。

- 做三件好事。例如，帮助陌生人按一下电梯，称赞同事的新衣服，将垃圾归位，参加一次志愿活动等。

- 心怀感激之情。回想你是否对某人抱有感激，却从未向他郑重地表达过这种情感。如果是这样，你可以通过文字记录下感激之情，或登门拜访对方，表达自己对他的感激。

- 学会谅解。原谅曾经辜负和伤害你的人，这不是美化伤害行为，而是允许自己放下仇恨，允许自己仁慈和慷慨。

- 在家庭和朋友方面投入时间和精力。聚会聊天的时候关上手机，在对话过程中只关注对方的情绪和状态。

- 关注身体健康状况。保障睡眠，合理安排膳食，适当运动。

- 保持乐观心态。根据喜好，经常给自己安排一些积极的活动，如听音乐、跳舞、正念、冥想等，放慢生活步调，享受生活中的乐趣。

- 为自己的伴侣特别留出培养爱的三个时间：亲密时间，是你跟他进行身体接触、接吻、拥抱、说一些甜言蜜语的时间；琐事时间，是每天交流日常生活所见的时间；沟通时间，是你跟他好好讨论两个人之间爱的最佳相处方式的时间。

小结

　　有计划和有规律的生活会让内心很快就能获得一种稳定感，能从容面对不确定性。

自我分析

　　1. 你平日最喜欢用的心理暗示的语言是哪些？

　　2. 今年你有哪些目标？

推荐阅读

　　《积极心理学》（美）克里斯托弗·彼得森

　　《定位》（美）杰克·特劳特

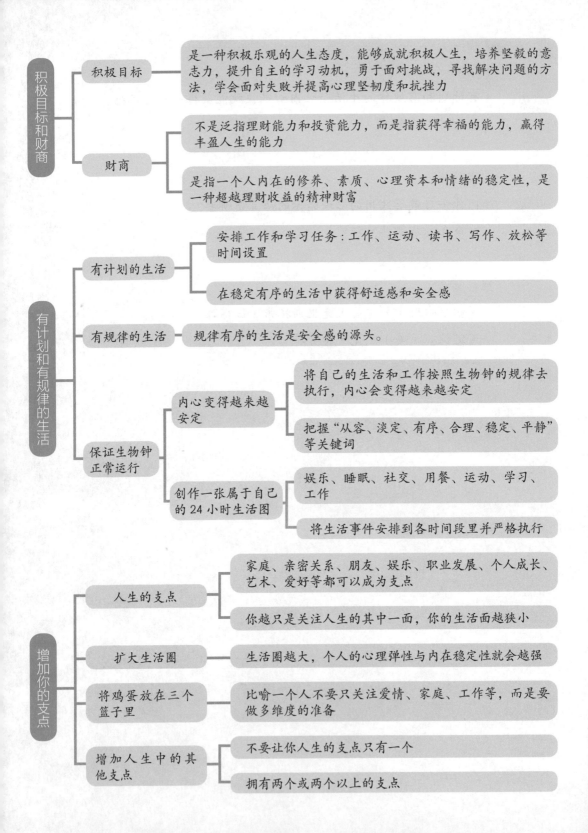

积极目标和财商
- 积极目标——是一种积极乐观的人生态度，能够成就积极人生，培养坚毅的意志力，提升自主的学习动机，勇于面对挑战，寻找解决问题的方法，学会面对失败并提高心理坚韧度和抗挫力
- 财商
  - 不是泛指理财能力和投资能力，而是指获得幸福的能力，赢得丰盈人生的能力
  - 是指一个人内在的修养、素质、心理资本和情绪的稳定性，是一种超越理财收益的精神财富

有计划和有规律的生活
- 有计划的生活
  - 安排工作和学习任务：工作、运动、读书、写作、放松等时间设置
  - 在稳定有序的生活中获得舒适感和安全感
- 有规律的生活——规律有序的生活是安全感的源头。
- 保证生物钟正常运行
  - 内心变得越来越安定
    - 将自己的生活和工作按照生物钟的规律去执行，内心会变得越来越安定
    - 把握"从容、淡定、有序、合理、稳定、平静"等关键词
  - 创作一张属于自己的24小时生活图
    - 娱乐、睡眠、社交、用餐、运动、学习、工作
    - 将生活事件安排到各时间段里并严格执行

增加你的支点
- 人生的支点
  - 家庭、亲密关系、朋友、娱乐、职业发展、个人成长、艺术、爱好等都可以成为支点
  - 你越只是关注人生的其中一面，你的生活面越狭小
- 扩大生活圈——生活圈越大，个人的心理弹性与内在稳定性就会越强
- 将鸡蛋放在三个篮子里——比喻一个人不要只关注爱情、家庭、工作等，而是要做多维度的准备
- 增加人生中的其他支点
  - 不要让你人生的支点只有一个
  - 拥有两个或两个以上的支点

设置你的「灯塔」
- 你的"灯塔"是什么 — "灯塔"代表的是长期目标，让人在人生失衡的时候依然知道方向
- 勾勒"灯塔"的轮廓 — 选择什么没有那么重要，更重要的是你的选择是你最想要的
- 向"灯塔"靠近，直至到达
  - 确定认知：对自己有一个全面的反思
  - 确定职业目标：时间＋职位＋薪资
  - 分解职业目标：通过不断细化，确定定长期目标、中期目标、短期目标（月目标）、周目标、每日时间管理

积极心理暗示与积极心理干预
- 积极心理暗示
  - 心理暗示是一种预先的灌输，无处不在
    - "自我暗示"和"他暗示"
    - "积极心理暗示"和"消极心理暗示"
  - 女性容易接受暗示 — 三种人容易接受暗示
    - 自我出现不完善和缺陷
    - 自身存在自卑和不安全感
    - 对自己不满意
  - 安慰剂与心理暗示：孕妇安慰剂实验
    - 实验实施：哈佛大学本森教授
    - 实验对象：两组恶心、呕吐的孕妇
      - 一组服用药丸"淀粉片"
      - 一组服用药丸艾匹克（催吐用）
    - 实验结论：依靠信念本身以及对专家的信任，孕妇们治好了自己的妊娠反应。暗示的力量有时会大过药物的力量
- 积极心理干预
  - 认知层面：把注意力从负面事件中移开，关注生活中积极的、有希望的一面
  - 行为层面：利用自身的优点，更好地在学习与工作中发挥自己的能力

第
二
十
章

健康的生命
是人生最大的筹码。

20

积极意义

健商

第一节　你最想要什么

一、你最想要什么

我们终其一生都在追求事业、爱情、金钱、家庭、友谊、地位、健康等。管理学中有一个木桶效应，意思是木桶能盛多少水，取决于最短的那块木板。我们追求的这些事物构成人生成就之桶，而健康就是最短的那一块，如果我们失去了健康，其余部分对我们的意义将大打折扣。

这个世界上还有什么东西比我们的健康更重要？少年时代十多年的读书生涯，就是为了我们今后几十年的工作与生活能够更加幸福，就是为了能够活得快乐、活得健康。钟南山说："不少人40岁前以命博钱，40岁后以钱买命。"有些人在年轻时由于过度损耗身体，导致晚年一身病痛，整日饱受病痛之苦。在任何情况、任何条件下，都不能拿自己的身体去做拼搏的筹码，而要把健康作为健康银行储蓄中的资本。

健康对每个人是公平的，你不重视它，它就没办法照顾你。为什么一定要到年老了才觉悟健康的重要性呢？如今年龄大的人都会关注身体的健康，而年轻人大多忙于工作，忽视保健。在追求生命质量的时候，财富和健康哪个更重要？那些玩命工作导致过劳死、英年早逝的人已给我们敲响了健康的警钟。在追逐财富的时候，真正的财富是健康，千万不要在赢得事业的同时，却输在健康的跑道上。

二、把健康作为人生目标之一

许多热爱生命的人已经将运动与每天的吃饭、睡觉和工作视为同样重要的事情去做。健康长寿的生命是一点一点积攒起来的。"起居有常"是健康之宝。合理的饮食、营养的全面摄入会让身体在营养平衡的供给中不断完善。那些不胖不瘦、保持体重稳定、乐观豁达的人已站在寿命最长的行列中。

据世界卫生组织最新资料表明：在决定个体健康的要素中，生活方式占60%，环境和遗传因素占30%，而医疗干预仅占10%。

世界卫生组织把健康定义为："健康是一种身体上、精神上和社会适应上的完好状态，而不是没有疾病及虚弱现象。"健康包含三个基本要素：躯体健康、心理健康、具有社会适应能力。

人的身体和心灵是互连一体的。心理健康的状态会影响生理免疫系统。一个具有强大的身体、丰足的心灵的人才能拥有真正健康的生命。健康的生命是人生最大的筹码。

三、什么是健商

健商是一个人的健康智慧及对健康的态度，包括具有的健康意识、健康知识和健康能力。智商决定一个人的发展高度，聪明的大脑能让我们获得更高的成就；情商决定一个人的发展深度，高情商能帮助我们通过经营人际关系来创造更深的情感联结；而健商决定一个人的发展长度，身体是革命的本钱，是人生最大的财富，是决定财富、爱情、事业、友谊的根本。

作家茨威格说过："一个人年轻的时候，总以为疾病和死神只会关顾别人。"很多人以为自己身体好，不会轻易生病，于是经常熬夜，生活没规律，玩命工作，试图牺牲健康以追求财富，认为有了财富就拥有了幸福。

然而，这些人在经历了痛苦的折磨后才会发现，健康才是一个人幸福生活的首要前提，一切与幸福有关的内容都离不开健康的支持。有意思的是，研究学者迪纳发现，不幸福是健康最大的风险因素，比如吸烟对人的健康的影响是减寿两三年，而不幸福则会使人减寿七年。另外，幸福的人健康问题更少，比如更少得溃疡，更少过敏，更少得中风，更少得心血管疾病，更少得不治之症。为了有更高的健商，我们要努力使自己保持幸福；只有身体健康，我们才能获得最终的幸福。

第二节 积极心理学与"治未病"思想

一、积极心理学概述

1997年，美国著名心理学家、宾夕法尼亚大学的马丁·塞利格曼教授在担任美国心理学会主席职务后的某一天，与五岁的小女儿尼奇在自家花园里割草。女儿尼奇天性活泼，在父亲的身旁又唱又跳，还不时将父亲割的草抛向天空。塞利格曼虽然写了大量有关儿童的著作，但在实际生活中与孩子的接触并不算太亲密，在割草时也是埋头苦干，专心致志。

塞利格曼对女儿的行为不耐烦了，于是对女儿大声训斥，叫她别乱来，尼奇一声不响地离去。过了一会儿，女儿却跑过来，一本正经地对塞利格曼说："爸爸，我能与你谈谈吗？""当然可以。""爸爸，我不喜欢你那么凶地对待我，如果今后我不再像五岁前那样喜欢哭诉，总是抱怨说这个不好、那个不好，你可以不再那样训斥我吗？"女儿尼奇的这番话使塞利格曼顿悟了，他一下明白了许多道理。

塞利格曼觉得，家长在抚养孩子时并不应该一味地去呵责或纠正孩子的不良行为，而是要与孩子多进行交流，及时发现孩子具有的积极力量。要认识并塑造孩子拥有的最美好的东西，要看到她心灵深处的潜能，发扬她的优秀品质，对孩子的积极力量进行有意的鼓励和培育，才能使孩子真正克服自己的缺点。

塞利格曼在思考中发现，自己在过去的五十年里，经常是在沉闷的气氛中生活，心中有许多不高兴的情绪，而且总是用消极的方式去看待他人的缺点和不足，如果换一种积极的方式去应对他人的消极行为，也许会更有效果。从那天开始，他决定让积极的情绪占据心灵的主导位置，面对一直从事的职业，他也产生了新的认识。塞利格曼想到，心理学不应仅是关注人的问题，而更应该多去研究人的积极方面，研究人的积极品质的形成机制。自此，积极心理学诞生了。

传统心理学这样评价人的心理健康："如今你的心理健康是-6的状态，经过治疗你将能恢复到-2，最终你有可能进入正常的0状态。"而积极心理学则会说："你如今的心理健康状态是+2，你自身的潜力和优势如果得到更多的挖掘和开发，你将进入+6这种更好的状态。"

（传统心理学）负方向		（积极心理学）正方向
-10	0	+10
最消极	中间状态	最积极
关注弱项		关注强项
克服缺陷		提升能力
避免痛苦		寻找快乐
逃离不幸福		追求幸福
以达到中间状态0为封顶		没有封顶
以不紧张为理想		以创造性的紧张为理想

积极心理学关注的是如何促使更多的人将心理健康状态提升到0以上。要怎么去做呢？传统心理学没有提供一个好的答案，这也就是积极心理学要切入的地方。如今积极心理学已经发现了答案，它区别于常规的激励或成功学的指导方法，也是今天我们大多数人还未知道的幸福法则。

积极心理学课程在美国哈佛大学开设后，经过短短的两三年时间，到2006年一跃成为哈佛大学最受欢迎的课程，学生人数打破了哈佛大课历史上人数最多的纪录，超过了之前人数最多的课程，即经济学家曼昆讲授的经济学原理选修课。

积极心理学到底是一门怎样的学科呢？传统心理学的方法主要是疾病模式，总是盯着人类身体上的问题，只解决人的疾病问题，而忽视人类心理品质的培养。积极心理学强调要从正面而不是从负面来界定和研究心理健康，是要把人推向发展和繁荣。这是两种非常不同的做法。

二、"治未病"思想

我们的心理健康教育还处在"有了问题才进行心理干预"的阶段，很多人没有接受过心理健康方面的教育，也不关注自己的心理健康状态。而积极心理学重视预防，提倡"治未病"思想，关注正面，发掘潜能和优势，让心理健康教育从被动转向主动。

"治未病"思想源于《黄帝内经》："是故圣人不治已病治未病，不治已乱治未乱，此之谓也。夫病已成而后药之，乱已成而后治之，譬犹渴而穿井，斗而铸锥，不亦晚乎！"也就是说，防治疾病的基本原则是防重于治。"治未病"的基本含义是在人未得病时采取措施，防止疾病的发生、发展与转变。"治未病"思想对当下的心理健康教育也有一些启示。

其一，以人为本，增强内在正气，通过对自身的正面特质的培育，如美德、自尊、幸福观等，帮助我们预防心理上的焦虑、抑郁、紧张等。

其二，未病先防，在疾病没有出现明显症状之前进行积极干预，避免个体的疾病状态加剧，构筑心理健康教育的预防体系。

其三，既病防变，重建积极的互动关系，启动积极模式，开展心理咨询与心理辅导，预防和避免出现性格孤僻、烦躁、抑郁、恐惧、焦虑、厌世等心理或行为。

三、心理也会患病

我们每个人的一生中都会不可避免地出现身体疾病，生病时需要去求医问诊，这是人们都明白的道理。但是我们的心理也会患病，我们的身心会出现免疫功能下降，我们的心灵需要滋养和升华。

是不是消除了抑郁、焦虑之后人就会感到幸福？事实并非如此。比如，你消化不良，首先要做的事情是先解决或治疗消化不良的问题，这样你才有可能好好享受一顿美餐。但是在消化不良的症状去除之后，也不足以让你享受到幸福与快乐。消除那些痛苦的因素并不意味着一定就能幸福和快乐起来。我们不是按照疾病模式把人的心理健康状态从负数提升到0就足够了，我们要做的是进一步从0提升到1，甚至更高。

我们每一个人几乎都是身兼三职，既是观众，又是演员，还是导演。我们在现实生活中关注了什么，最终我们在现实中看到的就是什么。

在多年的研究和写作中，我每天翻阅的、接触的都是积极心理学的相关理论，整天都是沉浸在积极、正面、向上和快乐的各种元素中，我研究的是如何使人幸福等一系列话题。当自己回归到现实生活时，在潜移默化中也就自然而然地改变了看待事物的角度和面对他人的态度。我个人学习和研究积极心理学的最大体会是：面对世界时，自己变得坦然了，面对事物和他人时，自己变得更宽容了。

第三节　幸福与健康

一、用心爱身体

健康长寿是保养出来的。保养，顾名思义就是保护和滋养，如果只是吃一些保健品，只是懂得养生的道理，只是懂得饮食的营养配比，那是完全不够的。在行动上没有真正做到保护身体，不按时睡眠，经常熬夜，生活起居不规律，不按时锻炼身体，长期保持一个姿势等，结果就是小病开始敲门了。

只有在健康时就爱惜自己的身体，保证正常的睡眠，把锻炼身体视为与吃饭、睡眠和工作同等重要的事情，身体才有能量为我们终身服务。

二、长寿不难

1. 病从口入，管住嘴巴，不吃对身体不利的食物

过去的医疗水平和经济水平不发达，人们过着食不果腹、有上顿没下顿的日子，身体却很健康。如今生活水平大大提高了，可供选择的食物越来越多，各种疾病却时常困扰我们。

如果将人类的健康水平比作天平，天平的左边是有损健康的五个砝码，分别是熬夜、缺乏运动、吸烟、饮酒和精神压力大；而天平的右边只有一个有益健康的砝码，那就是健康的饮食习惯。也就是说，

不良的生活习惯对健康造成的损害只能通过健康的饮食习惯来平衡和弥补。

健康的饮食习惯包括：多食用富含膳食纤维的食物、蔬菜、水果和豆类；提倡低盐、低油；减少食用高动物脂肪食物、红肉、腌肉；尽量不饮用碳酸饮料等；选择蒸、煮等健康的烹饪方式。

2. 病由心生，清洁耳朵，遗忘对心理有不良影响的话语

瑞典著名心理学家拉尔森说过："心里存在'毒素'的人是永远不会感觉到生活的美好，而排除'毒素'的最好方法就是学会遗忘。"学会遗忘就是让我们卸下那些不需要再去背负的压力，将某一段历史封存在记忆的深处，我们的心灵需要遗忘。

如果一份记忆不能给我们带来快乐，甚至还剥夺我们的快乐和幸福，我们就要将它彻底舍弃。"记忆不好"的人永远会觉得生活新鲜有趣，心情自然就能舒畅快乐。只有那些愚笨的人才会把过去的劣迹翻出来，反复地回顾，徒增烦恼。

英国哲学家丘斯顿曾说："天使之所以能够飞翔，是因为他们有着轻盈的人生态度。"人生犹如一次旅行，在旅行的行囊里，应该装什么或不应该装什么，一定要清楚。那些无助于我们旅行的负重物应该统统被抛弃，腾出更多的空间，让自己轻松起来。只有脚步变得轻松，我们才能看到旅途中美丽的风景。

三、生命的最高质量

1. 身体好，心情好，一切都美好

积极乐观的情绪是抵抗疾病的第一道防线。马丁·塞利格曼教授测试了70个心脏病患者。17个被测试为最悲观的患者中，有16个没有经受住第二次心脏病发作而去世了，而19个被测试为最乐观的人中，只有一个人被第二次心脏病的发作夺去了生命。心理学家认为，人不

是因为高兴才笑，而是因为笑了才高兴。一个心情舒畅的人，身体始终处于一种觉醒和主动状态，生气勃勃。

2. 做情绪的主人，做命运的主人

情绪是生命的一部分，情绪展示着一个人控制生命的能力。每个人都需要了解自己的情绪变化，也要学会观察和理解他人的情绪。既不要给自己制造坏情绪，也不要被他人的坏情绪所传染。不良情绪出现时，要学会宽慰自己。

3. 免疫力就是幸福力，身体知道答案

有一个简单的道理大家都知道：人类的身体里存在着许多细菌，但是我们身体整体的健康和活力总是能避免这些细菌侵袭我们的身体，使我们的身体能够一直健康地成长着。如果我们能够保持积极乐观，即使偶尔出现一些微不足道的消极念头、悲观情绪，它们也绝对不会有能力渗透到我们积极乐观的心灵中。当无用的心灵垃圾和悲观消极的杂念产生时，我们要勇敢地阻止它，这样积极的思想和充沛乐观的活力就会一直占据我们的心灵。

小结

 幸福的前提是关爱、珍惜自己的生命，并努力地去创造、分享事业、爱情、财富、权力等人生价值。

自我分析

 1. 读完本书，你收获了什么？

 2. 幸福心理学对你的影响有哪些？

推荐阅读

 《张其成国学养生》 张其成

 《生命的重建》（美）露易丝·海

你最想要什么

健商

定义：是一个人的健康智慧及对健康的态度，是指个人所具有的健康意识、健康知识和健康能力

幸福的人健康问题更少。吸烟减寿 2～3 年，不幸福减寿 7 年，幸福的人很少患疾病

积极心理学与『治未病』思想

"治未病"思想

积极心理学重视预防，关注正面，发掘潜能和优势，让心理健康教育从被动转向主动

"治未病"思想是防患于未然的思想，提前干预

对心理健康教育的启示

以人为本，增强内在正气，培养积极人格品质

未病先防，构筑心理健康教育的预防体系

既病防变，重建积极的互动关系，启动积极模式，开展心理咨询与心理辅导，预防和避免出现性格孤僻、烦躁、抑郁、恐惧、焦虑、厌世等心理或行为

幸福与健康

用心爱身体，活着才是王道

长寿不难

病从口入：管住嘴巴，不吃对身体不利的食物

病由心生：清洁耳朵，遗忘对心理有不良影响的话语

生命的最高质量

身体好，心情好，一切都美好

做情绪的主人，做命运的主人

免疫力就是幸福力，身体知道答案

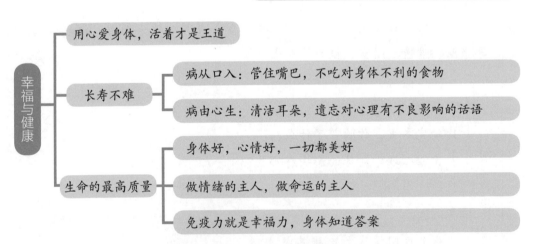

终身成长的幸福力教育

2023的新年钟声敲响之时，我的第9本著作《幸福力教育》的前言也画上了句号。这本书的前后构思与写作用时8年，准确地说，是我15年来讲授积极心理学最完整的一门课程。

13岁时，父亲用两句话勾画了我的未来："我女儿口才好，长大后可以做个老师；我女儿文笔也很好，长大了也能成为一个作家。"当个老师、成为作家的梦想，时隔了30年，在我走过万水千山，历练人生风雨，工学博士毕业后的第二年实现了。

2009年我的第一本著作《幸福法则》出版时，一个念头在心中滋生：60岁时，能不能出版10本著作？

再有两年就是我的甲子年，出版10本著作的目标是可以实现的。

这些年，我经常告诉学员：改变是可以，你是可以心想事成的，你是可以让自己快乐的，幸福是可以学习的，你可以让自己变得更好，你可以在内心真的宽恕一个人，你是可以学会爱自己的，你是可以成为理想的自己的，你可以成为一个智慧的父母，你可以在人生中找到自己的使命……

不是在浇灌心灵鸡汤，也不是在做传教士，我是一个讲师、一个作家，一直致力于把积极心理学这股清流用通俗易懂的语言、实用有效的方法传递和讲授给我遇见的每个学员和读者。

幸福不是毛毛雨，我们没有多少人是生来就衣食无忧的。幸福不是命运凭空的馈赠，幸福是一种可以学会的能力。

2023年之后，祝福每一个平实的日子和粗粝的岁月，"改变是可以实现的""你是可以变得更好的"这些治愈我们的碎碎念陪伴我们在清醒中奔跑，在辛苦中付出，在倔强中坚持，在期待中仰望星空；相互温暖，彼此成就，一路走来，拨云见日，这是我们的人间值得。

2023年，身为教育者，我将一往如既地传授终身学习的幸福力教育，帮助更多的人学会幸福的能力，成为自己想要的幸福的样子。

王薇华

2023年1月8日于北京

幸福力教育试卷

一、单选题（57小题）

1. 幸福力教育的基础是

  A. 家庭教育   B. 学校教育

  C. 社会教育   D. 以上都不是

2. 乐商的维度有几个

  A. 1 个   B. 2 个   C. 3 个   D. 4 个

3. 下面哪一个不是积极的性格

  A. 纯洁   B. 孤僻   C. 可爱   D. 天真

4. 下面哪一个不是消极的性格

  A. 自私   B. 懒惰   C. 开朗   D. 懦弱

5. 三脑理论的提出者是

  A. 拉什利   B. 保罗·麦克莱恩

  C. 爱因斯坦   D. 爱迪生

6. 幸福力于哪一年提出

  A. 2005   B. 2008   C. 2010   D. 2015

7. 真笑的一个代名词是

  A. 蒙娜丽莎的微笑   B. 杜兴式微笑

  C. 礼节性微笑   D. 皮笑肉不笑

8. 全球首席表情测谎大师是

  A. 克莱德曼   B. 塞利格曼

  C. 洛萨达   D. 保罗·埃克曼

9. 积极语言有几个层次

  A. 2 个   B. 3 个   C. 4 个   D. 5 个

10. 马歇尔·卢森堡博士提出了

    A. 积极心理学   B. 幸福里理论

    C. 非暴力沟通   D. 正面管教

11. 盖瑞·查普曼博士提出了

    A. 积极情绪的力量   B. 五种爱的语言

    C. 洛萨达比例   D. 怎么听孩子才会说

12. 形象的晕轮效应是谁提出的

    A. 班杜拉   B. 铁钦纳

    C. 爱德华·桑代克   D. 阿德勒

13. 下面哪个不是沟通的语言三要素

    A. 表情   B. 文字   C. 声音   D. 肢体

14. 下面哪个对沟通的影响最小

    A. 动作   B. 表情   C. 眼神   D. 声音

15. 谁提出了家庭文化资本

    A. 布鲁纳   B. 布迪厄

    C. 布朗芬·布伦纳   D. 桑代克

16. 社会的基本细胞是

    A. 个人   B. 学校   C. 家庭   D. 孩子

17. 下面哪一句不是暴力语言

    A. "废物"   B. "就知道吃"

    C. "猪脑子"   D. "我相信你"

18. 哪位教育家提出生活在不同家庭背景下的孩子会形成各自不同的独特的家庭文化编码

    A. 伯恩斯坦   B. 爱因斯坦

    C. 迪尔凯姆   D. 赫尔巴特

19. （　　）是一种家庭烙印，虽然看不见、摸不着，却以一种内隐的情景方式存在着，并且时时刻刻影响着我们的言行

A. 个人才能优势　　　　　　　　B. 家庭文化资本

C. 社会财富资本　　　　　　　　D. 家庭文化编码

20. 有效沟通的核心是什么

    A. 说出自己想说的东西　　　　B. 说出别人想听的东西

    C. 听到自己想听的东西　　　　D. 不能听到不同的声音

21. 人们的行为大约有多少来源于习惯

    A. 30%　　　　C. 10%　　　　B. 80%　　　　D. 45%

22. 谁提出了"习得性无助"理论

    A. 费里德曼　　　　　　　　　B. 弗洛伊德

    C. 爱因斯坦　　　　　　　　　D. 马丁·塞利格曼

23. 形成或改变一个习惯一般需要多少天

    A. 10天　　　　B. 3天　　　　C. 21天　　　　D. 50天

24. 下面哪个是培养好习惯的策略

    A. 小目标策略　　　　　　　　B. 一步到位策略

    C. 微习惯策略　　　　　　　　D. 按部就班策略

25. 下面哪一项不是幸福力

    A. 情感力　　　B. 认知力　　　C. 专注力　　　D. 抗挫力

26. 下面哪一项不是SWOT分析的内容

    A. 优势　　　　B. 机会　　　　C. 威胁　　　　D. 希望

27. 改变的健康方式是走出（　　　）

    A. 温柔区　　　B. 舒适区　　　C. 安全区　　　D. 保障区

28. 福流的提出者是

    A. 塞利格曼　　　　　　　　　B. 施耐德

    C. 米哈里·契克森米哈赖　　　D. 弗里德里克森

29. 福流的英文是

    A. Flow　　　　C. Blow　　　　B. Wish　　　　D. Hope

30. 福流最贴切的中文表述是

    A. 开心   B. 爽   C. 痛快   D. 流畅

31. 高峰体验的提出者是

    A. 亚伯拉罕·马斯洛   B. 哈罗

    C. 华生   D. 罗杰斯

32. 马斯洛提出的需求金字塔有几级

    A. 3级   B. 4级   C. 5级   D. 6级

33. 二八原则的提出者是

    A. 皮亚杰   B. 帕累托

    C. 维果茨基   D. 布鲁纳

34. 百善（　　　　）为先

    A. 感恩   B. 孝   C. 捐钱   D. 爱

35. 六大美德、二十四项优秀品质不包括

    A. 好奇心   B. 想象力   C. 风趣   D. 社会智慧

36. "但凡不能杀死你的，最终都会使你更强大"是谁的名言

    A. 尼采   B. 弗兰克尔

    C. 牛顿   D. 特斯拉

37. 智商就是智力商数，可以简称为

    A. EQ   B. QQ   C. IQ   D. BBQ

38. 自我效能感的提出者是

    A. 班杜拉   B. 杜拉拉   C. 拉齐奥   D. 昆德拉

39. 心理学上一般把内心的支点或有依靠的感觉称为

    A. 获得感   B. 安全感   C. 幸福感   D. 舒适区

40. 心理暗示一般分为积极心理暗示和（　　　　）

    A. 温情暗示   B. 察言观色

    C. 消极心理暗示   D. 正向心理暗示

41. 积极心理学也可以称为

    A. 庸俗成功学　　　　　　　　B. 心灵鸡汤

    C. 幸福的科学　　　　　　　　D. 心理暗示

42. 以下属于自尊的发展阶段是

    A. 依恋性自尊　　　　　　　　B. 自大型自尊

    C. 无条件自尊　　　　　　　　D. 实现型自尊

43. 维系亲密关系的重要因素是

    A. 全身心的付出

    B. 亲密默契的程度

    C. 积极共享、承诺、分担、乐于付出、随和、宽容

    D. 关心他人，尊重他人，彼此关爱，激情与承诺

44. 真正意义上的爱情是指

    A. 信任式爱情　　　　　　　　B. 伴侣式爱情

    C. 依恋式爱情　　　　　　　　D. 完美式爱情

45. 什么是志商

    A. 意志智商，它指一个人的意志品质水平，包括坚韧性、目的性、果断性、自制力等方面

    B. 主要反映人的认知能力、思维能力、语言能力、观察能力、计算能力、律动的能力等，主要表现为人的理性的能力

    C. 智力的高低通常用智力商数来表示，用以表示智力发展水平

46. 幸福心理学带来的最大优势是

    A. 积极思考　　　B. 负面思考　　　C. 正面思考

47. （　　）能保持你的心跳和出汗，是连接你的大脑和全身器官的信息高速公路

    A. 迷走神经　　　B. 负面思考　　　C. 正面思考

48. 幸福力教育的宗旨是

    A. 让老师幸福地教　　　　　　B. 让孩子幸福地学

C. 让家长幸福地养　　　　　　　　D. 实现"更好的教育"

49. 以下哪种不属于情绪锻炼法

    A. 冷却情绪　　　　　　　　　　B. 慢慢说话

    C. 换位思考　　　　　　　　　　D. 置之不理

50. 不属于积极情绪三个部分的是

    A. 宽恕的心　　　　　　　　　　B. 感恩的心

    C. 当下的心　　　　　　　　　　D. 希望的心

51. 以下哪个句子或词属于禁说的恶语

    A. "你去死吧！"　　　　　　　　B. "烦人"

    C. "不行"　　　　　　　　　　　D. "做不了"

52. 人与人的交往中，影响沟通的三个要素是

    A. 微笑、点头、倾听　　　　　　B. 送礼物、给陪伴、常联络

    C. 场合、气氛、情绪　　　　　　D. 主动、热情、回馈

53. 倾听的最高层次是

    A. 以自我为中心的倾听　　　　　B. 以对方为中心的倾听

    C. 以大环境为重的倾听　　　　　D. 3F倾听

54. 以下对家庭文化的描述正确的是

    A. 家庭文化是一种客观存在的社会现象

    B. 家庭文化具有绝对的独立性

    C. 家庭文化是以家庭为单位的

    D. 家庭文化是·种客观存在的社会现象，以家庭为单位、以家庭
    成员为主体的精神文明与物质文明的复合体

55. 以下对积极教养描述正确的是

    A. 积极教养是采用积极的眼光来思考和实践教养，是积极心理学
    在儿童教育领域的应用

    B. 积极教养就是用不严厉的方式养育孩子

C. 积极教养就是不骄纵孩子

D. 积极教养就是不打不骂孩子

56. 天才的后天要素指的是

A. 感觉敏锐　　　B. 富有激情　　　C. 自然成长

D. 自然成长，并以自己的方式获取大量知识

57. 天赋到优势的四个步骤是

A. 发现—觉察—强化—结合　　　B. 觉察—发现—强化—结合

C. 发现—结合—觉察—强化　　　D. 发现—强化—觉察—结合

二、多选题（61小题）

1. 描述性格的褒义词汇有哪些

A. 乐观　　　　　B. 懒惰　　　　　C. 开朗　　　　　D. 懦弱

2. 描述性格的贬义词汇有哪些

A. 孤僻　　　　　B. 懒惰　　　　　C. 开朗　　　　　D. 懦弱

3. 性格分类的学说有哪些

A. 机能说　　　　　　　　　　B. 向性说

C. 人格特质说　　　　　　　　D. 血型说

4. 以下哪种属于四种癌症性格

A. 刻意忍受型　　　　　　　　B. 紧张焦虑型

C. 喜欢孤独型　　　　　　　　D. 较真懊恼型

5. 如何改变悲观主义

A. 转移或远离　　　　　　　　B. 换种方式解读现实

C. 逃避现实　　　　　　　　　D. 阿Q精神

6. 情绪的分类有

A. 基本情绪　　　　　　　　　B. 复合情绪

C. 普通情绪　　　　　　　　　D. 特殊情绪

7. 下面哪些是基本情绪

    A. 愤怒   B. 惊奇   C. 厌恶   D. 愉快

8. 下面哪些是复合情绪

    A. 愤怒   B. 敌意   C. 厌恶   D. 焦虑

9. 下面哪些是积极情绪

    A. 愤怒   B. 开心   C. 欣赏   D. 放松

10. 下面哪些是消极情绪

    A. 愤怒   B. 紧张   C. 乐观   D. 焦虑

11. 情绪缓解的四个方面包括

    A. 识别   B. 接受   C. 探究   D. 非认同

12. 情绪锻炼法包括

    A. 冷却情绪   B. 跳出情境   C. 换位思考   D. 慢慢说话

13. 积极情绪的意义有哪些

    A. 积极情绪让生活欣欣向荣

    B. 消极情绪使生活枯萎凋零

    C. 积极情绪让生活更美好、更幸福

    D. 只要积极情绪，不要消极情绪

14. 如何建立积极情绪

    A. 创造积极情绪的环境   B. 巩固和关注90%快乐

    C. 乐观情绪的训练法   D. 完全消除消极情绪

15. 情商的能力包括

    A. 个人的情绪控制能力   B. 情绪感知能力

    C. 与他人相处的能力   D. 果断处理问题的能力

16. 高情商人的共性有哪些

    A. 会为他人着想，在意别人感受   B. 谈话时让别人感到很惬意

    C. 说话时不以自我为中心   D. 通常是一个圈子的领导者

17. 控制不住情绪的危害有哪些

    A. 不利于身心健康　　　　　　　B. 容易破坏人际关系

    C. 会影响自己的寿命　　　　　　D. 没有什么特别的影响

18. 影响心商的因素有哪些

    A. 外貌　　　　　B. 思维　　　　　C. 心态　　　　　D. 性格

19. 以下哪些是高心商的特点

    A. 和谐的人际关系　　　　　　　B. 正确的自我评价和情绪体验

    C. 热爱生活、正视现实　　　　　D. 人格完整

20. 心商的内在品质有哪些

    A. 包容性　　　　B. 坚韧性　　　　C. 乐观度　　　　D. 奉献心

21. 三观包括

    A. 人生观　　　　B. 世界观　　　　C. 价值观　　　　D. 伦理观

22. 心理调适包括

    A. 自我调适　　　B. 他人调适　　　C. 心理按摩　　　D. 心理疏导

23. 自我心理疏导的方法有哪些

    A. 自我放松　　　B. 倾诉宣泄　　　C. 运动减压　　　D. 放弃完美

24. 幸福心理学的三大支柱是

    A. 积极的主观幸福感研究

    B. 积极的个人特质的培养

    C. 积极的社会组织建设的科学依据

    D. 以上都是

25. 积极的社会组织建设的科学依据是

    A. 美德　　　　　B. 文化　　　　　C. 利他　　　　　D. 道德

26. 正面思考的四大益处有哪些

    A. 危机化为转机　　　　　　　　B. 冲突化为沟通

    C. 磨难化为成长　　　　　　　　D. 压力化为动力

27. 有规律生活的四好有哪些

A. 吃好   B. 睡好   C. 喝好   D. 心情好

28. 积极语言的表达包括

    A. 真诚言语   B. 友善言语

    C. 期待言语   D. 优美言语

29. 赞美别人的技巧有哪些

    A. 夸奖要出自真心，不能为了夸奖而夸奖

    B. 赞扬行为本身，而不是赞扬人

    C. 赞扬要具体、实在，不宜过分夸张，要有的放矢

    D. 赞扬要及时，而不要时隔太久

30. 沟通的三要素包括

    A. 沟通的基本前提：调整心态   B. 沟通的基本原理：关心对方

    C. 沟通的基本要求：主动参与   D. 沟通的基本礼仪：平等相待

31. 沟通的三个特征是

    A. 态度的端正性   B. 行为的主动性

    C. 过程的互动性   D. 对象的多样性

32. 沟通的基本步骤有

    A. 点头   B. 微笑   C. 倾听   D. 回应

33. 沟通的基本心态有

    A. 喜悦心   B. 包容心   C. 同理心   D. 赞美心

34. 说什么更重要，怎么说最重要

    A. 少问多说，多说自己   B. 客观陈述事实

    C. 适当表达感受   D. 谨慎评价对方

35. 构成第一形象的四元素是

    A. 外表形象   B. 行为形象

    C. 声音形象   D. 语言形象

36. 家庭文化的三个层面是指

    A. 表层文化   B. 中层文化

C. 深层文化　　　　　　　　　　D. 外层文化

37. 幸福家庭教育的四大基石是

    A. 幸福家庭教育理念　　　　　　B. 幸福家庭教育环境

    C. 幸福家庭教育文化　　　　　　D. 幸福家庭教育习惯

38. 积极教养的优势有哪些

    A. 改善家长养育孩子的方式

    B. 改善夫妻关系和家庭氛围

    C. 帮助建立满足孩子心理安全需的亲密关系

    D. 不是教孩子，而是教父母如何对待孩子

39. 培养习惯的四步魔法是

    A. 分析必要性　　　　　　　　　B. 分析可行性

    C. 探讨策略性　　　　　　　　　D. 操作性工具

40. 天赋能带来哪些好处

    A. 更喜欢自己，更有信心

    B. 更有机会建立独特的优势，因为天赋和优势都是独特的

    C. 基于天赋和优势找到的工作和事业一定是顺应内心的

    D. 更加容易成功

41. 美好的品格优势包括

    A. 创造力　　　B. 领导力　　　C. 洞察力　　　D. 好奇心

42. 如何培养中学生自尊心

    A. 克服虚荣和自傲心理

    B. 懂得知耻，不做有损自己人格的事

    C. 正确对待他人的议论和批评

    D. 关心他人，尊重他人，不做有损他人人格的事

43. 属于好朋友的最重要的特征是

    A. 可信赖的，诚实的，忠贞的　　B. 善良的，幽默的，忠诚的

    C. 可爱的，有趣的　　　　　　　D. 有成就的，有地位的

44. 关于幸福力和幸福感的描述正确的是

    A. 幸福力是指对生活的满意度，包括物质基础和情绪体验

    B. 善良的，幽默的，忠诚的

    C. 可爱的，有趣的

    D. 有成就的，有地位的

45. 改变的健康方式有

    A. 逐渐走出舒适区

    B. 我想要怎样的生活

    C. 跑步、跳绳、多吃营养品

    D. SWOT 分析:在逆境中找转机

46. 正面思考的四大益处是

    A. 危机化为转机   B. 冲突化为沟通

    C. 磨难化为成长   D. 压力化为动力

47. 下列哪项属于沟通的五个基本步骤

    A. 点头   B. 微笑   C. 做笔记   D. 看别处

48. 以下哪项属于家庭教育的六个特点

    A. 启蒙性   B. 短期性   C. 情感性   D. 全面性

49. 积极教养的三项技能是

    A. 同理心的沟通技能   B. 积极管教

    C. 有效的肢体表达技能   D. 积极语言的鼓励技能

50. 人的心理素质包括以下哪些方面

    A. 认知能力   B. 情绪和情感品质

    C. 意志品质   D. 气质和性格

51. 积极性格有哪些特征

    A. 善良、乐观

    B. 宽容、自信自尊

    C. 独立、有责任感

D. 有挫折忍受力和自我控制能力

52. 创造积极情绪的环境包括

　　A. 照片（人、地点）、书、电影

　　B. 愉快的装饰品（纪念品、鲜花）

　　C. 座右铭、喜欢的物件、音乐、舞蹈

　　D. 与朋友见面

53. 三脑理论认为人的大脑结构分为哪些部分

　　A. 本能　　　　B. 情感脑　　　C. 智慧脑　　　D. 理性脑

54. 以下哪些有利于保护我们的免疫力

　　A. 有序规律的生活

　　B. 乐观喜悦的心情

　　C. 通过挑战自己的体能极限提升免疫力

　　D. 常保持社交礼仪式的微笑

55. 爱的语言包括

　　 A. 肯定的言语　　　　　　　　B. 关注精心时刻

　　C. 服务行为和身体接触　　　　D. 喜好接受礼物

56. 首因效应的多种说法有

　　A. 首次效应　　　　　　　　　B. 优先效应

　　C. 第一印象效应　　　　　　　　　　　　D. 晕轮效应

57. 管教孩子过程中，以下哪些做法能帮助家长赢得孩子

　　A. 表达出对孩子感受的理解并向孩子核实你的理解

　　B. 表达出对孩子的同情，并告诉他你有类似的经验

　　C. 告诉孩子你的感受

　　D. 让孩子关注如何解决问题

58. 习惯形成的过程有三个阶段，分别是

　　A. 懵懂期　　　　　　　　　　B. 沉思期

　　C. 准备期　　　　　　　　　　D. 适应期

59. 习惯的三种分类是

    A. 行为习惯   B. 身体习惯

    C. 思考习惯   D. 微习惯

60. 以下哪些做法有利于个人优势的培养

    A. 找到个人兴趣和爱好

    B. 找到好的学习方法和养成好的学习习惯

    C. 扩大自己的知识边界

    D. 平衡世界和自我

61. 以下哪些是优势事件的标志

    A. 成功   B. 事前渴望

    C. 过程投入   D. 事后满足

三、判断题（67小题）

1. 性格是一个人的性情品格在社会活动中形成的对人、对事、对自己的态度，以及行为方式所表现出来的心理特征。

2. 心理素质包括人的认识能力、情绪和情感素质、意识素质、气质和性格等个性品质。

3. 乐商也被称为乐观智力，是指人乐观的能力，既包括一个人乐观水平的高低，也包括个体从所经历的消极事件中获取积极成分（或力量）的能力，以及用乐观心态影响或感染他人的能力。

4. 恐惧心理是指对某些事物或特殊情境产生比较强烈的害怕情绪。

5. 情商是观察他人情感，控制自己情感的能力，能衡量一个人的人际交往、为人处世的能力。

6. 心商包含心理健康和心理压力调适能力。

7. 心理疏导是一项个人的社会技能，是对个体的情绪问题或发展困惑进行疏泄和引导，支持个体的自我调适和发展，提高个人的自我管理能力，改善人际关系。

8. 幸福的能力是可以学习的。

9. 微表情是一种人类在试图隐藏某种情感时无意识做出的短暂的面部表情，是内心的流露与掩饰。

10. 沟通是人与人之间、人与群体之间思想与感情的传递和反馈的过程，以求思想达成一致和感情通畅。

11. 倾听的第三个层次是以对方为中心的倾听。

12. 首因效应也叫首次效应、优先效应或第一印象效应。

13. 家庭文化是以家庭为单位、以家庭成员为主体的精神文明与物质文明的复合体。

14. 家庭教育是指家长（首先是父母）在居家生活当中，对其子女实施的有目的、有计划的教育和影响。

15. 积极教养是采用积极正向的眼光来思考和实践教养。

16. 习惯是一种常见的行为方式，是一个人以规律、重复的方式做的事。

17. 自律的本质是自我觉察和自我管理。

18. 一件事情如果不形成习惯，就会被其他琐碎的事情挤掉。

19. 天才不是被教育出来的，天才是在自由的环境中自然成长起来的。

20. 发挥优势比弥补弱势更重要。

21. 自尊是我们看待自己的方式、我们对自己的想法，以及我们赋予自己的价值。

22. 自尊是自己对自己的评价，是一种觉得自己能够应对生活中的基本挑战，值得享受快乐的感觉。

23. 低自尊的人心理健康程度较高。

24. 低自尊意味着你对自我的品质和价值有负面的核心信念。

25. 友谊是一种来自双向（交互）关系的情感，即双方共同凝结的情感，它是朋友之间一对一的相互作用过程，反映的是个体与个体之间的情感联系。

26. 与亲密伴侣的关系是指彼此内心深处亲近的亲密关系，包括彼此的分享、依赖、接纳、支持、信任、承诺、爱和关怀。

27. 血缘的亲子关系是不能随意选择与改变的，是永久的。

28. 积极关系是一个良好的人与人之间的状态，是一种让自己和他人都舒服和自如的关系。

29. 庖丁解牛是一种福流体验。

30. 智力的高低通常用智力商数来表示，用以表示智力发展水平。

31. 智商不是固定不变的，是可以通过学习和训练开发增长的。

32. 意义感是幸福人生的必需品。

33. 心中没有志向的人容易把这个世界看成是一个灰暗的世界，从而误入失败悲观的歧途。

34. 德商是指一个人的德性水平或道德人格品质。

35. 人们具有先入为主的判断方式，无论正确与否，人们总会在不经意间按照已知的预言来行事，最终令预言发生。

36. 当你对一件事进行预言或者解释之后，你往往就会把事情按照自己预言和解释的方向推进，结果预言就这样兑现了。

37. 财商在幸福心理学中不是泛指理财能力和投资收益能力，而是指获得幸福的能力、赢得丰盈人生的能力。

38. 幸福心理学的财商不是指你拥有多少物质财富，而是指你内在的修养、素质、心理资本和情绪的稳定性，是一种超越理财收益的精神财富。

39. 健商是指个人所具有的健康意识、健康知识和健康能力。

40. 积极心理学重视预防，关注正面，发掘潜能和优势，让心理健康教育从被动转向主动。

41. 始于天赋，终于优势，从天赋到优势，二者之间的关系是天赋×优势=投入。

42. 知耻是自尊的重要表现，面子和自尊同样重要，要面子的人就是要自尊的人。

43. 对一个人的幸福具有更大的影响的是社会环境和满意的工作。

44. 一个人需要学会勇敢，但勇敢不同于鲁莽，勇敢是对自我的一种保护方式。

45. 福流（Flow）指当个体不择手段地达到某种目的时产生的特殊的忘我状态。

46. 世上有三件事藏不住：咳嗽、贫穷和幸福。

47. 换个角度看事情，生活改变了，换个角度看压力，发现幸福生活并不远。

48. 语言是人们沟通、合作和交流的基本保证，会说话、懂说话是人类独有的伟大灵性。

49. 个人的动作、想法如果重复21天，就会变成一个习惯性的动作或想法，所以21天就能养成一个习惯。

50. 积极教养是赢得孩子，而不是赢了孩子。

51. 孩子性格形成的关键期是6岁前。

52. 破坏婚姻的三个矛盾是情绪矛盾、沟通矛盾、需求矛盾。

53. 真正属于我们当下的烦恼只有10%。

54. 研究表明，一个人的成功80%靠智力因素，20%靠非智力因素。

55. 真实的微笑必须满足两个条件，一是嘴角向上翘，二是眼部周围肌肉收缩，这才是表现内心充满甜蜜情绪的微笑。

56. 幸福心理学的三大支柱是积极的主观幸福感研究、积极的个人特质培养、积极的社会组织建设的科学依据。

57. 五种爱的语言是著名婚姻家庭专家盖瑞·查普曼博士提出来的。

58. 语言表达能力体现在会说话、懂说话、说好话、说对话。

59. 晕轮效应是由美国著名心理学家爱德华·桑代克于20世纪20年代提出的。

60. 沟通的三要素中，肢体语言占比38%。

61. 文化资本的具体形态包括文化、教育、修养。

62. 幸福家庭教育只要做好教育理念、教育环境和教育文化就好了。

63. 家庭文化编码是由英国教育社会学家伯恩斯坦提出的。

64. 罗森塔尔实验证实教师的期望与评价不会影响学生的学习态度和成绩。

65. 培养习惯的四个步骤是：分析必要性、分析可行性、探讨策略性、操作性工具。

66. "我是个不完美的人，我有缺点，我会努力改正，即使没能全部改正，我依然可爱，我是值得获得幸福的人"——这是接纳自己的表现。

67. 天赋是天才的专属，不是每个人都有的。

一、单选题参考答案

题序	答案	题序	答案	题序	答案
1	A	21	D	41	C
2	C	22	D	42	C
3	B	23	C	43	C
4	C	24	C	44	D
5	B	25	C	45	A
6	C	26	D	46	C
7	B	27	B	47	A
8	D	28	C	48	D
9	D	29	A	49	D
10	C	30	B	50	A
11	B	31	A	51	A
12	C	32	C	52	C
13	A	33	B	53	D
14	D	34	B	54	D
15	B	35	B	55	A
16	C	36	A	56	D
17	D	37	C	57	C
18	A	38	A		
19	D	39	B		
20	B	40	C		

二、多选题参考答案

题序	答案	题序	答案	题序	答案	题序	答案
1	AC	21	ABC	41	ABCD	61	ABCD
2	ABD	22	AB	42	ABCD		
3	ABCD	23	ABCD	43	ABC		
4	ABCD	24	ABCD	44	ABC		
5	AB	25	ABCD	45	ABD		
6	AB	26	ABCD	46	ABCD		
7	ABCD	27	ABCD	47	ABC		
8	BD	28	ABCD	48	ACD		
9	BCD	29	ABCD	49	ACD		
10	ABD	30	ABC	50	ABCD		
11	ABCD	31	BCD	51	ABCD		
12	ABCD	32	ABCD	52	ABCD		
13	AC	33	ABCD	53	ABD		
14	ABC	34	ABCD	54	AB		
15	ABC	35	ABCD	55	ABCD		
16	ABCD	36	ABC	56	ABC		
17	ABC	37	ABCD	57	ABCD		
18	BCD	38	ABCD	58	ABC		
19	ABCD	39	ABCD	59	ABC		
20	ABCD	40	ABCD	60	ABCD		

三、判断题参考答案

题序	答案	题序	答案	题序	答案	题序	答案
1	对	21	对	41	错	61	对
2	对	22	对	42	错	62	错
3	对	23	错	43	错	63	对
4	对	24	对	44	对	64	错
5	对	25	对	45	错	65	对
6	对	26	对	46	对	66	对
7	对	27	对	47	对	67	错
8	对	28	对	48	对		
9	对	29	对	49	错		
10	对	30	对	50	对		
11	错	31	对	51	对		
12	对	32	对	52	对		
13	对	33	对	53	对		
14	对	34	对	54	错		
15	对	35	对	55	对		
16	对	36	对	56	对		
17	对	37	对	57	对		
18	对	38	对	58	对		
19	对	39	对	59	对		
20	对	40	对	60	错		